Q&A でマスターする

民法改正と登記実務

債権関係の重要条文ポイント解説77問

東京司法書士会民法改正対策委員会 編

日本加除出版株式会社

はしがき

　平成28年1月召集の第190回通常国会に「民法の一部を改正する法律案」及び「民法の一部を改正する法律の施行に伴う関係法律の整備等に関する法律案」が提出されました。債権関係の抜本的な見直しは，明治29年（1896年）に民法が制定されて以来，初めてのことです。法務大臣が法制審議会に対して諮問を発出したのは平成21年10月ですが，実質的な改正作業の出発点は法学者有志が「民法（債権法）改正検討委員会」を結成した平成18年10月にまで遡りますから，約10年の期間を要したことになります。

　民法は，個人や企業の経済活動をはじめ，市民の社会生活全般に広範な関わりをもつ基本法ですから，今回の改正がもたらす影響の大きさは平成17年の会社法制定を凌ぐものとなるでしょう。私たち司法書士をはじめ法律に携わる実務家は，市民の社会生活を法的側面から支えるプロフェッショナルとして，いち早く新法の内容に習熟することが求められています。この要請に応えるべく，東京司法書士会では平成24年10月に民法改正対策委員会を発足させ，「この改正が司法書士の業務，とりわけ登記手続にどのような影響を及ぼすかを考察する」という方針に基づいて研究活動を行ってきました。本書はその活動の集大成です。

　本書の特色は以下のとおりです。

① すでに民法学者や弁護士などによって数多く執筆されている逐条解説書の体裁を避け，Q&Aの形式をとっています。設問のテーマは民法改正対策委員会の研究活動方針に即したものが中心となって

ii　はしがき

いますが，新法の特色を知る上で欠かせないものは実務色の濃淡にかかわらず取り上げました。

② 　新法の条文は改正作業の到達点のみを示しています。その中には改正に至る経緯を知ることによって意味がより明瞭になるものもあります。そのような条文については，中間試案や要綱案といった改正の途中経過にも言及しています。また，改正に至らなかった事項であっても，法制審議会民法部会等で活発に議論され注目を集めたものについては，あえて紙幅を費やしています。

③ 　不動産登記手続と直接関係する項目については，可能な限り登記原因証明情報や登記申請情報のひな型を掲載しました。

④ 　「改正が実務に及ぼす影響を考察する」という観点から，整備法によって改正された民法以外の法律のうち実務に直結すると思われるものについては条文の新旧対照表を掲載し，民法のどの条文の改正に伴って改正されたものかを示しました。

新法には消滅時効期間の短縮（第166条）のように一見して変更点が分かる条文もありますが，債務不履行における過失責任主義の否定（第415条）のように一読しただけでは改正の趣旨を正確に把握することが難しいものも少なくありません。本書が読者の新法習得の一助となれば幸甚です。

平成28年8月

東京司法書士会　会長　清　家　亮　三

凡　　例

・　本書において，民法については，次のとおり表記した。
　　　新法　　→　平成28年改正案の民法
　　　旧法　　→　平成28年改正前の民法

・　その他，出典，参考資料等については，次のとおり略記を使用した。
　　【出典】
　　　民録　　→　大審院民事判決録
　　　大民集　→　大審院民事判例集
　　　民集　　→　最高裁判所民事判例集
　　　集民　　→　最高裁判所裁判集民事
　　　高民　　→　高等裁判所民事判例集
　　　法学　　→　法学（東北大学法学会誌）
　　　金法　　→　金融法務事情
　　【法制審議会資料等】
　　　要綱　　→　法制審議会「民法（債権関係）の改正に関する要綱」
　　　中間試案（概要付き）　→　法務省民事局参事官室「民法（債権関係）の改正に関する中間試案（概要付き）」
　　　中間試案補足説明　→　法務省民事局参事官室「民法（債権関係）の改正に関する中間試案の補足説明」
　　　論点整理　→　法務省民事局参事官室「民法（債権関係）の改正に関する中間的な論点整理」
　　　論点整理補足説明　→　法務省民事局参事官室「民法（債権関係）の改正に関する中間的な論点整理の補足説明」
　　　部会資料83-2　→　法制審議会民法（債権関係）部会資料83-2
　　　第82回議事録　→　法制審議会民法（債権関係）部会第82回会議議事録
　　【参考文献】
　　　詳解Ⅱ　→　民法（債権法）改正検討委員会編『詳解・債権法改正の基本方針Ⅱ』（商事法務，2009）
　　　潮見・概要　→　潮見佳男『民法（債権関係）改正法案の概要』（きんざい，2015）
　　　内田・民法改正　→　内田貴『民法改正のいま──中間試案ガイド』（商事法務，2013）

目　次

第 1 編　民法総則

第1章　意思表示

Q1　錯誤に関する新法の概要··*1*

旧法第95条の錯誤に関する規定の主な改正内容にはどのようなものがあるか。

Q2　不動産登記手続に関する事例問題·······································*5*

次の事例において，Aの名義を回復するための不動産登記の手続はどうなるか。

〈事例〉

①　平成33年4月1日，AはBに対して，A所有の甲不動産を売却し，併せて所有権移転登記を行った。

②　平成33年5月1日，BはCのBに対する貸金債権の担保として，甲不動産に抵当権を設定し，併せて抵当権設定登記を行った。

③　平成33年6月1日，AはBに対して，甲不動産の売買契約における自己の意思表示に錯誤があったことを理由として，その意思表示を取り消した。

【書式例1‐1】取消しを登記原因とする所有権の抹消の登記の登記原因証明情報（動機の錯誤による抹消の場合）／*6*

第2章　代　理

Q3　代理人の行為能力··*8*

未成年者Cが所有する不動産を，親権者A及びB（Bは保佐開始の審判を受けている。）が，子Cを代理してDに売却するというケースにおいて，登記申請手続の依頼を受けた司法書士は，どのような点に留意すべきか。

【書式例1‐2】売買を登記原因とする所有権の移転の登記の登記原因証明情報／*10*

Q4　復代理人の選任と代理人の責任···*11*

司法書士Aは，甲から相続の相談を受け，これを原因とする不動

vi 目 次

産登記の申請手続等について代理することの依頼を受けた。しかし，事情により，A単独で業務を遂行することが困難となったため，甲に復代理人の選任を許諾して欲しい旨相談したところ，甲から司法書士Bを復代理人として選任するよう指示された。これを受けて司法書士Bを復代理人に選任した司法書士Aは，司法書士Bの選任及び監督について責任を負うか。

Q5 代理権濫用（代理行為時において既に濫用目的を生じていた場合）······ 13

本人Aが所有する甲土地を代理人BがCに売却し，同日，決済が行われ，AからCへの所有権の移転登記が完了した。しかし，Bは当初から，Cから受領した売買代金の全てを自己のために使い込むことを目論んでおり，代理権を濫用していたことが後に判明した。本人Aは甲土地を取り戻し，登記名義を再び自己に戻すことはできるか。

Q6 代理権濫用（代理行為後に濫用目的を生じた場合）······ 16

本人Aが所有する甲土地を代理人BがCに売却し，同日，決済が行われ，AからCへの所有権の移転登記が完了した。しかし，BはCから受領した売買代金の全てを自己のために使い込んでしまったことが後に判明した。Bは決済後に，その売買代金を着服する意図を持つに至ったようである。このようなケースにおいて，本人Aは甲土地を取り戻し，登記名義を再び自己に戻すことはできるか。

Q7 代理人と本人との利益が相反する行為（相手方と代理人が夫婦である場合）······ 17

不動産の所有者Bからその不動産の売却に関する代理権を与えられたAが，自己の配偶者Cを買主とする売買契約を，Bの代理人として締結した。このようなケースにおいて，登記申請手続の依頼を受けた司法書士は，どのような点に留意すべきか。

【書式例1-3】売買を登記原因とする所有権の移転の登記の登記原因証明情報（あらかじめ許諾した事実が確認できる場合）／18

【書式例1-4】売買を登記原因とする所有権の移転の登記の登記原因証明情報（あらかじめ許諾した事実が確認できない場合）／19

Q8 代理人と本人との利益が相反する行為（代理人と本人が親子である場合）······ 20

唯一の親権者Aが自ら金銭の借入れをするに当たって，子Bの所有する不動産に当該借入金債務を被担保債権とする抵当権を設定する契約を，子Bの代理人として債権者Cとの間で締結した。なお，

目　次　*vii*

当該借入金は子Bの学費として用いることが予定されているため，BはあらかじめAのA代理行為を許諾している。このようなケースにおいて，当事者全員から登記申請手続の依頼を受けた司法書士は，どのような点に留意すべきか。

Q9　利益相反行為ではないが代理権濫用に該当し得る事例……………*21*

唯一の親権者Aが子Bの代理人として子Bを借主とする金銭の借入れをするに当たって，子Bの所有する不動産に当該借入金債務を被担保債権とする抵当権を設定する契約を，子Bの代理人として債権者Cとの間で締結した。なお，当該借入金はAのために用いられることが当初から予定されていた。このようなケースにおいて，当事者全員から登記申請手続の依頼を受けた司法書士は，どのような点に留意すべきか。

第3章　無効及び取消し

Q10　法定代理人による追認……………………………………………*23*

未成年者Cが，自己が所有する不動産を，親権者A及びBの同意を得ずにDへ売却したが，その後，親権者A及びBが当該不動産売買を追認したというケースにおいて，登記申請手続の依頼を受けた司法書士は，どのような点に留意すべきか。

【書式例1‐5】 追認の事実を証する書面／*24*

【書式例1‐6】 売買を登記原因とする所有権の移転の登記の登記原因証明情報／*25*

Q11　法定代理人の同意を得てなされる制限行為能力者による追認

…………………………………………………………………………*27*

未成年者Cが，自己が所有する不動産を，親権者A及びBの同意を得ずにDへ売却したが，その後，親権者A及びBの同意を得て，未成年者Cが当該不動産売買を追認したというケースにおいて，Cから登記申請手続の依頼を受けた司法書士は，どのような点に留意すべきか。

【書式例1‐7】 同意書／*28*

【書式例1‐8】 売買を登記原因とする所有権の移転の登記の登記原因証明情報／*28*

第4章　消滅時効

Q12　消滅時効に関する新法の概要……………………………………*30*

viii　目　次

　　消滅時効に関する改正点のうち，主要なものは何か。

Q13　消滅時効の完成猶予と更新に関する事例問題······················· *47*

　　消滅時効の完成猶予と更新に関する民法の規定が改正された場合
には，次の各事例におけるAのBに対する貸金債権の消滅時効はど
うなるか。

⑴　平成33年2月1日，貸主Aと借主Bとの間で，以下のような内
　容の金銭消費貸借契約が締結された。

①　Aは，即日Bに対して金100万円を交付する。

②　弁済期は，同年7月31日とする。

　　弁済期経過後もBはまったく弁済しなかった。Aは，平成37年
　6月3日，Bに対して電子メールで支払の催告を送付し，同日，
　Bに到達した。それでもBが支払わないため，Aは，内容証明郵
　便による支払の催告を送付し，同年7月4日，Bに到達した。こ
　れらの催告はAの債権の消滅時効にどのような影響を及ぼすか。

⑵　上記⑴の内容証明郵便による催告後もBが支払わないため，A
　の申出により，AとBは，同年7月20日，AのBに対する貸金債
　権に関する協議を行う旨の合意を書面で行った。この合意は，A
　の債権の消滅時効にどのような影響を及ぼすか。

⑶　上記⑵の合意に反してBが協議に応じないため，Aは，同年10
　月1日，Bを被告とする貸金返還請求の訴えを甲簡易裁判所に提
　起した。この訴えの提起と訴訟の終了は，Aの債権の消滅時効に
　どのような影響を及ぼすか。

第2編　物　　権

Q14　物権に関する新法の概要······························· *49*

　　今回の改正は民法の条文のうち「債権関係」を対象とするもので
あるが，物権の条文も12か条が改正される予定である。それらは債
権関係の改正とどのような関わりを持っているか。

【書式例2-1】電子記録債権を担保する根抵当権の設定登記の登記原因証
明情報／*54*

第3編　債　　権（整備法を含む。）

第1章　総　　説

Q15　キーワードで読み解く新債権法の特色······················· *57*

目次　*ix*

今回の改正では債務の履行を得られない債権者を救済するための諸制度に関する伝統的理論が否定されると言われているが，具体的にはどういうことか。

第2章　債権者代位権

Q16　債権者代位権に関する新法の概要 ……………………………… *77*

債権者代位権に関する改正の主要な内容にはどのようなものがあるか。また，中間試案や要綱案のたたき台で提示された内容のうち採用が見送られたものには何があるか。

Q17　本来型の債権者代位権における無資力要件と登記実務 …………… *89*

本来型の債権者代位権（金銭債権の満足を得るために債務者の責任財産を保全することを目的とする債権者代位権）に関する規定が改正されることによって，代位による不動産登記の手続はどのような影響を受けるか。

Q18　期限未到来の債権を保全するための債権者代位（本来型）と

登記実務 ……………………………………………………………… *92*

被保全債権の期限が未到来である場合には保存行為を除いて債権者代位権を行使することができないという改正（新法第423条第2項）は，代位による不動産登記の手続にどのような影響を与えるか。

第3章　詐害行為取消権

Q19　詐害行為取消権に関する新法の概要 …………………………… *93*

詐害行為取消権に関する新法の内容のうち，登記手続を中心として，司法書士の業務に関係するものには何があるか。また，中間試案など改正の過程で提示された内容のうち，採用が見送られたものには何があるか。

Q20　詐害行為取消訴訟の判決効と不動産登記実務 ……………… *112*

詐害行為取消しの訴えを提起した取消債権者に対して債務者への訴訟告知を義務付け，詐害行為取消しの効力を債務者にも及ぼす旨の改正が実現した場合には，不動産登記の実務はどのような影響を受けると予想されるか。

Q21　濫用的会社分割と詐害行為取消権 …………………………… *114*

詐害行為取消権に関する民法の改正は，いわゆる濫用的会社分割と詐害行為取消権に関する判例理論及び商業登記実務にどのような

x　目　次

影響を及ぼすと予想されるか。また，平成26年改正会社法が導入し
た「詐害的な会社分割における残存債権者保護制度」と民法の詐害
行為取消権との関係はどうなるか。

第4章　多数当事者の債権及び債務（保証債務を除く。）

Q22　不可分債権に関する担保権設定 ……………………………119

　　AとBがCに対し，100万円を貸し付け，当該債権を不可分債権
とする旨の合意がなされた。また，Cが所有する甲土地を目的とし
て当該不可分債権を被担保債権とする抵当権を設定する旨の契約が
締結された。このようなケースにおいて，関係当事者全員から抵当
権設定の登記申請手続の依頼を受けた司法書士は，どのような点に
留意すべきか。

Q23　不可分債権に関する担保権と弁済 ……………………………121

　　AとBがCに対し，時価100万円の自動車の引渡しを求める不可
分債権（AとBの権利割合は各2分の1，不可分債権の発生原因は
自動車の売買）を有しており，これを被担保債権として，Cが所有
する甲土地を目的として順位1番の抵当権の設定登記がなされてい
る。Cが，Aに対して，自動車を引き渡した場合，関係当事者全員
から抵当権に関する登記申請手続の依頼を受けた司法書士は，どの
ような登記申請手続をすべきか。

【書式例3‐1】弁済を登記原因とする抵当権の抹消の登記の登記原因証明
　　情報／122

Q24　不可分債権に関する担保権と債務免除 ………………………123

　　AとBがCに対し，時価100万円の自動車の引渡しを求める不可
分債権（AとBの権利割合は各2分の1，不可分債権の発生原因は
自動車の売買）を有しており，これを被担保債権として，Cが所有
する甲土地を目的として順位1番の抵当権の設定登記がなされてい
る。Aが，Cに対して，自己の債権を全て放棄した場合，関係当事
者全員から抵当権に関する登記申請手続の依頼を受けた司法書士は，
どのような登記申請手続をすべきか。

【書式例3‐2】債権持分放棄を登記原因とする抵当権の一部移転の登記の
　　登記原因証明情報／124

Q25　連帯債権に関する担保権設定 …………………………………126

　　AとBがCに対し100万円の連帯債権（連帯債権の発生原因は金
銭消費貸借契約）を有している場合において，AとBがCとの間で，
Cが所有する甲土地を目的として当該連帯債権を被担保債権とする

目次　*xi*

抵当権を設定する契約を締結した。なお，抵当権の持分に関する約
定はない。関係当事者全員から抵当権設定の登記申請手続の依頼を
受けた司法書士は，どのような登記申請手続をすべきか。

【書式例3‐3】 抵当権の設定の登記の登記原因証明情報／*128*

Q26　連帯債権に関する担保権と被担保債権の譲渡………………………*130*

　　AとBの，Cに対する100万円の連帯債権（連帯債権の発生原因
は金銭消費貸借契約）を被担保債権として，Cが所有する甲土地を
目的として抵当権の設定登記がなされている。Aが，Dに対して，
自己の債権持分を全て譲渡した場合，抵当権に関する登記申請手続
の依頼を受けた司法書士は，どのような点に留意すべきか。

【書式例3‐4】 債権持分譲渡を登記原因とする抵当権の一部移転の登記の
　登記原因証明情報／*130*

Q27　連帯債権に関する担保権と弁済………………………………………*132*

　　AとBの，Cに対する100万円の連帯債権を被担保債権として，
Cが所有する甲土地を目的として順位1番の抵当権の設定登記がな
されている。Cが，Aに対して，負担する債務の全てを弁済した場
合，関係当事者全員から抵当権に関する登記申請手続の依頼を受け
た司法書士は，どのような点に留意すべきか。

Q28　連帯債権に関する担保権と債務免除…………………………………*134*

　　AとBの，Cに対する100万円の連帯債権（AとBの権利割合は
各2分の1）を被担保債権として，Cが所有する甲土地を目的とし
て順位1番の抵当権の設定登記がなされている。Aが，Cに対して，
自己の債権持分を全て放棄した場合，関係当事者全員から抵当権に
関する登記申請手続の依頼を受けた司法書士は，どのような点に留
意すべきか。

【書式例3‐5】 連帯債権者の一人が債権持分を放棄した場合の登記申請情
　報／*135*

**Q29　連帯債務者の一人に対する債務免除がなされた場合の抵当権
　変更登記（①）**…………………………………………………………………*136*

　　AとBを連帯債務者とする抵当権設定登記がY所有の甲土地にな
されているが（債権額1,000万円），債権者がBに対し，債務免除の
意思表示をした。
①　AとBの内部負担が，A1,000万円，B0円であった場合，ど
　のような登記を申請すべきか。
②　AとBの内部負担が，A500万円，B500万円であった場合，ど
　のような登記を申請すべきか。

xii 目 次

【書式例3‐6】 債務免除を登記原因とする抵当権の変更の登記の登記原因
証明情報／*137*

**Q30 連帯債務者の一人に対する債務免除がなされた場合の抵当権
変更登記（②）** ·· *139*

　　AとBを連帯債務者とする抵当権設定登記がY所有の甲土地にな
されているが（債権額1,000万円，AとBの内部負担は500万円ず
つ。），債権者がBに対し，債務免除の意思表示をした。その際，債
権者は，Bの内部負担額500万円の限度で，債務免除の効力をAに
も及ぶものとすることを約し，Aもこれを了承した。この場合，ど
のような登記を申請すべきか。

【書式例3‐7】 債務免除を登記原因とする抵当権の変更の登記の登記原因
証明情報／*140*

**Q31 連帯債務者の一人に対する債務免除がなされた場合の抵当権
変更登記（③）** ·· *141*

　　AとBを連帯債務者とする抵当権設定登記が甲土地になされてい
るが（債権額1,000万円，AとBの内部負担は500万円ずつ。），債権
者がBに対し，債務免除の意思表示をした。また，債権者はAに対
し，Bの内部負担に相当する500万円の限度で，Aの債務を一部免
除する意思表示をした。この場合，どのような登記を申請すべきか。

Q32 連帯債務者の一人について時効が完成した場合 ····················· *142*

　　AとBを連帯債務者とする抵当権設定登記が甲土地になされてい
るが（債権額1,000万円），Bの債務につき時効が完成し，Bが時効
を援用する意思表示をした。
①　AとBの内部負担が，A1,000万円，B0円であった場合，ど
のような登記を申請すべきか。
②　AとBの内部負担が，A500万円，B500万円であった場合，ど
のような登記を申請すべきか。

**Q33 連帯債務者が，他の連帯債務者が債権者に対して有する相殺
権を行使することの可否** ·· *143*

　　BとCを連帯債務者とする抵当権設定登記（抵当権者はAであ
る。）が，Cが所有する甲土地になされている。連帯債務者Cから，
連帯債務者BがAに対して有する金銭債権を自働債権として相殺し
たので，甲土地の抵当権を抹消してほしいとの依頼を受けた司法書
士は，どのような点に留意すべきか。なお，相殺の意思表示をした
のは，BではなくCである。

目次　*xiii*

第5章　保証債務

Q34　保証人が，主債務者が債権者に対して有する相殺権を行使することの可否 ·· *145*

　　Ｃは，主債務者ＢがＡに対して負担する金銭債務につき委託を受け保証をしており，また，Ａに対して負担する保証債務を担保するために，自己が所有する甲土地に順位１番の抵当権を設定している。保証人Ｃから，主債務者ＢのＡに対する金銭債権を自働債権として相殺したので，甲土地の１番抵当権を抹消してほしいとの依頼を受けた司法書士は，どのような点に留意すべきか。なお，相殺の意思表示をしたのは，主債務者Ｂではなく，保証人Ｃである。

Q35　保証人が弁済した場合の抵当権移転登記の可否 ····················· *147*

　　Ｂは，主債務者Ａが所有する甲土地に設定された抵当権の被担保債権につき委託を受け保証をしている。Ｂは，Ａに対し事前通知をせずに債権者に対し弁済をした。その後，ＢはＡに対し求償権を行使したが，Ａからは，債権者に対する反対債権をもって相殺し得る状態にあったのに，Ｂのせいで相殺できなくなってしまったとして，求償を拒絶されてしまった。このようなケースにおいて，甲土地に設定された抵当権につき，「代位弁済」を原因とする抵当権移転登記の申請をすることができるか。

Q36　保証人と主債務者との弁済が競合した場合の抵当権移転登記の可否（①）·· *150*

　　Ｂは，主債務者Ａが所有する甲土地に設定された抵当権の被担保債権につき委託を受け保証をしている。Ｂは，Ａに対し事前通知も事後通知もせずに債権者に対し弁済をした。その後，Ｂが弁済した事実を知らずに，主債務者Ａが債権者に対し債権全額の弁済をしたところ，債権者がこれを受領してしまった。ＡはＢに対し，弁済後，事後通知をしている。その後，ＢはＡに対し求償権を行使したが，ＡからはＡの弁済を有効とみなす意思表示がなされ，求償を拒絶されてしまった。このようなケースにおいて，甲土地に設定された抵当権につき，「代位弁済」を原因とする抵当権移転登記の申請をすることができるか。

Q37　保証人と主債務者との弁済が競合した場合の抵当権移転登記の可否（②）·· *151*

　　Ｂは，主債務者Ａが所有する甲土地に設定された抵当権の被担保債権につき委託を受け保証をしている。Ｂは債権者に対し弁済することを事前にＡに通知の上，債権者に弁済をした。その後，Ａに弁

xiv　目　次

済の事実を通知すると同時に，求償権を行使した。しかし，AはB
の弁済前に既に弁済済みであったことを理由に，Bの求償を拒絶し
た。BがAから，弁済したことの事後通知を受けていなかった場合，
甲土地に設定された抵当権につき，「代位弁済」を原因とする抵当
権移転登記の申請をすることはできるか。

Q38　債務者が事業のために負担した貸金等債務を主たる債務とする保証と抵当権設定登記 ………………………………………*153*

B は，A の委託を受けて，主債務者 A が負担する債務の保証契約
を締結している。B は，A との間で，A が所有する不動産を目的と
して，将来 B が取得し得べき求償債権を担保するため，抵当権設定
契約を締結した。このようなケースにおいて，A と B から求償債権
を担保する抵当権設定登記の申請を依頼された場合，どのような点
に留意すべきか。なお，保証契約は書面でなされている。

Q39　貸金等債務を主たる債務とする保証と抵当権設定登記の登記原因証明情報 ……………………………………………………*158*

事業のために負担した貸金等債務を主たる債務とする保証契約が
締結されており，保証人が将来取得し得べき求償債権を担保するた
めの抵当権が設定された場合，登記の申請を依頼された司法書士は，
何を登記原因証明情報として提供すべきか。なお，保証人は個人で
あり，新法第465条の6に基づく公正証書が作成されている。

【書式例3‐8】抵当権の設定の登記の登記原因証明情報（公正証書の作成
　　　　　　を要する場合）／*162*

【書式例3‐9】抵当権の設定の登記の登記原因証明情報（公正証書の作成
　　　　　　を要しない場合）／*163*

Q40　貸金以外の債務を根保証する場合の根抵当権設定について ………*165*

A株式会社が，B株式会社に対して継続的に商品を供給する契約
が締結されている。これにより継続的に発生する代金債務を担保す
るため，B株式会社の代表取締役B′個人が根保証人となる旨の根
保証契約がA株式会社とB′個人との間で締結された。このような
ケースにおいて，B′個人に対する保証債権を担保するための根抵
当権を設定したいとの相談を受けた司法書士は，どのような点に留
意すべきか。なお，根保証に関する契約書には，極度額を1億円と
する旨の定めがあるが，元本確定期日の定めはなかった。

第6章　債権譲渡

Q41　譲渡禁止特約の効力 …………………………………………………*168*

目次　*xv*

譲渡禁止特約に関して，どのような見直しがなされているか。

Q42　譲渡制限の意思表示に反する債権譲渡と抵当権の移転……………*171*

　　AのBに対する100万円の貸金債権を担保するため，Bが所有する甲土地を目的として抵当権（順位1番）が設定されているところ，AとCとの間で，当該被担保債権につき売買契約が締結された。当該被担保債権には，譲渡制限の意思表示がされており，Cはそのことを知っていた。このようなケースにおいて，関係当事者全員から1番抵当権の移転の登記申請手続につき依頼を受けた司法書士は，どのような点に留意すべきか。

【書式例3‐10】 債権譲渡を登記原因とする抵当権の移転の登記の登記原因証明情報／*172*

Q43　異議をとどめない承諾の効力 ……………………………………………*175*

　　AのBに対する100万円の貸金債権を担保するため，Bが所有する甲土地を目的として抵当権（順位1番）が設定されているところ，AとCとの間で，当該被担保債権につき売買契約が締結された。当該被担保債権は，債権譲渡がなされた時点で既に弁済済みであったが，Bは異議をとどめずに債務者対抗要件である承諾をしてしまった。このようなケースにおいて，関係当事者全員から1番抵当権の移転の登記申請手続につき依頼を受けた司法書士は，どのような点に留意すべきか。

Q44　譲渡制限の意思表示に反する債権譲渡と供託金の還付……………*177*

　　AのBに対する100万円の貸金債権を，AがCに対して売却したところ，当該債権には譲渡制限の意思表示がされていたことから，債務者Bが当該債権の全額に相当する金銭を供託した。このようなケースにおいて，Cから供託金の還付請求の手続につき依頼を受けた司法書士は，どのような点に留意すべきか。

Q45　譲渡制限の意思表示がされた債権の差押え……………………………*179*

　　譲渡制限の意思表示がされた債権を目的として，債権差押命令の申立てに関する書面作成につき依頼を受けた司法書士は，どのような点に留意すべきか。

Q46　将来債権譲渡 …………………………………………………………………*181*

　　将来債権の譲渡につき，どのような法整備がなされるか。

Q47　債権譲渡の対抗要件 ………………………………………………………*184*

　　債権譲渡の対抗要件に関する規定は，どのような審議を経て，どのような規定となるか。また，今般の民法改正に伴って，債権譲渡

xvi　目　次

登記制度を利用することができる範囲は拡張されるか。

第7章　債務引受

Q48　併存的債務引受 ··· *186*
併存的債務引受に関する新設規定の内容はどのようなものか。また，その改正は不動産登記の実務にどのような影響を及ぼすか。

【書式例3‐11】併存的債務引受を登記原因とする抵当権の変更の登記の登記原因証明情報／*192*

Q49　免責的債務引受 ··· *193*
免責的債務引受に関する新設規定の内容はどのようなものか。また，その改正は不動産登記の実務にどのような影響を及ぼすか。

【書式例3‐12】免責的債務引受を登記原因とする抵当権の変更の登記の登記原因証明情報／*204*

【書式例3‐13】免責的債務引受を登記原因とする抵当権の変更の登記の登記原因証明情報／*206*

第8章　契約上の地位の移転

Q50　契約上の地位の移転 ··· *208*
契約上の地位の移転について新設された規定の内容は原則として，どのようなものか。また，その改正は不動産登記の実務にどのような影響を及ぼすと予想されるか。

【書式例3‐14】売買を登記原因とする所有権の移転の登記の登記原因証明情報（買主の地位の譲渡）／*212*

Q51　不動産の賃貸人たる地位の移転 ··································· *213*
契約上の地位の移転のうち，不動産の賃貸人たる地位の移転に関する特則はどのようなものか。また，その改正は不動産登記の実務にどのような影響を及ぼすと予想されるか。

第9章　弁　済

Q52　第三者による弁済 ··· *221*
第三者による弁済については，どのような改正がなされるか。

Q53　預金又は貯金の口座に対する払込みによる弁済 ··············· *224*
不動産取引等において，金融機関の預貯金口座への振込みによっ

目次　*xvii*

　　　て売買代金等の金銭債務の決済を行う場合について留意すべき改正
　　　に関する事項には，どのようなものがあるか。

Q54　代物弁済の諾成契約化……………………………………………*229*
　　　代物弁済について，どのような改正がなされるか。

**Q55　代物弁済を登記原因とする所有権の移転の登記及び抵当権の
　　　抹消の登記**……………………………………………………………*230*
　　　代物弁済が諾成契約であることが明文化されることに伴い，代物
　　　弁済を登記原因とする所有権の移転の登記及び抵当権の抹消の登記
　　　の手続は，従来とはどのように異なるか。

Q56　弁済供託……………………………………………………………*231*
　　　弁済供託について，どのような改正がなされるか。

Q57　弁済による代位……………………………………………………*234*
　　　弁済による代位については，どのような改正がなされるか。

第10章　相　殺

Q58　相殺に関する主要な改正事項……………………………………*239*
　　　相殺については，主として，どのような改正がなされるか。

第11章　更　改

Q59　債務者更改と抵当権（担保提供者が旧債務者である場合）………*243*
　　　債権者Aは，債務者Bに対する貸金債権を担保するため，B所有
　　　の甲土地に抵当権を設定しているが，Cを新債務者とする内容の更
　　　改契約がAC間で締結され，その旨がBに通知された。
　　①　更改契約の際，AがCに対し，抵当権を更改後の債務に移すこ
　　　とを表示し，Bがこれを了承した。このようなケースにおいて，
　　　当事者全員から抵当権に関する登記申請手続の依頼を受けた司法
　　　書士は，いかなる登記を申請すべきか。
　　②　更改契約の際，AがCに対し，抵当権を更改後の債務に移すこ
　　　とを表示したが，Bがこれを了承しなかった。このようなケース
　　　において，当事者全員から抵当権に関する登記申請手続の依頼を
　　　受けた司法書士は，いかなる登記を申請すべきか。

【書式例3‐15】 債務者更改による新債務担保を登記原因とする抵当権の変
　　　更の登記の登記申請情報（①のケース）／*246*

【書式例3‐16】 債務者更改による新債務担保を登記原因とする抵当権の変

xviii　目　次

　　　更の登記の登記原因証明情報（①のケース）／247

【書式例3-17】抵当権消滅を登記原因とする抵当権の抹消の登記の登記申
　　　請情報（②のケース）／248

【書式例3-18】抵当権消滅を登記原因とする抵当権の抹消の登記の登記原
　　　因証明情報（②のケース）／248

Q60　**債務者更改と抵当権（担保提供者が新債務者である場合）**⋯⋯⋯*251*

　　　債権者Aは，債務者Bに対する貸金債権を担保するため，C所有
　　の甲土地に抵当権を設定しているが，Cを新債務者とする内容の更
　　改契約がAC間で締結され，その旨がBに通知された。更改契約の
　　際，AはCに対し，抵当権を更改後の債務に移すことを表示してい
　　る。このようなケースにおいて，当事者全員から抵当権に関する登
　　記申請手続の依頼を受けた司法書士は，いかなる登記を申請すべき
　　か。

Q61　**債権者更改と抵当権（更改契約が旧債権者と新債権者との間**
　　　でなされた場合）⋯⋯⋯⋯⋯⋯⋯⋯⋯⋯⋯⋯⋯⋯⋯⋯⋯⋯⋯*252*

　　　債権者Aは，債務者Bに対する貸金債権を担保するため，B所有
　　の甲土地に抵当権を設定しているが，Cを新債権者とする内容の更
　　改契約がAC間で締結され，その旨がBに通知された。このような
　　ケースにおいて，当事者全員から抵当権に関する登記申請手続の依
　　頼を受けた司法書士は，どのような登記を申請すべきか。

Q62　**債権者更改と抵当権（更改契約が旧債権者，新債権者，及び**
　　　債務者との間でなされた場合で，担保提供者が第三者である場
　　　合）⋯⋯⋯⋯⋯⋯⋯⋯⋯⋯⋯⋯⋯⋯⋯⋯⋯⋯⋯⋯⋯⋯⋯⋯⋯*254*

　　　債権者Aは，債務者Bに対する貸金債権を担保するため，D所有
　　の甲土地に抵当権を設定しているが，Cを新債権者とする内容の更
　　改契約がABC間で締結された。
　①　更改契約の際，AがBに対し，抵当権を更改後の債務に移すこ
　　とを表示しており，また，設定者Dがこれを了承している。この
　　ようなケースにおいて，当事者全員から抵当権に関する登記申請
　　手続の依頼を受けた司法書士は，いかなる登記を申請すべきか。
　②　更改契約の際，AがBに対し，抵当権を更改後の債務に移すこ
　　とを表示したが，設定者Dからの了承が得られなかった。このよ
　　うなケースにおいて，当事者全員から抵当権に関する登記申請手
　　続の依頼を受けた司法書士は，いかなる登記を申請すべきか。

【書式例3-19】債権者更改による新債務担保を登記原因とする抵当権の変
　　　更の登記の登記申請情報（Dの承諾が得られている場合）／256

目次　*xix*

【書式例3‒20】 債権者更改による新債務担保を登記原因とする抵当権の変
更の登記の登記原因証明情報（Dの承諾が得られている場合）／*257*

【書式例3‒21】 抵当権消滅を登記原因とする抵当権の抹消の登記の登記申
請情報（Dの承諾が得られていない場合）／*258*

【書式例3‒22】 抵当権消滅を登記原因とする抵当権の抹消の登記の登記原
因証明情報（Dの承諾が得られていない場合）／*258*

**Q63　債権者更改と抵当権（更改契約が旧債権者，新債権者，及び
債務者との間でなされた場合で，担保提供者が債務者である場
合）**··*260*

　　債権者Aは，債務者Bに対する貸金債権を担保するため，B所有
の甲土地に抵当権を設定しているが，Cを新債権者とする内容の更
改契約がABC間で締結された。その際，Aは債務者Bに対し，抵
当権を更改後の債務に移す旨の意思表示をしている。このような
ケースにおいて，当事者全員から抵当権に関する登記申請手続の依
頼を受けた司法書士は，どのような登記を申請すべきか。

【書式例3‒23】 債権者更改による新債務担保を登記原因とする抵当権の変
更の登記の登記原因証明情報／*261*

Q64　債権目的の更改と抵当権··*262*

　　債権者Aは，債務者Bに対する売買代金債権を担保するため，B
所有の甲土地に順位1番の抵当権を設定している。A及びBは，1
番抵当権の被担保債権の目的を金銭消費貸借とする更改契約を締結
した。その際，AはBに対し，抵当権を更改後の債務に移す意思表
示をしている。このようなケースにおいて，当事者全員から抵当権
に関する登記申請手続の依頼を受けた司法書士は，いかなる登記を
申請すべきか。

【書式例3‒24】 債権目的の更改による新債務担保を登記原因とする抵当権
の変更の登記の登記申請情報／*264*

【書式例3‒25】 債権目的の更改による新債務担保を登記原因とする抵当権
の変更の登記の登記原因証明情報／*264*

第12章　第三者のためにする契約

Q65　第三者のためにする契約に関する改正の概要··················*266*

　　第三者のためにする契約に関する改正内容はどのようなものか。
また，不動産登記実務にはどのような影響があるのか。

xx　目　次

第13章　売　買

Q66　売買で問題となり得る事項の重要な改正点･･････････269
売買の際に問題となり得る事項で，重要な改正点には，どのようなものがあるか。

Q67　買戻特約の登記事項･･････････････････････････285
平成33年4月1日，Aは自己所有の甲土地を1,000万円でBに売った。AとBは，売買契約と同時に，契約締結から10年間は，AがBに1,200万円と，契約費用としてかかった100万円を支払えば当該契約を解除できる旨を合意した。関係当事者全員から所有権移転登記及び買戻特約の登記の登記申請手続の依頼を受けた司法書士は，どのような点に留意すべきか。

【書式例3-26】 買戻特約の登記の登記申請情報／286

Q68　買戻特約の登記･･･････････････････････････287
平成33年4月1日，Aは自己所有の甲土地をBに売った。当該売買契約には，Aが将来，甲土地を買い戻すことを予定して買戻特約が付されている。関係当事者全員から所有権移転登記のみの登記申請手続の依頼を受けた司法書士は，どのような点に留意すべきか。

第14章　消費貸借

Q69　消費貸借における要物性････････････････････288
消費貸借（金銭消費貸借）の要物性について，どのような改正がなされるか。

Q70　諾成的な消費貸借における書面性･･････････････291
明文化される諾成的な消費貸借における「書面」とは，どのような意味であるか。

Q71　金銭消費貸借により生ずる債権の発生年月日･･･････294
諾成的な消費貸借が明文化されることに伴い，抵当権の設定の登記の登記原因の日付における被担保債権（金銭消費貸借契約に基づき発生する債権）の発生の年月日は，従来とはどのように異なるか。

Q72　抵当権の設定の登記の登記原因証明情報の記載･････295
諾成的な消費貸借が明文化されることに伴い，抵当権の設定の登記の登記原因証明情報における「登記の原因となる事実又は法律行為」の記載は，従来とはどのように異なるか。

目次　*xxi*

【書式例3‐27】 抵当権の設定の登記の登記原因証明情報（要物的な消費貸
借の場合）／296

【書式例3‐28】 抵当権の設定の登記の登記原因証明情報（諾成的な消費貸
借の場合）／297

Q73　消費貸借の利息及び損害金に関する改正の概要　　　　　298
消費貸借の利息及び損害金について，どのような内容の改正がさ
れるか。また，司法書士の業務にどのような影響を及ぼすと予想さ
れるか。

第15章　賃貸借

Q74　賃貸借の存続期間　　　　　302
賃貸借の存続期間について，どのような改正がなされるか。

Q75　敷　　金　　　　　304
敷金について，新法ではどのような規定が設けられるか。

Q76　賃借物の一部滅失等による賃料の減額等　　　　　307
賃借物の一部滅失による賃料の減額請求等を定めた旧法第611条
の規定については，どのような改正がなされるか。

第16章　整備法の概要

Q77　整備法による関係法律の改正の概要　　　　　309
民法（債権関係）の改正に伴って民法以外の法律はどのように改
正されるか。

事項索引　　　　　331
条文索引　　　　　337

民法総則

第1編

第1章 意思表示

Q1 錯誤に関する新法の概要

旧法第95条の錯誤に関する規定の主な改正内容にはどのようなものがあるか。

Answer

錯誤に関する規定の主な改正内容は，(1)錯誤の要件の明確化及び錯誤の種類の明文化，(2)錯誤の効果が無効から取消しに改められたこと，(3)動機の錯誤に関する規定の明文化，(4)表意者に重過失がある場合においても取消しを認める例外規定の明文化，(5)第三者保護規定の明文化などである。詳細は下記のとおりである。

(1) 錯誤の要件及び錯誤の種類

ア 錯誤の要件

旧法第95条は，錯誤無効の要件について，「法律行為の要素に錯誤があったとき」と規定しているが，どのような場合に「要素の錯誤」に該当するのかについては，判例や解釈に委ねられていた。この点，判例（大判大正7年10月3日民録24輯1852頁）及び通説によれば，要素の錯誤とは，①その錯誤がなかったならば表意者は意思表示をしなかったであろうと考えられ（主観的因果性），かつ，②意思表示をしないことが一般取引上の通念に照らして妥当と認められる（客観的重要性）ものをいう。

そこで，新法では，この判例・通説の見解を基礎とし，表現に修正を加えた上で，「法律行為の要素に錯誤があったとき」という文言に代えて，「その錯誤が法律行為の目的及び取引上の社会通念に照らして重要なものであるとき」という文言を使用している（新法第95条第1項本文）。

イ　錯誤の種類

　新法では，表示の錯誤に加えて，いわゆる動機の錯誤についても明記された。表示の錯誤は，「意思表示に対応する意思を欠く錯誤」（新法第95条第1項第1号）と表現されており，動機の錯誤は，「表意者が法律行為の基礎とした事情についてのその認識が真実に反する錯誤」（同項第2号）と表現されている。

⑵　錯誤の効果

　旧法では，法律行為の要素に錯誤があった場合の効果として，その意思表示を無効としていたが，新法では，これを取消しに改めている。

　その理由としては，①判例（最判昭和40年9月10日民集19巻6号1512頁）が，原則として表意者以外の第三者からの錯誤無効の主張を認めていないため，相手方から効力を否定することができないという点で取消しに近いとされていること，②無効という効果は，主張期間に制限がないため，取消しよりも有利になるが，錯誤によって意思表示した者を，詐欺によって意思表示をした者以上に保護する合理的な理由がないことなどが挙げられる。

⑶　動機の錯誤に関する規定

　従来の判例の主流の見解によれば，動機の錯誤が認められるには，動機を明示又は黙示に表示して意思表示の内容としていることが必要であるとされている。

　そこで，新法では上記判例を踏まえて，動機の錯誤による意思表示の取消しは，「その事情が法律行為の基礎とされていることが表示されていたときに限り，することができる。」（新法第95条第2項）としている。

　なお，「その事情が法律行為の基礎とされていること」という文言は，単にその事情が動機（理由）であると表示されているだけでは足りないとする判例があることを考慮したものである（部会資料83-2第3-2）。

　また，「表示されていたとき」には，黙示の表示が含まれる場合があると考えられている（部会資料83-2第3-2）。

⑷　錯誤者に重過失があっても取消しを認める例外規定の明文化

　新法では，旧法第95条ただし書の，表意者に重過失があったときは錯誤を

第1章 意思表示 *3*

主張することができないという規定を維持したまま，その例外として，次の二つの場合には，表意者に重過失があっても錯誤を理由として取消しすることができるものとする（新法第95条第3項）。

どちらについても通説的見解の明文化である。

ア 相手方が，表意者の錯誤につき，悪意又は重過失により知らなかった場合

イ 相手方が，表意者と同一の錯誤に陥っていた場合

(5) 第三者保護規定の明文化

旧法では，錯誤による意思表示を前提として新たな法律関係に入った第三者を保護するための規定が存在しない。そのため，錯誤を第三者に対抗することができるかについては見解が分かれていた。

そこで，新法では，錯誤による取消しは，善意無過失の第三者に対抗することができないという規律を新たに設けた（新法第95条第4項）。

これは，自ら錯誤に陥った者よりも詐欺によって意思表示した者の方が帰責性は小さく保護の必要性が高いのに，第三者が現れた場合に錯誤者の方により厚い保護が与えられるのはバランスを失することを理由に，旧法第96条第3項を類推適用する見解に従い明文化するものである（中間試案補足説明第3-2）。

【旧】	【新】
（錯誤） **第95条** 意思表示は，法律行為の要素に錯誤があったときは，無効とする。ただし，表意者に重大な過失があったときは，表意者は，自らその無効を主張することができない。	（錯誤） **第95条** 意思表示は，次に掲げる錯誤に基づくものであって，その錯誤が法律行為の目的及び取引上の社会通念に照らして重要なものであるときは，取り消すことができる。 一 意思表示に対応する意思を欠く錯誤 二 表意者が法律行為の基礎とした事情についてのその認識が真実に反する錯誤 2 前項第2号の規定による意思表示の取消しは，その事情が法律行為の基礎とされていることが表示されていたときに限

4 第1編 民法総則

り，することができる。
3 錯誤が表意者の重大な過失によるもの
であった場合には，次に掲げる場合を除
き，第1項の規定による意思表示の取消
しをすることができない。
一 相手方が表意者に錯誤があることを
知り，又は重大な過失によって知らな
かったとき。
二 相手方が表意者と同一の錯誤に陥っ
ていたとき。
4 第1項の規定による意思表示の取消し
は，善意でかつ過失がない第三者に対抗
することができない。

Q2 不動産登記手続に関する事例問題

次の事例において，Aの名義を回復するための不動産登記の手続はどうなるか。

〈事例〉
① 平成33年4月1日，AはBに対して，A所有の甲不動産を売却し，併せて所有権移転登記を行った。
② 平成33年5月1日，BはCのBに対する貸金債権の担保として，甲不動産に抵当権を設定し，併せて抵当権設定登記を行った。
③ 平成33年6月1日，AはBに対して，甲不動産の売買契約における自己の意思表示に錯誤があったことを理由として，その意思表示を取り消した。

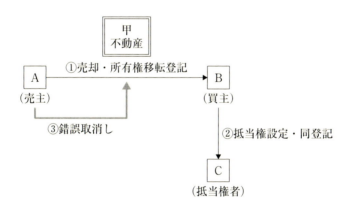

Answer

(1) Cが取消原因について悪意又は善意・有過失である場合
 ア 申請可能な登記
  所有権移転登記後にその原因である売買などが制限行為能力や詐欺・強迫を理由として取り消された場合に関する従来の登記実務に準じた取扱いが予想される。すなわち，Aは，Cが抹消について承諾したことを証する情報又はCに対抗することができる裁判があったことを証する情

6　第1編　民法総則

報を提供して，所有権移転登記を抹消するか，あるいはBからAへの復
帰的な所有権移転登記をするかを選択することができるものと考えられ
る。

イ　登記原因

登記原因の文言は改正実現後に先例が発出されるまで断定できないが，
抹消を選択した場合については，「錯誤」，「年月日取消し」（原因日付は
Aの取消しの意思表示がBに到達した日）などが考えられる。また，復帰
的な所有権移転登記を選択した場合については，「年月日取消し」（原因
日付はAの取消しの意思表示がBに到達した日）が考えられる。

⑵　**Cが取消原因について善意・無過失であるとき**

Aが登記名義を回復するには，BからAへの復帰的な所有権移転登記をす
る方法によらざるを得ない。

この場合の登記原因については，上記⑴イと同様である。

【書式例1‐1】取消しを登記原因とする所有権の抹消の登記の登記原因証明情報
（動機の錯誤による抹消の場合）

登記原因証明情報

1　登記申請情報の要項
　　　登 記 の 目 的　　　○番所有権抹消
　　　登 記 の 原 因　　　平成○年○月○日取消し（「錯誤」と表現する可能性
　　　　　　　　　　　　　もある）
　　　当　　事　　者　　　権利者　（住所省略）　A
　　　　　　　　　　　　　義務者　（住所省略）　B
　　　不動産の表示　　　　（省略）

2　登記の原因となる事実又は法律行為
　⑴　平成○年○月○日，AはBに対して本件不動産を売り渡し，両者の申請
　　　によりBへの所有権移転登記がなされた（○法務局○出張所平成○年○月
　　　○日受付第○○○号）。
　⑵　上記⑴の売買契約（以下，「本件売買」という。）において，売主Aの意
　　　思表示には以下のような錯誤があった。

ア　Aは，○○○という事情を本件売買の基礎としていたが，当該事情についてのAの認識は真実に反するものであった。

　イ　上記アの錯誤は，本件売買の目的及び取引上の社会通念に照らして重要なものであると認められるものであった。

　ウ　Aは，本件売買の基礎とした当該事情が本件売買の基礎とされていることを表示していた。

(3)　平成○年○月○日，Aは，上記(2)の錯誤を理由として本件売買を取り消す旨の意思表示を内容証明郵便で送付した。この意思表示は，平成○年○月○日，Bに到達した。

(4)　上記(3)の取消しの意思表示により，本件売買は初めから無効であったこととなり，本件不動産の所有権はAに帰属していることとなる。

(5)　よって，B名義の登記は実体との原始的不一致により抹消すべきものである。

平成○年○月○日　○法務局○出張所　御中

上記登記原因のとおり相違ありません。

権利者　　（住所省略）　A　㊞

義務者　　（住所省略）　B　㊞

8　第1編　民法総則

第2章　代　理

Q3 代理人の行為能力

　未成年者Cが所有する不動産を，親権者A及びB（Bは保佐開始の審判を受けている。）が，子Cを代理してDに売却するというケースにおいて，登記申請手続の依頼を受けた司法書士は，どのような点に留意すべきか。

Answer

　未成年者に父母がある場合，父母は共同して親権を行使するのが原則である（民法第818条第1項，第3項本文）。ただし，父母の一方が親権を行うことができないときは，他の一方が行うとされている（同条第3項ただし書）。

　この点，「父母の一方が親権を行うことができないとき」とは，親権者が成年後見開始の審判を受けたこと，親権停止又は親権喪失の審判を受けたこと等の法律上の障害のほか，父母の一方の行方不明，長期の旅行等の事実上の障害をいうとされている。そして，部会資料によれば，「被保佐人又は被補助人であることによって親権の行使が否定されるわけではない」とする見解が採用されているため，親権者が保佐開始の審判を受けたにすぎないケースでは，「親権を行うことができないとき」には該当せず，依然として共同親権行使の必要があると思われる。

　共同親権行使の必要があるとした場合，旧法第102条では「代理人は，行為能力者であることを要しない。」と規定していたことから，Bに保佐人が付いていても，Bは保佐人の同意を得ることなく親権を行使し得るとの解釈も採り得た。

　しかし，改正により民法第102条にただし書が付け加えられ，「制限行為能

力者が他の制限行為能力者の法定代理人としてした行為については」取消し
が認められることとなったため，Ｂに保佐人が付いている場合，Ｂは保佐人
の同意を得た上で親権を行使しなければ取消しの問題が生じ得る。

したがって，取消しの問題が生ずる可能性を排除すべく，Ｂは保佐人の同
意を得た上で未成年者Ｃのために契約を締結すべきであり，このことを司法
書士は確認すべきである。

登記申請手続の際には，登記原因証明情報中に保佐人の同意を得た事実を
記載するとともに，保佐人の同意書（印鑑証明書付）及び成年後見登記の登
記事項証明書を添付情報の一部として提供するのが相当と思われる。

なお，Ｂに保佐人が付いていることが依頼者側から明らかにされないケー
スも考えられることから，登記申請の依頼を受けた司法書士は，Ｂの判断能
力に疑念を抱いた場合には，Ｂを本人とする後見登記等ファイルに記録がな
いことの証明書（後見登記等に関する法律第10条第１項）の提示を求めるなど
して，取消しの可能性を排除するよう努めるべきであろう。

【旧】	【新】
（代理人の行為能力） **第102条** 代理人は，行為能力者であることを要しない。	（代理人の行為能力） **第102条** 制限行為能力者が代理人としてした行為は，行為能力の制限によっては取り消すことができない。ただし，制限行為能力者が他の制限行為能力者の法定代理人としてした行為については，この限りでない。

※　この法律の施行日前に，制限行為能力者が他の制限行為能力者の法定代理人
　としてした行為については，新法の規定にかかわらず，なお従前の例によると
　する経過措置が設けられている（附則第３条）。

10 第1編 民法総則

【書式例1-2】 売買を登記原因とする所有権の移転の登記の登記原因証明情報

登記原因証明情報

1　登記申請情報の要項
　(1)　登記の目的　　所有権移転
　(2)　登記の原因　　平成○年○月○日売買
　(3)　当　事　者　　権利者　（住所省略）　D
　　　　　　　　　　　義務者　（住所省略）　C
　(4)　不動産の表示　（省略）

2　登記の原因となる事実又は法律行為
　(1)　A及びBはDに対し，平成○年○月○日，本件不動産を売った。
　(2)　A及びBは(1)の契約締結の際，Cのためにすることを示した。
　(3)　Cは平成○年○月○日生まれの未成年者であり，Aが父，Bが母である。
　(4)　Bは，平成○年○月○日，○家庭裁判所において保佐開始の審判を受けており，Xが保佐人として選任されている。
　(5)　Bの保佐人Xは，被保佐人Bが親権者として子Cに代わり本件不動産につき(1)の売買契約を締結することを，(1)に先立ち同意している。
　(6)　(1)の売買契約には，本件不動産の所有権は売買代金の支払いが完了した時に買主に移転する旨の所有権移転時期に関する特約が付されている。
　(7)　Dは，Cに対し，平成○年○月○日，売買代金の全額を支払い，Cはこれを受領した。
　(8)　よって，同日，本件不動産の所有権はCからDへと移転した。

平成○年○月○日　　○法務局○出張所　御中

上記登記原因のとおり相違ありません。

　　　　　　　　　　　　　　　権利者　　　（住所省略）　D　㊞
　　　　　　　　　　　　　　　義務者　　　（住所省略）　C
　　　　　　　　　　　　　　　上記親権者　（住所省略）　A　㊞
　　　　　　　　　　　　　　　同　　　　　（住所省略）　B　㊞

第２章　代理　*11*

Q4　復代理人の選任と代理人の責任

　　司法書士Ａは，甲から相続の相談を受け，これを原因とする不動産登記の申請手続等について代理することの依頼を受けた。しかし，事情により，Ａ単独で業務を遂行することが困難となったため，甲に復代理人の選任を許諾して欲しい旨相談したところ，甲から司法書士Ｂを復代理人として選任するよう指示された。これを受けて司法書士Ｂを復代理人に選任した司法書士Ａは，司法書士Ｂの選任及び監督について責任を負うか。

Answer

　旧法第105条第２項によれば，本人の指名に従って復代理人を選任した司法書士Ａは，その代理人が，復代理人が不適任又は不誠実であることを知りながら，その旨を本人に通知し又は復代理人を解任することを怠ったときだけ，選任及び監督について，本人に対してその責任を負うものとされていた。しかし，今般の改正で旧法第105条は削られることから，司法書士Ａは司法書士Ｂの選任及び監督について責任を負うだけでなく，司法書士Ｂの行為が原因で債務不履行に陥った際に司法書士Ａが債務不履行責任を負うかどうかは，債務不履行の一般原則に従って判断される。

【旧】	【新】
（復代理人を選任した代理人の責任） **第105条**　代理人は，前条の規定により復代理人を選任したときは，その選任及び監督について，本人に対してその責任を負う。 2　代理人は，本人の指名に従って復代理人を選任したときは，前項の責任を負わない。ただし，その代理人が，復代理人が不適任又は不誠実であることを知りながら，その旨を本人に通知し又は復代理人を解任することを怠ったときは，この限りでない。	削る

12　第1編　民法総則

（法定代理人による復代理人の選任） 第106条　法定代理人は，自己の責任で復代理人を選任することができる。この場合において，やむを得ない事由があるときは，前条第1項の責任のみを負う。 （復代理人の権限等） 第107条　復代理人は，その権限内の行為について，本人を代表する。 2　復代理人は，本人及び第三者に対して，代理人と同一の権利を有し，義務を負う。	（法定代理人による復代理人の選任） 第105条　法定代理人は，自己の責任で復代理人を選任することができる。この場合において，やむを得ない事由があるときは，本人に対してその選任及び監督についての責任のみを負う。 第106条　復代理人は，その権限内の行為について，本人を代表する。 2　復代理人は，本人及び第三者に対して，その権限の範囲内において，代理人と同一の権利を有し，義務を負う。

第2章 代理　*13*

Q5 代理権濫用（代理行為時において既に濫用目的を生じていた場合）

本人Aが所有する甲土地を代理人BがCに売却し，同日，決済が行われ，AからCへの所有権の移転登記が完了した。しかし，Bは当初から，Cから受領した売買代金の全てを自己のために使い込むことを目論んでおり，代理権を濫用していたことが後に判明した。本人Aは甲土地を取り戻し，登記名義を再び自己に戻すことはできるか。

Answer

新法第107条によれば，Bが売買代金を自分のために使い込むつもりであったことを相手方Cが知り，又は知ることができたときは，Bの行為は無権代理行為となるため，本人AにBの行為の効果は帰属せず，AからCへの所有権の移転の効果は生じない。そのため，Cが悪意又は有過失である場合，AはCに対し，自己の所有権を主張し，所有権移転登記の抹消登記手続（又は真正な登記名義の回復を原因とする所有権移転登記手続）を求めることができる。

これに対し，Cが善意無過失である場合，Bの行為は有効な代理行為として，Bの行為の効果は本人Aに帰属し，AからCへの所有権の移転の効果が生ずる。そのため，Aが甲土地を取り戻し，登記名義を再び自己に戻すことはできないであろう。

決済時に代理人のみの出席が予定されているようなケースにおいて，登記申請手続の依頼を受けた司法書士は，無用な紛争が起きることを未然に防ぐためにも，売主本人の決済時の同席を求め，売主本人に対する金銭の支払いの事実を確認すべきである。

なお，訴訟において，所有権移転登記の抹消登記手続を求める場合，Aは，所有権に基づく妨害排除請求権としての所有権移転登記抹消登記手続を求めることになるから，①Aが甲土地を所有していること，②甲土地にC名義の登記があることを主張立証し，さらに，相手方Cの売買の抗弁に対して，①Bが自己の利益を図る意図で意思表示をしたこと，②相手方Cがそのことを

14　第１編　民法総則

知り，又は知ることができたことを主張立証することとなる。

　C名義の登記を前提に設定された（根）抵当権等の権利がある場合には，所有権移転登記の抹消登記手続を求めて訴えを提起するのと同時に，担保権者を被告として，所有権移転登記の抹消登記手続に対する承諾を求めて訴えを提起する必要がある。権利に関する登記の抹消は，登記上の利害関係を有する第三者がある場合には，当該第三者の承諾があるときに限り申請することができるため（不動産登記法第68条），登記の抹消には当該担保権者が作成した承諾証明情報（印鑑証明書付）を提供するか，又は当該担保権者に対抗することができる裁判があったことを証する情報を提供することを要するからである（不動産登記法第68条，不動産登記令第７条第１項第６号，不動産登記令別表26項添付情報欄へ）。

【旧】	【新】
（新設）	**（代理権の濫用）** **第107条**　代理人が自己又は第三者の利益を図る目的で代理権の範囲内の行為をした場合において，相手方がその目的を知り，又は知ることができたときは，その行為は，代理権を有しない者がした行為とみなす。

代理権の濫用に関する判例と新法の規律内容

　新法第107条は，代理権濫用行為は相手方が代理人の目的を知り又は知ることができたときは代理権を有しない者がした行為とみなすこととする。

　判例は，代理権濫用行為について民法第93条ただし書を類推適用する旨判示しているが（最判昭和42年4月20日民集21巻3号697頁），代理権濫用行為をする代理人は，その代理行為の効果を本人に帰属させる意思をもってその旨の意思表示をしているのであるから，意思表示自体には何ら問題はなく，同条ただし書の心裡留保に類似する状況にあるとはいい難い。また，民法第93条ただし書は，意思表示自体に瑕疵（意思の不存在）がある場合に関する規定であるため当該意思表示を無効としているが，上記のとおり意思表示自体には何ら問題のない代理権濫用行為を心裡留保による意思表示のように無効とする必然性はない。これらを踏まえ，相手方が代理人の目的を知り又は知ることができたときは代理権を有しない者がした行為とみなすこととし，自己契約及び双方代理と同様，本人による追認（民法第113条）や代理人に対する責任の追及（同法第117条）などを可能とする（部会資料66A第2‐5）。

16 第1編 民法総則

Q6 代理権濫用（代理行為後に濫用目的を生じた場合）

本人Aが所有する甲土地を代理人BがCに売却し，同日，決済が行われ，AからCへの所有権の移転登記が完了した。しかし，BはCから受領した売買代金の全てを自己のために使い込んでしまったことが後に判明した。Bは決済後に，その売買代金を着服する意図を持つに至ったようである。このようなケースにおいて，本人Aは甲土地を取り戻し，登記名義を再び自己に戻すことはできるか。

Answer

代理権濫用行為は代理権の範囲内の行為であるから，その代理行為の効果は本人に帰属するのが原則であり，例外的に，相手方が代理人の濫用目的を知り又は知ることができた場合に限り，その代理行為の効果が否定される。したがって，不動産の売却に関する代理権を与えられた代理人が当該不動産の売買契約を締結した後にその売買代金を着服する意図を持つに至った場合のように，代理行為の後に濫用目的を生じた場合については，相手方が代理人の濫用目的を知り又は知ることができた可能性はないから，新法第107条の代理権濫用行為に関する規律によっては，当該代理行為の効果を否定することはできない（部会資料66A第2-5）。

本事例において，Bが売買代金を着服する意図を持つに至ったのは，あくまでも代理行為後である。そのため，Bの行為は有効な代理行為として，Bの行為の効果は本人Aに帰属し，AからCへの所有権の移転の効果が生ずる。したがってAが甲土地を取り戻し，登記名義を再び自己に戻すことはできない。

第２章　代理　*17*

Q7 代理人と本人との利益が相反する行為（相手方と代理人が夫婦である場合）

不動産の所有者Ｂからその不動産の売却に関する代理権を与えられたＡが，自己の配偶者Ｃを買主とする売買契約を，Ｂの代理人として締結した。このようなケースにおいて，登記申請手続の依頼を受けた司法書士は，どのような点に留意すべきか。

Answer

　代理人Ａの代理行為を外形的・客観的に考察して判断すると（最判昭和42年４月18日民集21巻３号671頁参照），代理人Ａと本人Ｂとの利益が相反する行為に該当するため，登記申請手続の依頼を受けた司法書士は，本人Ｂがあらかじめ許諾したか否かを確認すべきである（新法第108条第２項ただし書参照）。そして，あらかじめ許諾した事実が確認できる場合には，登記原因証明情報にあらかじめ許諾した事実を記載した上で登記申請手続を行うべきである。

　これに対し，あらかじめ許諾した事実が確認できない場合には，Ａの行為は無権代理行為となるため（新法第108条第２項），原則的にはＢからＣへの所有権移転登記を申請すべきではない。もっとも，Ｂからも登記申請手続の依頼を受けているのであれば，ＢはＡの無権代理行為を追認（民法第116条）しているものと捉えることができるため，Ｂに追認の意思があることを確認の上，登記申請手続を行うことができよう。事後的に追認した事実が確認できる場合には，登記原因証明情報に追認した事実を記載した上で登記申請手続を行うべきである。

【旧】	【新】
（自己契約及び双方代理）	（自己契約及び双方代理等）
第108条　同一の法律行為については，相手方の代理人となり，又は当事者双方の代理人となることはできない。ただし，債務の履行及び本人があらかじめ許諾した行為については，この限りでない。	第108条　同一の法律行為について，相手方の代理人として，又は当事者双方の代理人としてした行為は，代理権を有しない者がした行為とみなす。ただし，債務の履行及び本人があらかじめ許諾した行為については，この限りでない。 ２　前項本文に規定するもののほか，代理

18 第1編 民法総則

| | 人と本人との利益が相反する行為については，代理権を有しない者がした行為とみなす。ただし，本人があらかじめ許諾した行為については，この限りでない。 |

【書式例1‐3】売買を登記原因とする所有権の移転の登記の登記原因証明情報（あらかじめ許諾した事実が確認できる場合）

登記原因証明情報

1　登記申請情報の要項
　(1)　登記の目的　　所有権移転
　(2)　登記の原因　　平成○年○月○日売買
　(3)　当　事　者　　権利者　（住所省略）　C
　　　　　　　　　　　義務者　（住所省略）　B
　(4)　不動産の表示　（省略）

2　登記の原因となる事実又は法律行為
　(1)　AはCに対し，平成○年○月○日，本件不動産を売った。
　(2)　(1)の契約締結の際，AはBのためにすることを示した。
　(3)　BはAに対し，平成○年○月○日，(1)に先立って，本件不動産の売買に関する代理権を与えた。
　(4)　Cは，Aの配偶者であることから，(1)の売買契約は利益相反行為に該当するが，BはAがCに対し本件不動産を売却することを，(1)に先立ち許諾している。
　(5)　(1)の売買契約には，本件不動産の所有権は売買代金の支払いが完了した時に買主に移転する旨の所有権移転時期に関する特約が付されている。
　(6)　Cは，Bに対し，平成○年○月○日，売買代金の全額を支払い，Bはこれを受領した。
　(7)　よって，同日，本件不動産の所有権はBからCへと移転した。

平成○年○月○日　○法務局○出張所　御中

上記登記原因のとおり相違ありません。

　　　　　　　　　　　　　　　　　権利者　　（住所省略）　C　㊞
　　　　　　　　　　　　　　　　　義務者　　（住所省略）　B　㊞

第2章 代理 *19*

【書式例1‐4】売買を登記原因とする所有権の移転の登記の登記原因証明情報（あらかじめ許諾した事実が確認できない場合）

登記原因証明情報

1 登記申請情報の要項
　(1) 登 記 の 目 的　　所有権移転
　(2) 登 記 の 原 因　　平成〇年〇月〇日売買
　(3) 当　事　者　　　権利者　（住所省略）　C
　　　　　　　　　　　　義務者　（住所省略）　B
　(4) 不動産の表示　　（省略）

2 登記の原因となる事実又は法律行為
　(1) AはCに対し，平成〇年〇月〇日，本件不動産を売った。
　(2) (1)の契約締結の際，AはBのためにすることを示した。
　(3) BはAに対し，平成〇年〇月〇日，(1)に先立って，本件不動産の売買に
　　　関する代理権を与えた。
　(4) Cは，Aの配偶者であることから，(1)の売買契約は利益相反行為に該当
　　　するが，BはAがCに対し本件不動産を売却することを，(1)に先立ち許諾
　　　していない。しかし，平成〇年〇月〇日，BはAの代理行為を追認してい
　　　る。
　(5) (1)の売買契約には，本件不動産の所有権は売買代金の支払いが完了した
　　　時に買主に移転する旨の所有権移転時期に関する特約が付されている。
　(6) Cは，Bに対し，平成〇年〇月〇日，売買代金の全額を支払い，Bはこ
　　　れを受領した。
　(7) よって，同日，本件不動産の所有権はBからCへと移転した。

平成〇年〇月〇日　　〇法務局〇出張所　御中

上記登記原因のとおり相違ありません。

　　　　　　　　　　　　　　　　権利者　（住所省略）　C　㊞
　　　　　　　　　　　　　　　　義務者　（住所省略）　B　㊞

20 第1編 民法総則

Q8 代理人と本人との利益が相反する行為（代理人と本人が親子である場合）

唯一の親権者Ａが自ら金銭の借入れをするに当たって，子Ｂの所有する不動産に当該借入金債務を被担保債権とする抵当権を設定する契約を，子Ｂの代理人として債権者Ｃとの間で締結した。なお，当該借入金は子Ｂの学費として用いることが予定されているため，ＢはあらかじめＡの代理行為を許諾している。このようなケースにおいて，当事者全員から登記申請手続の依頼を受けた司法書士は，どのような点に留意すべきか。

Answer

本事例における借入金の使途はＢの学費であるものの，代理人Ａの代理行為を外形的・客観的に考察して判断すると，代理人Ａと本人Ｂとの利益が相反する行為に該当するため，民法第826条第1項の規律に従い，特別代理人の選任が必要となる。本事例は，新設された新法第108条第2項の問題ではないため，ＢがあらかじめＡの代理行為を許諾していることをもって，有効な代理行為と判断することはできない。

したがって，登記申請手続の依頼を受けた司法書士は，特別代理人の選任が必要となることを説明の上，家庭裁判所における特別代理人の選任手続を行うべきであろう。

第2章　代理　*21*

Q9 利益相反行為ではないが代理権濫用に該当し得る事例

　唯一の親権者Ａが子Ｂの代理人として子Ｂを借主とする金銭の借入れをするに当たって，子Ｂの所有する不動産に当該借入金債務を被担保債権とする抵当権を設定する契約を，子Ｂの代理人として債権者Ｃとの間で締結した。なお，当該借入金はＡのために用いられることが当初から予定されていた。このようなケースにおいて，当事者全員から登記申請手続の依頼を受けた司法書士は，どのような点に留意すべきか。

Answer

　本事例における借入金はＡのために用いられる予定ではあるが，代理人Ａの代理行為を外形的・客観的に考察して判断すると，代理人Ａと本人Ｂとの利益が相反する行為には該当しないため（最判昭和37年10月2日民集16巻10号2059頁，最判平成4年12月10日民集46巻9号2727頁等参照），金銭消費貸借契約及び抵当権設定契約を締結するに際しては，民法第826条第1項の規律に従った特別代理人の選任は不要である。

　しかし，借入金はＡのために用いられることが当初から予定されていることから，新設された新法第107条の代理権濫用が問題となり得る。そのため，ＣがＡの目的を知り又は知ることができたときは，Ａの行為は無権代理行為となるため，ＢＣ間における金銭消費貸借契約の効力はＢに及ばず，抵当権設定契約の効力も生じないこととなってしまう。

　したがって，登記申請手続の依頼を受けた司法書士は，金銭消費貸借契約及び抵当権設定契約を締結した際，ＣがＡの目的を知り又は知ることができたかどうかを調査し，これに該当する場合には，実体上の効力が生じていないことから，登記申請手続を遂行すべきではない。

22　第 1 編　民法総則

代理におけるその他の改正事項

コラム　新設された代理権の濫用に関する新法第107条は，判例法理を踏まえて明文化された一例であるが，代理の分野においては，その他にも新法第109条第 2 項において，判例（最判昭和45年 7 月28日民集24巻 7 号1203頁，東京高判昭和39年 3 月 3 日高民17巻 2 号89頁参照）が認める民法第109条と同法第110条の重畳適用が明文化され，また，新法第112条第 2 項において，判例（大連判昭和19年12月22日大民集23巻626頁，最判昭和32年11月29日民集11巻12号1994頁参照）が認める民法第110条と同法第112条の重畳適用が明文化されている。

第３章　無効及び取消し　*23*

第**3**章　無効及び取消し

Q 10　**法定代理人による追認**

　　未成年者Ｃが，自己が所有する不動産を，親権者Ａ及びＢの同意を得ずにＤへ売却したが，その後，親権者Ａ及びＢが当該不動産売買を追認したというケースにおいて，登記申請手続の依頼を受けた司法書士は，どのような点に留意すべきか。

Answer

　本来，未成年者ＣがＤとの間で締結した売買契約は，取り消し得る契約であるため，登記申請手続の依頼を受けた司法書士は，当該売買契約に基づく所有権移転登記の申請手続をすべきでない。

　しかし，本事例では親権者Ａ及びＢが，未成年者Ｃが行った売買を追認している。新法第124条第２項第１号によれば，親権者が追認する場合，「取消しの原因となっていた状況が消滅した後にすることを要しない。」のであるから，適法に追認の効果が生じている。追認により，当該売買契約は当初より有効なものとして確定することから，本事例では所有権移転登記の申請手続をすることができよう。

　登記申請手続の際には，登記原因証明情報中に親権者の同意を得た事実を記載するとともに，親権者作成の追認の事実を証する書面（法定代理人の印鑑証明書付）を添付情報の一部として提供し，親権者の資格を証する戸籍謄本等を併せて提供するのが相当と思われる。

　なお，Ｃが成年被後見人，被保佐人，又は被補助人である場合において，成年後見人，保佐人，又は補助人が追認した場合においても，同様の帰結となろう。

24　第1編　民法総則

【旧】	【新】
（追認の要件） **第124条**　追認は，取消しの原因となって いた状況が消滅した後にしなければ，そ の効力を生じない。	（追認の要件） **第124条**　取り消すことができる行為の追 認は，取消しの原因となっていた状況が 消滅し，かつ，取消権を有することを 知った後にしなければ，その効力を生じ ない。
2　成年被後見人は，行為能力者となった 後にその行為を了知したときは，その了 知をした後でなければ，追認をすること ができない。 3　前二項の規定は，法定代理人又は制限 行為能力者の保佐人若しくは補助人が追 認をする場合には，適用しない。	2　次に掲げる場合には，前項の追認は， 取消しの原因となっていた状況が消滅し た後にすることを要しない。 一　法定代理人又は制限行為能力者の保 佐人若しくは補助人が追認をすると き。 二　制限行為能力者（成年被後見人を除 く。）が法定代理人，保佐人又は補助 人の同意を得て追認をするとき。

※　施行日前に取り消すことができる行為がされた場合におけるその行為の追認
（法定追認を含む。）については，新法第122条（新法第872条第2項において準
用する場合を含む。）の規定にかかわらず，なお従前の例によるとする経過措
置が設けられている（附則第8条第2項）。

【書式例1‐5】追認の事実を証する書面

追認の事実を証する書面

平成○年○月○日

（住所省略）　D　殿

　私共は，平成○年○月○日，CがDに対し，Cが所有する下記記載の不動産
を売却したことにつき，これを追認いたします。

記

不動産の表示　（省略）

C法定代理人　　（住所省略）　A　　| 実印 |

同　　　　　　（住所省略）　B　　| 実印 |

※　民法第123条により，追認の意思表示は相手方Dに対してなされる必要がある。

第３章　無効及び取消し　*25*

【書式例１‐６】売買を登記原因とする所有権の移転の登記の登記原因証明情報

登記原因証明情報

1　登記申請情報の要項
　(1)　登 記 の 目 的　　所有権移転
　(2)　登 記 の 原 因　　平成○年○月○日売買
　(3)　当　事　者　　　権利者　（住所省略）　D
　　　　　　　　　　　　義務者　（住所省略）　C
　(4)　不動産の表示　　（省略）

2　登記の原因となる事実又は法律行為
　(1)　CはDに対し，平成○年○月○日，本件不動産を売った。
　(2)　Cは平成○年○月○日生まれの未成年者であり，Aが父，Bが母である。
　(3)　A及びBは，平成○年○月○日，CがDとの間で締結した(1)の売買契約を追認した。
　(4)　(1)の売買契約には，本件不動産の所有権は売買代金の支払いが完了した時に買主に移転する旨の所有権移転時期に関する特約が付されている。
　(5)　Dは，Cに対し，平成○年○月○日，売買代金の全額を支払い，Cはこれを受領した。
　(6)　よって，同日，本件不動産の所有権はCからDへと移転した。

平成○年○月○日　　○法務局○出張所　　御中

上記登記原因のとおり相違ありません。

　　　　　　　　　　　　　　　　　権利者　　（住所省略）　D　㊞
　　　　　　　　　　　　　　　　　義務者　　（住所省略）　C　㊞

※　上記は，未成年者C自身が登記申請手続に関与していることを想定して，登記原因証明情報の作成者にCを含めている。仮に，親権者が登記申請手続に関与するのであれば，登記原因証明情報の作成者は，Cではなく親権者A及びBとなろう。

原状回復義務の新設

「無効及び取消し」の分野における注目すべき改正点に，原状回復義務の新設がある（新法第121条の2）。契約が無効である場合等の効果について，一般的な解釈を踏まえ，不当利得の特則として契約が解除された場合と同様の原状回復義務を負うことが定められている。

第３章　無効及び取消し　*27*

Q 11 **法定代理人の同意を得てなされる制限行為能力者による追認**

未成年者Ｃが，自己が所有する不動産を，親権者Ａ及びＢの同意を得ずにＤへ売却したが，その後，親権者Ａ及びＢの同意を得て，未成年者Ｃが当該不動産売買を追認したというケースにおいて，Ｃから登記申請手続の依頼を受けた司法書士は，どのような点に留意すべきか。

Answer

　原則的には，追認は，取消しの原因となっていた状況が消滅し，かつ，取消権を有することを知った後にしなければ，その効力を生じない（新法第124条第１項）。しかし，新法第124条第２項第２号によれば，法定代理人である親権者が追認することについて同意をしたときは，未成年者は自ら追認をすることができる。

　したがって，本事例では適法に追認の効果が生じており，登記申請手続の依頼を受けた司法書士は，所有権移転登記の申請手続をすることができよう。

　登記申請手続の際には，親権者作成の追認をすることに同意した事実を証する書面（印鑑証明書付）を添付情報の一部として提供し，親権者の資格を証する戸籍謄本等を併せて提供するのが相当と思われる。なぜなら，未成年者が売買契約を締結することにつき，あらかじめ親権者の同意を得て契約を締結したケースにおいて，判例及び登記実務上は，法定代理人の同意を登記原因に関する第三者の許可・承諾・同意に準じて扱い，法定代理人の同意書を添付するか（不動産登記令第７条第１項第５号ハ），法定代理人が代理申請することで，原因行為が取り消せないものであることを確認できなければ，登記の申請を受理しない取扱いとなっている（昭和22年６月23日民事甲560号通達参照）こととの均衡を図るべきだからである。

　なお，Ｃが被保佐人又は被補助人である場合において，保佐人又は補助人の同意を得て追認した場合においても，同様の帰結となろう。しかし，Ｃが成年被後見人である場合には，成年後見人の同意を得て追認しても追認の効力は生じないため（新法第124条第２項第２号括弧書き），登記申請手続の依頼

28 第1編 民法総則

を受けた司法書士は，当該売買契約に基づく所有権移転登記の申請手続をすべきでない。

【書式例1‐7】同意書

同 意 書

平成○年○月○日

（住所省略）　C　殿

　平成○年○月○日，CはDに対し，Cが所有する下記記載の不動産を，私共の同意を得ずに売却しましたが，当該売買契約を確定的に有効なものとするため，CがDに対して追認の意思表示をすることにつき同意いたします。

記

不動産の表示（省略）

C法定代理人　　（住所省略）　A　㊞
同　　　　　　　（住所省略）　B　㊞

※　未成年者の行為を同意する内容であるため，同意の意思表示は未成年者Cに対してなされる必要がある。

【書式例1‐8】売買を登記原因とする所有権の移転の登記の登記原因証明情報

登記原因証明情報

1　登記申請情報の要項
　(1)　登記の目的　　所有権移転
　(2)　登記の原因　　平成○年○月○日売買
　(3)　当　事　者　　権利者　（住所省略）　D
　　　　　　　　　　義務者　（住所省略）　C
　(4)　不動産の表示　（省略）

2　登記の原因となる事実又は法律行為
　(1)　CはDに対し，平成○年○月○日，本件不動産を売った。

第3章　無効及び取消し　*29*

(2)　Cは平成○年○月○日生まれの未成年者であり，Aが父，Bが母である。

(3)　Cは，未成年者であることから，(1)の売買契約の締結は，法定代理人A及びBの同意を得てなされるべきであったが，あらかじめ同意は得ていなかった。しかし，平成○年○月○日，A及びBは，Cが(1)の売買契約を追認することにつき同意した。

(4)　Cは，平成○年○月○日，(1)の売買契約を追認した。

(5)　(1)の売買契約には，本件不動産の所有権は売買代金の支払いが完了した時に買主に移転する旨の所有権移転時期に関する特約が付されている。

(6)　Dは，Cに対し，平成○年○月○日，売買代金の全額を支払い，Cはこれを受領した。

(7)　よって，同日，本件不動産の所有権はCからDへと移転した。

平成○年○月○日　○法務局○出張所　御中

上記登記原因のとおり相違ありません。

権利者　　（住所省略）　D　㊞

義務者　　（住所省略）　C　㊞

※　上記は，未成年者C自身が登記申請手続に関与していることを想定して，登記原因証明情報の作成者にCを含めている。仮に，親権者が登記申請手続に関与するのであれば，登記原因証明情報の作成者は，Cではなく親権者A及びBとなろう。

30　第1編　民法総則

第4章　消滅時効

Q12

消滅時効に関する新法の概要

消滅時効に関する改正点のうち，主要なものは何か。

Answer

旧法における債権の消滅時効に関する規定を形式上あるいは実質上変更する内容を有するものとして，以下の事項が挙げられる。

(1) 原則的な時効期間と起算点

ア　時効期間短縮の背景

　債権の消滅時効の原則的な時効期間と起算点について，新法では原則的時効期間の短縮を図っている（後掲イ①）。これは，職業別の短期消滅時効の廃止（後掲(2)参照）と関連している。すなわち，契約に基づく債権の多くが職業別短期消滅時効の適用を受けるため，これが廃止されることにより時効期間が10年に長期化する事例が増加することへの懸念が示されていたからである。

イ　新法の内容

　債権は，次のいずれかの期間が満了した時に時効によって消滅が完成する（新法第166条第1項第1号・第2号）。

① 債権者が権利を行使することができることを知った時から5年間

　これは，債権者の認識を基準とする主観的起算点を導入するものである。要綱案のたたき台では民法第724条前段の「損害及び加害者を知った時」を参考にして「債権者が権利を行使することができること<u>及び債務者</u>を知った時」を起算点としていたが，新法では下線部が削除された。債権とは，特定の人（債務者）に対して特定の給付を請求

することができる権利であるから、「権利を行使することができることを知った」には債務者を知ることも含まれていると考えられるというのが削除の理由である（部会資料80‐3第1‐1）。

「権利を行使することができることを知った時」とは、債務者に対する権利行使が事実上可能な状況の下において、債権者がその請求が可能な程度に知った時を意味する。安全配慮義務違反に基づく損害賠償請求権を例にとると、一般人であれば安全配慮義務違反に基づく損害賠償請求権を行使し得ると判断するに足りる基礎事実を債権者が現実に認識した時点を指すと考えられる（部会資料69Ａ第1‐1）。

② **権利を行使することができる時から10年間**

新法第166条第1項第1号の主観的起算点及び短期時効期間に対して、同条同項第2号は従来どおりの客観的起算点及び時効期間を維持している。このような長短2種類の時効期間から成る構成は、中間試案第7‐2の【乙案】に基づくものである。乙案の意図について中間試案の補足説明は、「長短2種類の時効期間を組み合わせるという取扱いは、不法行為による損害賠償請求権の期間の制限（民法第724条）と同様のものである。安全配慮義務違反に基づく損害賠償請求権などに典型的に見られるように、損害賠償の根拠を契約に求めるか不法行為に求めるか、いずれの法律構成も可能である場合があるが、そのような場合に法律構成の違いによって時効に関する結論が異なるのは、本来、望ましいことではないと考えられる。乙案は、不法行為に関する同条と同様の構成を採ることによって、債権の消滅時効に関する規律の統一化を指向するものと評することもできる。」と述べている。

「権利を行使することができる時」の意味については現在の判例・通説の解釈が維持される（部会資料69Ａ第1‐1参照）。すなわち、権利行使について法律上の障害がなくなったとき（最判昭和49年12月20日民集28巻10号2072頁）を基本としつつ、具体的事案における権利行使の現実的な期待可能性を考慮に入れて判断される（最判平成15年12月11日民集57巻11号2196頁等）。

32 第1編 民法総則

【旧】	【新】
（消滅時効の進行等） 第166条 消滅時効は，権利を行使することができる時から進行する。	（債権等の消滅時効） 第166条 債権は，次に掲げる場合には，時効によって消滅する。 　一 債権者が権利を行使することができることを知った時から5年間行使しないとき。 　二 権利を行使することができる時から10年間行使しないとき。
（新設）	2 債権又は所有権以外の財産権は，権利を行使することができる時から20年間行使しないときは，時効によって消滅する。
2 前項の規定は，始期付権利又は停止条件付権利の目的物を占有する第三者のために，その占有の開始の時から取得時効が進行することを妨げない。ただし，権利者は，その時効を中断するため，いつでも占有者の承認を求めることができる。	3 前二項の規定は，始期付権利又は停止条件付権利の目的物を占有する第三者のために，その占有の開始の時から取得時効が進行することを妨げない。ただし，権利者は，その時効を更新するため，いつでも占有者の承認を求めることができる。
（債権等の消滅時効） 第167条 債権は，10年間行使しないときは，消滅する。 2 債権又は所有権以外の財産権は，20年間行使しないときは，消滅する。	（人の生命又は身体の侵害による損害賠償請求権の消滅時効） 第167条 人の生命又は身体の侵害による損害賠償請求権の消滅時効についての前条第1項第2号の規定の適用については，同号中「10年間」とあるのは，「20年間」とする。

※ 施行日前に生じた債権の消滅時効の期間については，なお従前の例によるとする経過措置が設けられる（附則第10条第4項）。

⑵ 職業別の短期消滅時効等の廃止

　医師，弁護士，卸売・小売商人，飲食店など職業別の細かい区分に基づく短期（3年，2年，1年）の消滅時効を定めた旧法第170条から第174条までの規定については，以前から次のような問題点が指摘されていた。

　① 隣接職種と区別することを合理的に説明できない（理論的問題点）。

　② 個々の債権がどの区分に該当するかを判断することが煩雑である（実務的問題点）。

第4章　消滅時効　　*33*

　そこで，新法では，これらの規定を削除し，時効期間の単純化・統一化を図っている。

【旧】	【新】
（3年の短期消滅時効） **第170条**　次に掲げる債権は，3年間行使しないときは，消滅する。ただし，第2号に掲げる債権の時効は，同号の工事が終了した時から起算する。 　一　医師，助産師又は薬剤師の診療，助産又は調剤に関する債権 　二　工事の設計，施工又は監理を業とする者の工事に関する債権 **第171条**　弁護士又は弁護士法人は事件が終了した時から，公証人はその職務を執行した時から3年を経過したときは，その職務に関して受け取った書類について，その責任を免れる。 （2年の短期消滅時効） **第172条**　弁護士，弁護士法人又は公証人の職務に関する債権は，その原因となった事件が終了した時から2年間行使しないときは，消滅する。 2　前項の規定にかかわらず，同項の事件中の各事項が終了した時から5年を経過したときは，同項の期間内であっても，その事項に関する債権は，消滅する。 **第173条**　次に掲げる債権は，2年間行使しないときは，消滅する。 　一　生産者，卸売商人又は小売商人が売却した産物又は商品の代価に係る債権 　二　自己の技能を用い，注文を受けて，物を製作し又は自己の仕事場で他人のために仕事をすることを業とする者の仕事に関する債権 　三　学芸又は技能の教育を行う者が生徒の教育，衣食又は寄宿の代価について有する債権 （1年の短期消滅時効） **第174条**　次に掲げる債権は，1年間行使しないときは，消滅する。	**第170条から第174条まで**　削除

34 第1編 民法総則

一 月又はこれより短い時期によって定めた使用人の給料に係る債権
二 自己の労力の提供又は演芸を業とする者の報酬又はその供給した物の代価に係る債権
三 運送賃に係る債権
四 旅館，料理店，飲食店，貸席又は娯楽場の宿泊料，飲食料，席料，入場料，消費物の代価又は立替金に係る債権
五 動産の損料に係る債権

(3) 不法行為による損害賠償請求権の消滅時効

　民法第724条は不法行為による損害賠償請求権の期間制限について「3年間」と「20年間」の2種類を定めている。その法的性質は「3年間」が消滅時効であるのに対して，「20年間」は中断や停止が認められない除斥期間であると解するのが従来の判例（最判平成元年12月21日民集43巻12号2209頁）及び通説の立場であったが，新法では双方とも消滅時効である旨が明記されている。

　これは，被害者救済の観点から除斥期間説に対する批判があったことや，不法行為の時から20年経過後に請求がなされた事案について，停止に関する規定の法意を援用して請求を認容する判例も現れていること（最判平成10年6月12日民集52巻4号1087頁，最判平成21年4月28日民集63巻4号853頁）を踏まえたものである。

【旧】	【新】
（不法行為による損害賠償請求権の期間の制限） **第724条**　不法行為による損害賠償の請求権は，被害者又はその法定代理人が損害及び加害者を知った時から3年間行使しないときは，時効によって消滅する。不法行為の時から20年を経過したときも，同様とする。	**（不法行為による損害賠償請求権の消滅時効）** **第724条**　不法行為による損害賠償の請求権は，次に掲げる場合には，時効によって消滅する。 　一　被害者又はその法定代理人が損害及び加害者を知った時から3年間行使しないとき。 　二　不法行為の時から20年間行使しない

第4章　消滅時効　*35*

	とき。

※　旧法第724条後段に規定する期間が新法の施行の際既に経過していた場合におけるその期間の制限については，なお従前の例によるとする経過措置が設けられる（附則第35条第1項）。

(4)　**生命・身体の侵害による損害賠償請求権の消滅時効**

　生命・身体の侵害による損害賠償請求権については，債務不履行によるものか不法行為によるものかにかかわらず，①法益の要保護性が高い，②被害者に時効の進行を阻止するための行動をとることが期待しにくい等の特色が認められる。そこで，新法では，生命・身体の侵害による損害賠償請求権の時効期間を他の債権よりも長期化する特則が設けられている。すなわち，債務不履行の場合（例えば，雇用契約における使用者の安全配慮義務違反により労働者の生命・身体の侵害が生じた場合）には長期の時効期間（客観的起算点からの時効期間）が10年から20年に伸長され（新法第167条），不法行為の場合には短期の時効期間（主観的起算点からの時効期間）が3年から5年に伸長される（新法第724条の2）。

【旧】	【新】
（新設）	（**人の生命又は身体を害する不法行為による損害賠償請求権の消滅時効**） **第724条の2**　人の生命又は身体を害する不法行為による損害賠償請求権の消滅時効についての前条第1号の規定の適用については，同号中「3年間」とあるのは，「5年間」とする。

※　新法第724条の2の規定は，不法行為による損害賠償請求権の旧法第724条前段に規定する時効が新法の施行の際既に完成していた場合については，適用しない旨の経過措置が設けられる（附則第35条第2項）。

36　第1編　民法総則

【図表1‐1】損害賠償請求権の消滅時効期間のまとめ

	債務不履行による 損害賠償請求権	不法行為による 損害賠償請求権
短期の時効期間	債権者が権利を行使することができることを知った時から5年間（新法166条1項1号）	原則：被害者又はその法定代理人が損害及び加害者を知った時から3年間（新法724条1号） 例外：生命・身体の侵害による損害賠償請求権については，被害者又はその法定代理人が損害及び加害者を知った時から5年間（新法724条の2）
長期の時効期間	原則：権利を行使することできる時から10年間（新法166条1項2号） 例外：生命・身体の侵害による損害賠償請求権については，権利を行使することができる時から20年間（新法167条）	不法行為の時から20年間（新法724条2号）

(5)　時効の完成猶予及び更新

ア　時効の中断事由の再構成

　　新法では従来の中断制度が時効の完成猶予と更新に再構成されている。債権者が債務者に対して給付の訴えを提起する場合を例にとると，旧法下では，この訴えの提起は中断事由の「請求」（旧法第147条第1号）に該当し，請求認容判決が確定した場合には，判決確定時から新たに時効が進行を始める（旧法第174条の2第1項）。他方，当該訴訟手続が訴えの却下や取下げによって所期の目的を達成できずに終了した場合には，中断の効力は生じなかったこととなる（旧法第149条）。

　　このような中断制度に対しては，次の二つの問題点が指摘されていた。

　①　中断事由である手続の終了の態様によっては中断の効力が覆され得るという複雑かつ不安定な制度となっている。

　②　「中断」という用語は時効の進行の一時的停止を意味する（中断

事由が終了したときは従前の時効の進行が再開し，残存期間のみで時効が完成する）という誤解を招きやすい。

そこで新法は，訴えの提起等の裁判上の請求を時効の完成猶予事由に改め（新法第147条第1項），確定判決によって権利が確定したことを時効の更新事由としている（同条第2項）。「時効の完成猶予」とは，これまで時効の停止と呼ばれてきたものと同じであり，「時効の更新」とは，従前の時効の進行が確定的に解消され，新たな時効期間が進行を始めることである。

【旧】	【新】
（時効の中断事由） 第147条　時効は，次に掲げる事由によって中断する。 一　請求 二　差押え，仮差押え又は仮処分 三　承認	（裁判上の請求等による時効の完成猶予及び更新） 第147条　次に掲げる事由がある場合には，その事由が終了する（確定判決又は確定判決と同一の効力を有するものによって権利が確定することなくその事由が終了した場合にあっては，その終了の時から6箇月を経過する）までの間は，時効は，完成しない。 一　裁判上の請求 二　支払督促 三　民事訴訟法第275条第1項の和解又は民事調停法（昭和26年法律第222号）若しくは家事事件手続法（平成23年法律第52号）による調停 四　破産手続参加，再生手続参加又は更生手続参加 2　前項の場合において，確定判決又は確定判決と同一の効力を有するものによって権利が確定したときは，時効は，同項各号に掲げる事由が終了した時から新たにその進行を始める。

※　施行日前に生じた時効の中断の事由（旧法第147条）又は時効の停止の事由（旧法第158条〜第161条）の効力については，なお従前の例によるとする経過措置が設けられる（附則第10条第2項）。

イ　完成猶予事由と更新事由

　新法では，これまで時効の中断事由とされてきたものについて，その開始（申立て）の時に時効の完成猶予の効力が生じ，その終了の時に時効の更新が生じるという構成が採用されている。したがって，旧法の中断事由はそのまま完成猶予事由に移行し，かつ，更新事由ともなるのが原則である。ただし，次のような例外がある。

　第一に，「催告」は，完成猶予事由とされているのみで更新事由とはされていない（新法第150条）。催告は，旧法では中断事由の一つである「請求」に含まれるが，時効の完成をその間際に阻止する効力を有するに過ぎず（旧法第153条），実質的には時効の停止事由として機能していると理解されていることから，更新事由からは除外されるのである。

　第二に，旧法第154条及び第155条において一括りにされている「差押え，仮差押え及び仮処分」が新法では「強制執行等」と「仮差押え等」に分けられ，強制執行等（強制執行・担保権の実行・財産開示手続）については時効の完成猶予の効力と時効の更新の効力の双方が付与されている（新法第148条）が，仮差押え等（仮差押え・仮処分）については時効の完成猶予の効力のみが付与されている（新法第149条）。仮差押え・仮処分は債務名義に基づくものではなく，また，本案の訴えが提起されるまでの時間をつなぐものにすぎないことから，確定判決等と同等の効力を与えるのは適当ではないという理由に基づく（部会資料14-2第2-3）。

　第三に，「承認」は時効の更新の効力のみを有し，時効の完成猶予の効力を有しない（新法第152条第1項）。

　第四に，新たに導入される「権利について協議を行う旨の合意」（後掲ウ）は，時効の完成猶予の効力のみを有し時効の更新の効力は有しない（新法第151条）。

　以上のような時効の完成猶予事由と更新事由の区別は，債権者が権利行使の意思を明らかにしたと評価できる事由を完成猶予事由とし，権利の存在について確証が得られたと評価できる事由を更新事由とするという基準に基づいている（潮見・概要27頁）。

【旧】	【新】
（支払督促） **第150条** 支払督促は，債権者が民事訴訟法第392条に規定する期間内に仮執行の宣言の申立てをしないことによりその効力を失うときは，時効の中断の効力を生じない。	（催告による時効の完成猶予） **第150条** 催告があったときは，その時から6箇月を経過するまでの間は，時効は，完成しない。 2 催告によって時効の完成が猶予されている間にされた再度の催告は，前項の規定による時効の完成猶予の効力を有しない。
（和解及び調停の申立て） **第151条** 和解の申立て又は民事調停法（昭和26年法律第222号）若しくは家事事件手続法（平成23年法律第52号）による調停の申立ては，相手方が出頭せず，又は和解若しくは調停が調わないときは，1箇月以内に訴えを提起しなければ，時効の中断の効力を生じない。	**（協議を行う旨の合意による時効の完成猶予）** **第151条** 権利についての協議を行う旨の合意が書面でされたときは，次に掲げる時のいずれか早い時までの間は，時効は，完成しない。 一 その合意があった時から1年を経過した時 二 その合意において当事者が協議を行う期間（1年に満たないものに限る。）を定めたときは，その期間を経過した時 三 当事者の一方から相手方に対して協議の続行を拒絶する旨の通知が書面でされたときは，その通知の時から6箇月を経過した時 2 前項の規定により時効の完成が猶予されている間にされた再度の同項の合意は，同項の規定による時効の完成猶予の効力を有する。ただし，その効力は，時効の完成が猶予されなかったとすれば時効が完成すべき時から通じて5年を超えることができない。 3 催告によって時効の完成が猶予されている間にされた第1項の合意は，同項の規定による時効の完成猶予の効力を有しない。同項の規定により時効の完成が猶予されている間にされた催告についても，同様とする。 4 第1項の合意がその内容を記録した電磁的記録（電子的方式，磁気的方式その他人の知覚によっては認識することができない方式で作られる記録であって，電

40　第1編　民法総則

（破産手続参加等）
第152条　破産手続参加，再生手続参加又は更生手続参加は，債権者がその届出を取り下げ，又はその届出が却下されたときは，時効の中断の効力を生じない。

（催告）
第153条　催告は，6箇月以内に，裁判上の請求，支払督促の申立て，和解の申立て，民事調停法若しくは家事事件手続法による調停の申立て，破産手続参加，再生手続参加，更生手続参加，差押え，仮差押え又は仮処分をしなければ，時効の中断の効力を生じない。

（差押え，仮差押え及び仮処分）
第154条　差押え，仮差押え及び仮処分は，権利者の請求により又は法律の規定に従わないことにより取り消されたときは，時効の中断の効力を生じない。

第155条　差押え，仮差押え及び仮処分は，時効の利益を受ける者に対してしないときは，その者に通知をした後でなければ，時効の中断の効力を生じない。
（承認）
第156条　時効の中断の効力を生ずべき承認をするには，相手方の権利についての

子計算機による情報処理の用に供されるものをいう。以下同じ。）によってされたときは，その合意は，書面によってされたものとみなして，前三項の規定を適用する。
5　前項の規定は，第1項第3号の通知について準用する。
（承認による時効の更新）
第152条　時効は，権利の承認があったときは，その時から新たにその進行を始める。
2　前項の承認をするには，相手方の権利についての処分につき行為能力の制限を受けていないこと又は権限があることを要しない。
（時効の完成猶予又は更新の効力が及ぶ者の範囲）
第153条　第147条又は第148条の規定による時効の完成猶予又は更新は，完成猶予又は更新の事由が生じた当事者及びその承継人の間においてのみ，その効力を有する。
2　第149条から第151条までの規定による時効の完成猶予は，完成猶予の事由が生じた当事者及びその承継人の間においてのみ，その効力を有する。
3　前条の規定による時効の更新は，更新の事由が生じた当事者及びその承継人の間においてのみ，その効力を有する。

第154条　第148条第1項各号又は第149条各号に掲げる事由に係る手続は，時効の利益を受ける者に対してしないときは，その者に通知をした後でなければ，第148条又は第149条の規定による時効の完成猶予又は更新の効力を生じない。
第155条から第157条まで　削除

第4章　消滅時効　*41*

処分につき行為能力又は権限があること を要しない。 （中断後の時効の進行） **第157条**　中断した時効は，その中断の事 由が終了した時から，新たにその進行を 始める。 2　裁判上の請求によって中断した時効 は，裁判が確定した時から，新たにその 進行を始める。	

※　施行日前に権利についての協議を行う旨の合意が書面又は電磁的記録で行われた場合には，新法第151条の規定を適用しない旨の経過措置が設けられる（附則第10条第3項）。

ウ　協議を行う旨の合意による時効の完成猶予

(ｱ)　**制度趣旨**

　　当事者の交渉・協議を時効障害事由として位置づける制度を新たに導入する理由については，次のような説明がなされている（論点整理補足説明第36-2(4)）。

　①　企業間の紛争で双方とも訴訟提起によるイメージダウンを回避したいと考えるようなケースで，慎重に協議を続けたいが時効が完成しては困るという場面があることから，このような時効障害事由を新たに設ける実務要請は確かにある。

　②　債務者にとっても時効の中断のためだけに訴えの提起などをされることが避けられるメリットがある。

(ｲ)　**時効の完成猶予の要件**

　①　権利に関する協議を行う旨の合意がされること

　　　時効の完成猶予に必要なのは「協議を行う旨の合意」が成立することであって，実際に協議が行われることではない（実際に協議が行われた場合には，その内容如何により，「承認」による時効の更新が生じる可能性がある）。

　②　書面で合意がされること

　　　書面による合意が要件とされたのは，合意の存否を明確にする趣

42　第１編　民法総則

旨である（中間試案（概要付き）第７‐７）。

(ウ)　**効　果**

協議を行う旨の合意によって時効の完成が猶予される期間は次に掲げる時のいずれか早い時までの間である（新法第151条第１項第１号〜第３号）。

①　合意があった時から１年を経過した時。

②　合意において協議を行う期間（１年に満たないものに限る。）を定めたときは，その期間を経過した時。なお「１年に満たないものに限る。」という文言は，第２号の規定の適用を受けるのは１年未満の協議期間を定めた場合に限るという意味であって，１年以上の協議期間を定めることを禁じる趣旨ではない（１年以上の協議期間を定めた場合には第１号又は第３号の適用を受ける。）（部会資料83‐２第７‐6(8)）。

③　当事者の一方から相手方に対して協議の続行を拒絶する旨の通知が書面でされたときは，その通知の時から６か月を経過した時。

協議による時効の完成猶予の期間をまとめると，次のようになる。

【図表１‐２】協議による時効の完成猶予の期間のまとめ

		当事者の一方から相手方に対する協議の続行を拒絶する旨の書面による通知	
		な　し	あ　り
合意における協議期間の定め	な し	合意があった時から１年を経過した時まで	合意があった時から１年を経過した時と，拒絶の通知をした時から６か月を経過した時のいずれか早い時まで
	あ り・１年未満	協議期間を経過した時まで	協議期間を経過した時と，拒絶の通知をした時から６か月を経過した時のいずれか早い時まで
	あ り・１年以上	合意があった時から１年を経過した時まで	合意があった時から１年を経過した時と，拒絶の通知をした時から６か月を経過した時のいずれか早い時まで

第4章　消滅時効　　*43*

㈐　**協議による時効の完成猶予中の再度の協議等**

①　権利についての協議を行う旨の合意によって時効の完成が猶予されている間にされた再度の合意は，時効の完成猶予の効力を有する（新法第151条第2項本文）。ただし，その効力は，時効の完成が猶予されなかったとすれば時効が完成すべき時から通じて5年を超えることができない（新法第151条第2項ただし書）。

②　催告によって時効の完成が猶予されている間にされた協議を行う旨の合意は，時効の完成猶予の効力を有しない（新法第151条第3項前段）。

③　協議を行う旨の合意によって時効の完成が猶予されている間にされた催告は，時効の完成猶予の効力を有しない（新法第151条第3項後段）。

④　催告によって時効の完成が猶予されている間にされた再度の催告は，時効の完成猶予の効力を有しない（新法第150条第2項）。これは，催告を繰り返しても時効の中断が継続するわけではないという判例法理（大判大正8年6月30日民録25輯1200頁）を時効の停止事由の再編成に合わせて明文化したものである。

【図表1‐3】新法における時効の完成猶予と時効の更新に関する規定内容

	時効の完成猶予の効力	時効の更新の効力
裁判上の請求 支払督促 訴訟上の和解・調停 破産・再生・更生手続参加	当該事由が終了した時（確定判決又はそれと同一の効力を有するものによる権利の確定なく終了した場合は終了時から6か月を経過した時）までの間は，時効は完成しない。	確定判決又はそれと同一の効力を有するものによって権利が確定したときは，時効は，当該事由が終了した時から新たにその進行を始める。
強制執行 担保権の実行 担保権の実行としての競売の例による競売 財産開示手続	〈原則〉当該事由が終了した時（権利者が申し立てを取り下げた場合又は当該事由が法律の規定に従わないことにより取り消された場合にあっては，その時から6か月を経過した時）までの間は，時効は完成しない。	当該事由が終了した時から，時効は新たにその進行を始める。
	〈例外〉時効の利益を受ける者に	①　権利者が申立てを取り下げた

44　第1編　民法総則

	対してしないときは，その者に通知をした後でなければ，時効の完成猶予の効力を生じない。	場合又は当該事由が法律の規定に従わないことにより取り消された場合は，時効の更新の効力は生じない。 ②　時効の利益を受ける者に対してしないときは，その者に通知をした後でなければ，時効の更新の効力を生じない。
仮差押え 仮処分	〈原則〉当該事由が終了した時から6か月を経過するまでの間は，時効は完成しない。	
	〈例外〉時効の利益を受ける者に対してしないときは，その者に通知をした後でなければ，時効の完成猶予の効力を生じない。	
承　認		権利の承認があった時から時効は新たに進行を始める。
催　告	〈原則〉催告の時から6か月を経過するまでの間は，時効は完成しない。	
	〈例外〉 ①　催告による完成猶予中の再度の催告は，時効の完成猶予の効力を有しない。 ②　協議を行う旨の合意によって時効の完成が猶予されている間に行われた催告は，時効の完成猶予の効力を有しない。	
天災等	障害が消滅した時から3か月を経過するまでの間は，時効は完成しない。	
協議を行う旨の書面による合意 （注）	〈原則〉次に掲げる期間のいずれか早い時までの間は，時効は完成しない。 ①　合意があった時から1年を経過した時 ②　合意において当事者が協議を行う期間（1年に満たないものに限る。）を定めたときは，その期間を経過した時 ③　当事者の一方が相手方に対して協議の続行を拒絶する旨の書	

	面による通知をした時から6か月を経過した時	
	〈例外〉催告によって時効の完成が猶予されている間に行われた合意は，時効の完成猶予の効力を有しない。	

(注)　当事者は，協議を行う旨の書面による合意によって時効の完成が猶予されている間に，改めて当該合意をすることができる。ただし，最初の合意によって時効の完成が猶予されなかったとすれば時効期間が満了すべき時から通じて5年を超えることができない。

(6)　時効の効果

ア　消滅時効の援用権者

　　旧法第145条は「時効は，当事者が援用しなければ，裁判所がこれによって裁判をすることができない。」と定めている。消滅時効における「当事者」について，判例（最判昭和48年12月14日民集27巻11号1586頁等）は「権利の消滅により直接利益を受ける者」という一般的基準を示した上で，（連帯）保証人，物上保証人，抵当不動産の第三取得者，詐害行為の受益者等を当事者として認め，他方で後順位抵当権者は当事者に当たらないという立場に立っている。これに対しては，「直接」という基準が必ずしも適切ではないという批判があったため，新法では「当事者」という基準を維持した上で，消滅時効における当事者には「保証人，物上保証人，第三取得者その他権利の消滅について正当な利益を有する者を含む」として判例が認めた援用権者を列挙するとともに，「正当な利益を有する者」という新たな基準が採用されている（新法第145条括弧書き）。

【旧】	【新】
（時効の援用） 第145条　時効は，当事者が援用しなければ，裁判所がこれによって裁判をすることができない。	（時効の援用） 第145条　時効は，当事者（消滅時効にあっては，保証人，物上保証人，第三取得者その他権利の消滅について正当な利

46 第1編 民法総則

| | 益を有する者を含む。）が援用しなけれ ば，裁判所がこれによって裁判をするこ とができない。 |

※ 施行日前に生じた債権及び施行日前に原因である法律行為が行われ施行日以後に生じた債権の消滅時効の援用については，新法第145条の規定にかかわらず，なお従前の例によるとする経過措置が設けられる（附則第10条第1項）。

イ 援用の性質

　援用の法的性質論（援用の具体的効果，時効完成から援用までの間の法律関係など）については，実体法説と訴訟法説（法定証拠提出説）の対立，実体法説内部における確定効果説と不確定効果説の対立，不確定効果説内部における停止条件説と解除条件説の対立など議論が錯綜している。現在の判例（最判昭和61年3月17日民集40巻2号420頁）の立場は不確定効果説（停止条件説）であることから，中間試案の段階では援用があって初めて権利の消滅という効果が確定的に生ずる旨を明文化する案が示されていた（中間試案第7-8(2)本文）。

　しかし，以下の理由から，停止条件説の明文化は見送られた。

① 停止条件説に対しては，従来から，消滅時効の援用によって失われるのは債権の実現に向けて法の助力を求める力（請求力と強制力）であって，給付保持力まで失われるわけではないという異論があった（中間試案補足説明第7-8（概要）参照）。

② 上記昭和61年最判は農地の売買というやや特殊な事案に関するものであり，これを根拠に停止条件説を一般化することには問題がある旨の意見がパブリック・コメントの手続に寄せられた。

③ 中間試案に対する賛成意見の多くは「停止条件説を明文化しても支障はない」という消極的なものであり，明文化に対する実務上のニーズはそれほど高くない。

④ 民法第144条は総則に置かれた規定であり，同条を改正する場合に取得時効についての規律をどうするかという問題が残されている。

第４章　消滅時効　*47*

Q 13 　消滅時効の完成猶予と更新に関する事例問題

　消滅時効の完成猶予と更新に関する民法の規定が改正された場合には，次の各事例におけるＡのＢに対する貸金債権の消滅時効はどうなるか。

(1)　平成33年２月１日，貸主Ａと借主Ｂとの間で，以下のような内容の金銭消費貸借契約が締結された。

　　①　Ａは，即日Ｂに対して金100万円を交付する。

　　②　弁済期は，同年７月31日とする。

　　弁済期経過後もＢはまったく弁済しなかった。Ａは，平成37年６月３日，Ｂに対して電子メールで支払の催告を送付し，同日，Ｂに到達した。それでもＢが支払わないため，Ａは，内容証明郵便による支払の催告を送付し，同年７月４日，Ｂに到達した。これらの催告はＡの債権の消滅時効にどのような影響を及ぼすか。

(2)　上記(1)の内容証明郵便による催告後もＢが支払わないため，Ａの申出により，ＡとＢは，同年７月20日，ＡのＢに対する貸金債権に関する協議を行う旨の合意を書面で行った。この合意は，Ａの債権の消滅時効にどのような影響を及ぼすか。

(3)　上記(2)の合意に反してＢが協議に応じないため，Ａは，同年10月１日，Ｂを被告とする貸金返還請求の訴えを甲簡易裁判所に提起した。この訴えの提起と訴訟の終了は，Ａの債権の消滅時効にどのような影響を及ぼすか。

Answer

　各事例における貸金債権の消滅時効は，以下のとおりである。

(1)　催告の繰り返し

　Ａが平成37年６月３日に行った電子メールによる催告は，新法第147条第１項の時効完成猶予事由に該当する。これに対して，７月４日に行った内容証明郵便による催告は，時効完成猶予事由に該当しない。

48 第 1 編 民法総則

なぜなら，新法第150条第 2 項は「催告によって時効の完成が猶予されている間にされた再度の催告」による時効の完成猶予の効力を否定しているからである。

したがって，電子メールによる催告がBに到達した平成34年 6 月 3 日の翌日から 6 か月を経過するまでの間は，時効は完成しない。

(2) 催告による時効完成猶予中の合意

新法第151条第 1 項は「権利についての協議を行う旨の合意が書面でされた」ことを時効の完成猶予事由としているが，他方，新法第151条第 3 項前段によれば「催告によって時効の完成が猶予されている間にされた第 1 項の合意は，同項による時効の完成猶予の効力を有しない」ものとされている。

ＡＢ間の協議を行う旨の書面による合意は，上記(1)の催告による時効の完成猶予中に行われている。したがって当該合意は，時効完成猶予事由に該当せず，Aの債権の消滅時効には影響を与えない。

(3) 裁判上の請求による時効の完成猶予と更新

Aが10月 1 日に行った訴えの提起は，新法第147条第 1 項第 1 号の「裁判上の請求」に該当する。この訴訟が請求認容判決の確定，請求の認諾などAの権利を確定する形で終了した場合には，時効は，その終了の時まで完成せず（時効の完成猶予），かつ，終了した時から新たにその進行を始める（時効の更新）（新法第147条第 2 項）。なお，旧法第174条の 2 の規定内容は新法でも維持されているので，確定判決によって確定した権利については，10年より短い時効期間の定めがあるものであっても，その時効期間は従来どおり10年となる（新法第169条第 1 項）。

これに対して，Aの権利が確定することなく訴訟が終了した場合（請求棄却判決又は訴え却下判決の確定，請求の放棄，訴えの取下げ等）には，終了の時から 6 か月を経過する時までの間は，時効の完成が猶予される（新法第147条第 1 項柱書き括弧書き）。

物　　権

第 2 編

第２編 物 権 　49

Q14 物権に関する新法の概要

今回の改正は民法の条文のうち「債権関係」を対象とするものであるが，物権の条文も12か条が改正される予定である。それらは債権関係の改正とどのような関わりを持っているか。

Answer

改正される12か条のうち，債権の消滅時効や免責的債務引受など債権関係の民法の条文が改正されることに伴って改正されるものが10か条，債権関係の改正とは直接の関わりのないものが２か条である。

⑴ 債権関係の条文の改正に伴って改正されるもの

ア 時効制度の改正に伴って改正されるもの

時効の「中断」「停止」が時効の「完成猶予」「更新」に変更されることに伴って文言の修正が行われる条文として，地役権の時効取得に関する第284条第２項・第３項及び地役権の消滅時効に関する第292条がある。

また，債権又は所有権以外の財産権の時効期間に関する規定が第167条第２項から第166条第２項に移動することを反映したものとして，地役権の消滅時効に関する第291条がある。

【旧】	【新】
第284条 （略）	第284条 （略）
2 共有者に対する時効の中断は，地役権を行使する各共有者に対してしなければ，その効力を生じない。	2 共有者に対する時効の更新は，地役権を行使する各共有者に対してしなければ，その効力を生じない。
3 地役権を行使する共有者が数人ある場合には，その一人について時効の停止の原因があっても，時効は，各共有者のために進行する。	3 地役権を行使する共有者が数人ある場合には，その一人について時効の完成猶予の事由があっても，時効は，各共有者のために進行する。
（地役権の消滅時効）	（地役権の消滅時効）
第291条 第167条第２項に規定する消滅時効の期間は，継続的でなく行使される地役権については最後の行使の時から起算し，継続的に行使される地役権について	第291条 第166条第２項に規定する消滅時効の期間は，継続的でなく行使される地役権については最後の行使の時から起算し，継続的に行使される地役権について

【旧】	【新】
はその行使を　妨げる事実が生じた時から起算する。 **第292条**　要役地が数人の共有に属する場合において，その一人のために時効の中断又は停止があるときは，その中断又は停止は，他の共有者のためにも，その効力を生ずる。	はその行使を妨げる事実が生じた時から起算する。 **第292条**　要役地が数人の共有に属する場合において，その一人のために時効の完成猶予又は更新があるときは，その完成猶予又は更新は，他の共有者のためにも，その効力を生ずる。

イ　賃貸借の改正に伴って改正されるもの

　　敷金の根拠規定（新法第622条の2第1項）が新設されることに伴い，不動産賃貸の先取特権に関する第316条にその根拠規定が明記される。

【旧】	【新】
第316条　賃貸人は，敷金を受け取っている場合には，その敷金で弁済を受けない債権の部分についてのみ先取特権を有する。	**第316条**　賃貸人は，第622条の2第1項に規定する敷金を受け取っている場合には，その敷金で弁済を受けない債権の部分についてのみ先取特権を有する。

ウ　有価証券に関する規定の新設に伴って改正されるもの

　　指図証券の質入れに関する規定（新法第520条の7）が新設されることに伴い，債権質の設定に関する第363条及び指図債権を目的とする質権の対抗要件に関する第365条が削除される。

【旧】	【新】
（債権質の設定） **第363条**　債権であってこれを譲り渡すにはその証書を交付することを要するものを質権の目的とするときは，質権の設定は，その証書を交付することによって，その効力を生ずる。	**第363条**　削除
（指図債権を目的とする質権の対抗要件） **第365条**　指図債権を質権の目的としたときは，その証書に質権の設定の裏書をしなければ，これをもって第三者に対抗することができない。	**第365条**　削除

第2編 物 権 *51*

※ 施行日前に生じた旧法第365条に規定する指図債権（その原因である法律行為が施行日前にされたものを含む。）については，なお従前の例によるとする経過措置が設けられる（附則第12条）。

エ　債権譲渡に関する規定の改正に伴って改正されるもの

　債権質の対抗要件に関する第364条について，以下の2点が改正される。

　　① 「指名債権」が「債権」に変更される。これは，第468条の改正（「指名債権の譲渡」から「債権の譲渡」への変更）に伴うものである。

　　② 将来債権を目的として質権を設定した場合に関する括弧書きが追加される。これは，第467条括弧書きにおいて将来債権の譲渡可能性が明示されることに伴うものである。

【旧】	【新】
（指名債権を目的とする質権の対抗要件） **第364条**　指名債権を質権の目的としたときは，第467条の規定に従い，第三債務者に質権の設定を通知し，又は第三債務者がこれを承諾しなければ，これをもって第三債務者その他の第三者に対抗することができない。	（債権を目的とする質権の対抗要件） **第364条**　債権を目的とする質権の設定（現に発生していない債権を目的とするものを含む。）は，第467条の規定に従い，第三債務者にその質権の設定を通知し，又は第三債務者がこれを承諾しなければ，これをもって第三債務者その他の第三者に対抗することができない。

※ 施行日前に設定契約が締結された債権を目的とする質権の対抗要件については，新法第364条の規定にかかわらず，なお従前の例によるとする経過措置が設けられる（附則第11条）。

オ　詐害行為取消権に関する規定の改正に伴って改正されるもの

　第424条第3項において「詐害行為取消請求」という用語の定義付けが行われることに伴い，抵当権の効力の及ぶ範囲に関する第370条の文言が変更される。

52　第2編　物　権

【旧】	【新】
（抵当権の効力の及ぶ範囲）	（抵当権の効力の及ぶ範囲）
第370条　抵当権は，抵当地の上に存する建物を除き，その目的である不動産（以下「抵当不動産」という。）に付加して一体となっている物に及ぶ。ただし，設定行為に別段の定めがある場合及び第424条の規定により債権者が債務者の行為を取り消すことができる場合は，この限りでない。	**第370条**　抵当権は，抵当地の上に存する建物を除き，その目的である不動産（以下「抵当不動産」という。）に付加して一体となっている物に及ぶ。ただし，設定行為に別段の定めがある場合及び債務者の行為について第424条第3項に規定する詐害行為取消請求をすることができる場合は，この限りでない。

カ　免責的債務引受に関する規定の新設に伴って改正されるもの

　　新法第398条の7第3項は，根抵当権の被担保債権の範囲に属する特定の債権について元本の確定前に免責的債務引受があった場合について，債務者が免れる債務の担保として設定された根抵当権を引受人が負担する債務に移すことができない旨を規定している。新法第472条の4第1項の特則である。

【旧】	【新】
（根抵当権の被担保債権の譲渡等）	（根抵当権の被担保債権の譲渡等）
第398条の7　（略）	**第398条の7**　（略）
2　（略）	2　（略）
（新設）	3　元本の確定前に免責的債務引受があった場合における債権者は，第472条の4第1項の規定にかかわらず，根抵当権を引受人が負担する債務に移すことができない。
3　元本の確定前に債権者又は債務者の交替による更改があったときは，その当事者は，第518条の規定にかかわらず，根抵当権を更改後の債務に移すことができない。	4　元本の確定前に債権者の交替による更改があった場合における更改前の債権者は，第518条第1項の規定にかかわらず，根抵当権を更改後の債務に移すことができない。元本の確定前に債務者の交替による更改があった場合における債権者も，同様とする。

※　施行日前に締結された債務の引受けに関する契約については，新法第398条の7第3項の規定を適用しない旨の経過措置が設けられる（附則第13条第2項）。

※　施行日前に締結された更改の契約に係る根抵当権の移転については，新法第398条の7第4項の規定にかかわらず，なお従前の例によるとする経過措置が設けられる（附則第13条第3項）。

(2) **債権関係の改正とは直接の関わりがないもの**
　ア　登記先例の見解を明文化するもの
　　根抵当権の被担保債権の範囲に「電子記録債権」を追加する旨を定めた新法第398条の2第3項及び第398条の3第2項は，不動産登記に関する先例（平成24年4月27日民二1106号通知）の見解を採り入れるものである。

　　電子記録債権とは，その発生又は譲渡について電子記録債権法の規定による電子記録を要件とする金銭債権のことである（電子記録債権法第2条第1項）が，根抵当権の被担保債権としての電子記録債権は，根抵当権者と債務者の直接の取引によって生じた債権ではなく，いわゆる回り手形・回り小切手上の債権に準ずるものである。すなわち，根抵当権の債務者（A）に対して第三者（X）が取得した電子記録債権が転々譲渡され，根抵当権者（B）が取得した場合に，それを根抵当権の被担保債権とする趣旨である。

【図表2‐1】**根抵当権の被担保債権としての電子記録債権**

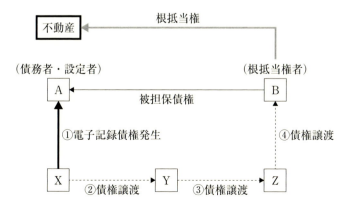

54　第2編　物権

　上記の先例が発出された当時，このような債権を根抵当権の被担保債権とすることを認める規定はなかったが，先例は，電子債権と手形債権の類似性に着目し，旧法第398条の2第3項を類推適用して，被担保債権に「電子記録債権」を含む根抵当権の設定登記の申請を受理することを認めた（登記研究776号123頁以下）。その類似性とは，①債権発生の原因となった法律関係（売買，消費貸借等）から切り離された別個の債権であること（電子記録債権法第9条第1項・第15条参照），②取引の安全保護を強化するための制度として善意取得（同法第19条），抗弁の切断（同法第20条），電子記録保証の独立性（同法第33条）等が定められていることである。

　しかし，物権法定主義（民法第175条）の観点からは，先例を根拠とした運用に委ねるのではなく，民法に明文の根拠規定を設けることが望ましい。これが改正の理由である。

【書式例2‐1】電子記録債権を担保する根抵当権の設定登記の登記原因証明情報

登記原因証明情報

1　登記申請情報の要項
　(1)　登 記 の 目 的　　根抵当権設定
　(2)　登 記 の 原 因　　平成○年○月○日設定
　(3)　当 　 事 　 者　　根抵当権者　（住所省略）　B
　　　　　　　　　　　　設 定 者　（住所省略）　A
　(4)　不動産の表示　　（省略）

2　登記の原因となる事実又は法律行為
　　根抵当権者Bと根抵当権設定者Aは，平成○年○月○日，本件不動産を目的として，次のとおり根抵当権設定契約を締結した。
　　　極 度 額　　　金○円
　　　被担保債権
　　　　売買取引
　　　　民法第398条の2第3項の手形債権及び小切手債権
　　　　民法第398条の2第3項の電子記録債権

第2編　物　権　　55

　　債　務　者　　（住所省略）　　A
　　確 定 期 日　　定めない

平成○年○月○日　　○法務局○支局　　御中

　私たちは，前記各項に記載された内容を自認し，不動産登記法第61条所定の
登記原因証明情報として提供します。

　　　　　　　　　　　　　　根抵当権者　　（住所省略）　　B　㊞
　　　　　　　　　　　　　　設 定 者　　　（住所省略）　　A　㊞

【旧】	【新】
（根抵当権）	（根抵当権）
第398条の2　（省略）	第398条の2　（省略）
2　（省略）	2　（省略）
3　特定の原因に基づいて債務者との間に継続して生ずる債権又は手形上若しくは小切手上の請求権は，前項の規定にかかわらず，根抵当権の担保すべき債権とすることができる。	3　特定の原因に基づいて債務者との間に継続して生ずる債権，手形上若しくは小切手上の請求権又は電子記録債権（電子記録債権法（平成19年法律第102号）第2条第1項に規定する電子記録債権をいう。次条第2項において同じ。）は，前項の規定にかかわらず，根抵当権の担保すべき債権とすることができる。
（根抵当権の被担保債権の範囲）	（根抵当権の被担保債権の範囲）
第398条の3　（省略）	第398条の3　（省略）
2　債務者との取引によらないで取得する手形上又は小切手上の請求権を根抵当権の担保すべき債権とした場合において，次に掲げる事由があったときは，その前に取得したものについてのみ，その根抵当権を行使することができる。ただし，その後に取得したものであっても，その事由を知らないで取得したものについては，これを行使することを妨げない。	2　債務者との取引によらないで取得する手形上若しくは小切手上の請求権又は電子記録債権を根抵当権の担保すべき債権とした場合において，次に掲げる事由があったときは，その前に取得したものについてのみ，その根抵当権を行使することができる。ただし，その後に取得したものであっても，その事由を知らないで取得したものについては，これを行使することを妨げない。
一　債務者の支払の停止	一　債務者の支払の停止
二　債務者についての破産手続開始，再生手続開始，更生手続開始又は特別清算開始の申立て	二　債務者についての破産手続開始，再生手続開始，更生手続開始又は特別清算開始の申立て
三　抵当不動産に対する競売の申立て又	

56 第2編 物 権

	三 抵当不動産に対する競売の申立て又は滞納処分による差押え
は滞納処分による差押え	

※ 施行日前に設定契約が締結された根抵当権の被担保債権の範囲については，新法第398条の2第3項及び第398条の3第2項の規定にかかわらず，なお従前の例によるとする経過措置が設けられる（附則第13条第1項）。

イ その他

不動産質権に関する第359条の改正は，民事執行法の制定年及び号数を削除し二重括弧を解消するものである。

【旧】	【新】
（設定行為に別段の定めがある場合等） **第359条** 前三条の規定は，設定行為に別段の定めがあるとき，又は担保不動産収益執行（民事執行法（昭和54年法律第4号）第180条第2号に規定する担保不動産収益執行をいう。以下同じ。）の開始があったときは，適用しない。	**（設定行為に別段の定めがある場合等）** **第359条** 前三条の規定は，設定行為に別段の定めがあるとき，又は担保不動産収益執行（民事執行法第180条第2号に規定する担保不動産収益執行をいう。以下同じ。）の開始があったときは，適用しない。

債　　　権（整備法を含む。）

第 3 編

第1章 総説 *57*

第❶章 総 説

Q15 キーワードで読み解く新債権法の特色

今回の改正では債務の履行を得られない債権者を救済するための諸制度に関する伝統的理論が否定されると言われているが，具体的にはどういうことか。

Answer

今回の民法（債権関係）改正の内容は多岐にわたるが，その中でも重要な柱の一つとなっているのが「債務の履行を得られない債権者を救済するための諸制度における伝統的理論の否定」である。ここでいう伝統的理論とは，民法施行（明治31年7月16日）以後ドイツ法学の影響を強く受けて構築された通説的見解であり，「債務不履行責任における過失責任主義」「債務者に対する制裁としての契約解除」「原始的不能と後発的不能の峻別」「特定物ドグマに基づく瑕疵担保責任の法的性質論」などのキーワードで特色づけられる考え方のことである。この考え方に対しては，理論的な問題点，結論の不当性，裁判実務との乖離などが指摘されていたところであり，今回の改正ではそれらの指摘を踏まえた条文の見直しが行われている。

以下，上記のキーワードに即して新法の特色を概観する。

⑴ 責めに帰すべき事由 ～過失責任主義からリスク分配の基準へ～

新法第415条は，債務不履行責任に関する伝統的理論の問題点を踏まえて，過失責任主義からの転換を図ったものである。伝統的理論の中心部分は，「債務者の責めに帰すべき事由」に関する次のような解釈である。

① 「責めに帰すべき事由」とは故意又は過失及び信義則上それらと同

58 第3編 債 権

視すべき事由であり，同視すべき事由の典型例として履行補助者の故
意又は過失が挙げられる。

② 上記①の解釈は，債務者の行動の自由を前提とする過失責任主義
（人の活動から何らかの損害が生じた場合であっても，行為者に故意も過失
もないのであれば責任を負わなくてよいという考え方）に基づくもので
ある。

③ （旧法第415条の文言上）債務不履行による損害賠償の要件として「債
務者の責めに帰すべき事由」が明記されているのは履行不能だけであ
るが，履行遅滞，履行不能及び不完全履行の３類型全てに共通の要件
と解すべきである。

以上のような伝統的理論に対しては，従来から次のような批判ないし評価
があった。

ア ①の「責めに帰すべき事由」の解釈と，その前提である②の過失責任
主義は，とりわけ契約上の債務の不履行との関係で妥当性を欠いている。
すなわち，契約上の債権において債務不履行による損害賠償が問題とな
る局面では，債務者は契約を締結することによって債務内容を実現すべ
き立場に置かれ，一般的な行動の自由に対する制約を受けている（契約
の拘束力に服している）のであるから，行動の自由の保障を基礎に据え
た「過失責任の原則」を損害賠償責任の要件とすることには理論的に問
題がある。債務不履行による損害賠償責任を債務者に負わせることの根
拠は，端的に契約の拘束力（「契約は守らなければならない」ということ）
に求めるべきである（詳解Ⅱ247頁）。

イ 債務不履行による損害賠償責任の根拠を契約の拘束力に求めるのであ
れば，債務者が免責されるか否かは「その債務不履行が契約において想
定されず，かつ，想定されるべきものでもなかった事態から生じた」と
いえるか否か，換言すれば契約に基づくリスクが債務者に分配されてい
なかったといえるかどうかによって決せられるべきであり，債務者が無
過失を主張立証したからといって当然に免責が認められることにはなら

ない。

ウ　上記③のうち，全ての債務不履行に共通の理論を構築しようとする点は妥当であるが，その前提となっている３類型論は硬直的であり，現実に生起する債務不履行に対応しきれていない。例えば，「○○しない」という不作為債務の不履行があった場合や，債務者が履行期前に債務の履行を確定的に拒絶した場合などは，３類型のどれか一つに当てはめることが難しい（詳解Ⅱ243頁，内田・民法改正118頁）。

以上の批判を踏まえて改正される新法第415条のポイントを整理すると，次のようになる。

第一に，新法第415条第１項本文は債務不履行による損害賠償請求権の発生根拠を定め，ただし書は免責事由を定める形式をとっている。これは，債務者が契約等で負担した債務の内容を実現できなければ契約の拘束力により損害賠償責任を負うのが原則であり，免責されるのは例外であること（したがって，債務者の側でその債務不履行が債務者の責めに帰することができない事由によるものであることを主張立証しなければならないこと）を明確にするものである（部会資料68Ａ第２‐１，部会資料83‐２第11‐１）。

第二に，旧法第415条後段では「債務者の責めに帰すべき事由」とされていたのに対して，新法第415条第１項ただし書では「契約その他の債務の発生原因及び取引上の社会通念に照らして債務者の責めに帰することができない事由」に変わっている。付加された修飾語（下線部）は，帰責事由の有無の判断基準を示すことによって過失責任主義を排除するところに改正の狙いがあることを表している。すなわち，契約による債務の不履行についていえば，債務者の免責を認めるべきか否かは，契約の性質，契約をした目的，契約締結に至る経緯，取引上の社会通念等の契約をめぐる一切の事情から導かれる契約の趣旨に照らして，債務不履行の原因が債務者においてそのリスクを負担すべき立場にはなかったと評価できるか否かによって決せられるという基準（前記イのリスク分配の基準）を採用することの表明である（中間試案補足説明第10‐１）。

第三に，新法第415条第１項本文では「債務の本旨に従った履行をしない

60 第3編 債 権

とき又は債務の履行が不能であるとき」という表現で履行不能とそれ以外の
債務不履行（履行遅滞等）を書き分け，ただし書では両者を統合する概念と
して「その債務の不履行」という表現を用いている。本文の書き分けは「履
行をしないとき」という文言だけでは履行不能の場合が含まれると読まれな
い（履行できるのにしないという意味にとられる）と危惧した民法起草者に倣っ
たものである（部会資料83-2第11-1）。ただし書は，損害賠償請求権の発生
根拠だけでなく免責事由についても，全ての類型の債務不履行が同じ規律に
服することを示している。

【旧】	【新】
（債務不履行による損害賠償） **第415条**　債務者がその債務の本旨に従った履行をしないときは，債権者は，これによって生じた損害の賠償を請求することができる。債務者の責めに帰すべき事由によって履行をすることができなくなったときも，同様とする。	（債務不履行による損害賠償） **第415条**　債務者がその債務の本旨に従った履行をしないとき又は債務の履行が不能であるときは，債権者は，これによって生じた損害の賠償を請求することができる。ただし，その債務の不履行が契約その他の債務の発生原因及び取引上の社会通念に照らして債務者の責めに帰することができない事由によるものであるときは，この限りでない。 2　前項の規定により損害賠償の請求をすることができる場合において，債権者は，次に掲げるときは，債務の履行に代わる損害賠償の請求をすることができる。 一　債務の履行が不能であるとき。 二　債務者がその債務の履行を拒絶する意思を明確に表示したとき。 三　債務が契約によって生じたものである場合において，その契約が解除され，又は債務の不履行による契約の解除権が発生したとき。

※　施行日前に生じた債務及び施行日前に原因である法律行為が行われ施行日以
後に生じた債務の債務不履行責任については，新法第412条第2項，第412条の
2から第412条の3まで，第415条，第416条第2項，第418条及び第422条の2
の規定にかかわらず，なお従前の例によるとする経過措置が設けられる（附則
第17条第1項）。

第1章　総説　*61*

損害賠償額の算定における中間利息の控除

コラム

　中間利息の控除とは，将来取得されるはずの純利益（逸失利益）についての損害賠償の支払が，現在の一時点において行われる場合に，支払時から将来取得される時点までの運用益を控除することをいう。判例（最判平成17年6月14日民集59巻5号983頁）は中間利息の控除には法定利率を用いなければならないとしているが，旧法下でのこの取扱いについては，市場金利が法定利率よりも低く推移している近年においては市場金利よりも大きな利率で運用益を控除することとなり，特に長期にわたる逸失利益の算定を必要とすることの多い人身損害において不合理であるとの指摘があった（部会資料19-1第1-6）。これを踏まえ，変動利率制の導入（新法第404条）を機に，損害賠償請求権が発生した時点の法定利率によって控除を行うという基準の設定と併せて，判例理論の明文化を図ったのが新法第417条の2である。本条は，損害賠償の額を算定するに当たって中間利息の控除をするか否かは解釈に委ねることを前提としている（中間試案（概要付き）第8-4(3)）。なお，中間利息の控除に変動利率が適用されることにより保険金支払額が急激に増加し，ひいては保険料の高騰につながるおそれもあるとの指摘がなされている（論点整理補足説明第1-5(3)）。

(2)　解除制度の趣旨　～制裁の手段から債権者解放の手段へ～

　債務不履行を理由として債権者が契約を解除するためには債務者の帰責事由が必要かどうかについて，旧法第543条は「債務者の責めに帰することができない事由」による履行不能の場合には契約を解除できない旨を明記しているのに対して，旧法第541条及び第542条にはその文言がなかった。この点に関する伝統的理論の内容は以下のとおりである。

　債権者が債務不履行を理由として契約を解除するためには，損害賠償と同じく，常に債務者の責めに帰すべき事由が必要である。なぜなら，契約解除は債務の履行を怠った債務者に対する制裁であり，制裁を正当

62　第3編　債　権

化するためには債務者に非難可能性がなければならないからである。
「債務者の責めに帰すべき事由」とは故意・過失の意味であり，それこ
そが債務者に対する非難を可能にするものである。

　（注）「制裁」とは契約の存続によって得られる利益を剥奪するという意味
　　　である。

　この見解に対して，有力説は次のように主張していた。

　債務者に帰責事由がないという理由だけで債権者は契約の拘束力を受け続
け，債務の履行を受けられないまま代替取引もできないなど，債務不履行の
リスクの引受けを強いられるというのは，硬直的で不当な帰結である。解除
は，債務の履行が得られない債権者を契約の拘束力から解放するための制度
であると解すべきである。

　有力説が指摘する実際上の妥当性の問題に加え，今回の改正では，前記(1)
のとおり，債務不履行による損害賠償の免責事由について過失責任主義が排
除されるのであるから，理論面においても，解除の要件としての帰責事由を
「故意・過失」と捉える伝統的理論を維持することは困難である。そこで新
法は，上記有力説の見解を採用し，催告による解除（新法第541条）及び催告
によらない解除（新法第542条）のいずれにおいても，債務者の責めに帰すべ
き事由を不要としている。

　なお，改正作業の過程では「契約の拘束力からの解放を望む債権者の利益
と契約の存続を望む債務者の利益を調整するはたらきが帰責事由の要件には
ある」として削除に反対する意見もあったが，新法の下では「債務不履行の
軽微性」の判断（新法第541条ただし書）を通じて利益調整が図られることに
なる（中間試案補足説明第11-1参照）。

【旧】	【新】
（履行遅滞等による解除権） 第541条　当事者の一方がその債務を履行しない場合において，相手方が相当の期間を定めてその行の催告をし，その期	（催告による解除） 第541条　当事者の一方がその債務を履行しない場合において，相手方が相当の期間を定めてその履行の催告をし，その期

第1章　総　説　63

間内に履行がないときは，相手方は，契
約の解除をすることができる。

（定期行為の履行遅滞による解除権）
第542条　契約の性質又は当事者の意思表
　示により，特定の日時又は一定の期間内
　に履行をしなければ契約をした目的を達
　することができない場合において，当事
　者の一方が履行をしないでその時期を経
　過したときは，相手方は，前条の催告を
　することなく，直ちにその契約の解除を
　することができる。

間内に履行がないときは，相手方は，契
約の解除をすることができる。ただし，
その期間を経過した時における債務の不
履行がその契約及び取引上の社会通念に
照らして軽微であるときは，この限りで
ない。

（催告によらない解除）
第542条　次に掲げる場合には，債権者
　は，前条の催告をすることなく，直ちに
　契約の解除をすることができる。
　一　債務の全部の履行が不能であるとき。
　二　債務者がその債務の全部の履行を拒
　　絶する意思を明確に表示したとき。
　三　債務の一部の履行が不能である場合
　　又は債務者がその債務の一部の履行を
　　拒絶する意思を明確に表示した場合に
　　おいて，残存する部分のみでは契約を
　　した目的を達することができないとき。
　四　契約の性質又は当事者の意思表示に
　　より，特定の日時又は一定の期間内に
　　履行をしなければ契約をした目的を達
　　することができない場合において，債
　　務者が履行をしないでその時期を経過
　　したとき。
　五　前各号に掲げる場合のほか，債務者
　　がその債務の履行をせず，債権者が前
　　条の催告をしても契約をした目的を達
　　するのに足りる履行がされる見込みが
　　ないことが明らかであるとき。
2　次に掲げる場合には，債権者は，前条
　の催告をすることなく，直ちに契約の一
　部の解除をすることができる。
　一　債務の一部の履行が不能であるとき。
　二　債務者がその債務の一部の履行を拒
　　絶する意思を明確に表示したとき。

※　施行日前に締結された契約の解除については，新法第541条から第543条まで，
　第545条第3項及び第548条の規定にかかわらず，なお従前の例によるとする経
　過措置が設けられる（附則第32条）。

⑶　原始的不能と後発的不能

ア　「原始的不能による契約無効」の否定

　売買などの目的物について契約締結当時から給付が不可能であるような事由があった場合，例えば日本に向かって公海上を運搬中の特定物を目的とする売買契約が国内で締結されたが，その物は契約締結前に海難事故で滅失していたという場合，その契約の効力はどうなるか。この問題に関する伝統的理論は次のような内容である。

---

① 　物質的に不可能なものは契約の対象になり得ないから，原始的不能の給付を目的とする契約は無効である（詳解Ⅱ35頁ではこれを「原始的不能のドグマ」と呼んでいる。ドグマ（dogma）とは，教義，信条，独断的な考えといった意味である。）。

② 　原始的不能により無効の契約を締結したことについて過失のある当事者は，契約が有効であると信じた相手方に対して損害賠償（信頼利益の賠償）の責任を負う（契約締結上の過失の理論）。

　この伝統的理論に対しては次のような批判があった。すなわち，目的物の不能が契約締結前に生じたものか契約締結後に生じたものかを債権者（買主）が知ることは容易ではないにもかかわらず，後発的不能の場合には履行利益の賠償が認められるのに対して，原始的不能の場合には信頼利益の賠償しか認められないという大きな違いが生じるのは不当である。

　新法では，原始的不能と後発的不能を区別しない考え方（原始的不能であることのみを理由として契約が無効となることはないという考え方）を前提とする複数の規定が設けられている（【図表３-１】表参照）（部会資料68A第１-２・第２-１・第３-２・第６-３⑵）。

第1章　総説　*65*

【図表3‐1】原始的不能と後発的不能の区別の廃止を前提とする規定

条　文　番　号	内　容
第410条	不能による選択債権の特定
第412条の2	履行不能の基本的効果
第415条第1項・第2項第1号	債務不履行（履行不能）による損害賠償
第422条の2	代償請求権
第542条第1項第1号・第2号 第542条第2項第1号	債務の全部又は一部の不能による無催告解除
第563条第2項第1号	買主の代金減額請求権

イ　危険負担における債権者主義の廃止

　上記アの原始的不能の問題に対して，双務契約の当事者の一方（売主A）の債務が後発的に全部履行不能となり，かつ，その履行不能が債務者の責めに帰することができない事由によるものであった場合に，他方の当事者（買主B）の債務（反対債務）はどうなるかというのが危険負担の問題である。反対債務が存続する（Bは代金を支払わなければならない）とすれば不能となった債務の債権者が危険を負担することとなり（債権者主義），反対債務が消滅する（Aは代金を支払ってもらえない）とすれば債務者が危険を負担することとなる（債務者主義）。旧法第534条は，「物権の設定又は移転」を目的とする双務契約について債権者主義を定めていたが，不当な結論をもたらす規定であるとして強く批判されていた。

　そこで今回の改正では，旧法第534条及び同条を前提とする第535条を削除するとともに，全ての契約について債務者主義の一般原則を定めている（新法第536条第1項）。ただし，旧法の債務者主義が定めていた効果が反対給付の履行を受ける権利の消滅であったのに対して，新法の債務者主義は反対給付の履行を拒む権利を債権者に与える構成をとっている。これは，前述した解除制度の改正と関連している。つまり，債務者の帰責事由がなくても債権者は解除権を行使することができるのであり，

66　第３編　債　権

契約が解除されれば反対給付の履行を受ける権利も消滅する。もし債務者主義の内容が旧法と同じく反対給付の履行を受ける権利の消滅であったとすると，解除の効果との重複が生じてしまう。そこで，債務者の責めに帰することができない事由により履行不能が生じた場合には，①解除権を行使して反対給付の履行義務から解放されるか，②契約を存続させた上で反対給付の履行拒絶権を行使するか，③契約を存続させた上で反対給付の履行をするか，④契約を存続させ反対給付の履行をした上で代償請求権（新法第422条の２）を行使するかの選択権を債権者に与えることとしたのである。③の選択肢は不要品の交換契約のように債権者が反対給付を履行することについて利益を有する場合，④の選択肢は不能となった債務について保険金が支払われる場合に，それぞれ実益がある。

　なお，危険負担における債権者主義（旧法第534条）の廃止との関連において，売主から買主への危険の移転時期に関する規定が新設されることに注意を要する。すなわち，債権者主義の適用範囲は引渡し等によって目的物の実質的支配が債権者に移転した後に限るべきものとする有力な学説があったが，この見解を売買に関するルールとして明文化した規定が新法第567条に設けられる（中間試案補足説明第12-１，第35-14）。本条の内容については後掲(5)《事例３》参照。

【旧】	【新】
（債権者の危険負担） **第534条**　特定物に関する物権の設定又は移転を双務契約の目的とした場合において，その物が債務者の責めに帰することができない事由によって滅失し，又は損傷したときは，その滅失又は損傷は，債権者の負担に帰する。 ２　不特定物に関する契約については，第401条第２項の規定によりその物が確定した時から，前項の規定を適用する。	**第534条**　削除
（停止条件付双務契約における危険負担） **第535条**　前条の規定は，停止条件付双務契約の目的物が条件の成否が未定である	**第535条**　削除

間に滅失した場合には，適用しない。
2　停止条件付双務契約の目的物が債務者の責めに帰することができない事由によって損傷したときは，その損傷は，債権者の負担に帰する。
3　停止条件付双務契約の目的物が債務者の責めに帰すべき事由によって損傷した場合において，条件が成就したときは，債権者は，その選択に従い，契約の履行の請求又は解除権の行使をすることができる。この場合においては，損害賠償の請求を妨げない。

（抵当権等がある場合における売主の担保責任）
第567条　売買の目的である不動産について存した先取特権又は抵当権の行使により買主がその所有権を失ったときは，買主は，契約の解除をすることができる。
2　買主は，費用を支出してその所有権を保存したときは，売主に対し，その費用の償還を請求することができる。
3　前二項の場合において，買主は，損害を受けたときは，その賠償を請求することができる。

（目的物の滅失等についての危険の移転）
第567条　売主が買主に目的物（売買の目的として特定したものに限る。以下この条において同じ。）を引き渡した場合において，その引渡しがあった時以後にその目的物が当事者双方の責めに帰することができない事由によって滅失し，又は損傷したときは，買主は，その滅失又は損傷を理由として，履行の追完の請求，代金の減額の請求，損害賠償の請求及び契約の解除をすることができない。この場合において，買主は，代金の支払を拒むことができない。
2　売主が契約の内容に適合する目的物をもって，その引渡しの債務の履行を提供したにもかかわらず，買主がその履行を受けることを拒み，又は受けることができない場合において，その履行の提供があった時以後に当事者双方の責めに帰することができない事由によってその目的物が滅失し，又は損傷したときも，前項と同様とする。

⑷　特定物ドグマと瑕疵担保責任

　旧法第570条は売主の瑕疵担保責任を定めている。売主が給付した物に瑕疵があった場合について債務不履行責任のほかに瑕疵担保責任の規定が設けられた理由（瑕疵担保責任の法的性質）について，伝統的理論である法定責任

68　第３編　債　権

説は次のように説明している。

　　売買の目的物が特定物である場合，代わりの物は存在しないから，売
　主の義務はその物を給付することに尽きるのであり，瑕疵のない物を給
　付する義務はもちろん，瑕疵を修補する義務も負わない（特定物のドグ
　マ）。したがって，瑕疵のある物を給付した売主に債務不履行責任を負
　わせることはできない。しかし，売主が何の責任も負わないものとする
　と買主は代金の額に見合うだけの価値のある物を取得することができず，
　対価的な不均衡が生じてしまう。そこで，法律による特別な責任を売主
　に負わせることによって，その不均衡の是正を図ったのが瑕疵担保の制
　度である。

　これに対して，有力な反対説である契約責任説は次のように主張している。
　売買の目的物における工業製品等の占める割合が大きくなっている現代に
おいては，種類物売買の重要性が高まるとともに，例えば中古車売買のよう
に種類物か特定物かの区別によって取扱いを異にする合理性が乏しいと考え
られる場面が増えており，このため，目的物が種類物か特定物かを問わず，
修補や代替物の引渡しといった履行の追完による対応が合理的と認められる
場面は広く存在するようになっている（中間試案補足説明第35-４）。
　今回の改正では，特定物売買か種類物売買かにかかわらず売主は契約の内
容に適合する物を給付すべき義務を負うことを前提として，引き渡された目
的物が契約の内容に適合しない場合には買主に追完請求権を認めるなど，特
定物ドグマを否定して債務不履行への一元化を図っている（新法第562条～
564条）。
　なお，旧法第570条は瑕疵が「隠れた」ものであることを要件としており，
その意味は契約締結時における買主の善意・無過失であると解されている。
これに対して，新法第562条はこのような要件を定めていない。これは，第
一義的には，売主が引き渡した目的物が契約に適合しないにもかかわらず買
主に過失があることのみをもって救済を一律に否定することは買主に酷であ

り，買主の過失は損害賠償における過失相殺（第418条）で考慮した方が柔軟な解決を図ることができるとの指摘を踏まえたものであるが，特定物ドグマの否定とも密接に関連している。すなわち，目的物が契約に適合しない場合の売主の責任につき特定物か種類物かの区別を排するにもかかわらず，種類物について「隠れた」という要件を適用するものとすると，引渡し（受領）時点での買主の善意・無過失を要件とすることになる。しかし，これは非商人を含めた買主一般に受領時点での検査義務を課して，その懈怠に失権効を規定するのに等しいものとなる可能性があり，著しく買主に酷となる（中間試案補足説明第35-4）。

【旧】	【新】
（他人の権利の売買における善意の売主の解除権） **第562条** 売主が契約の時においてその売却した権利が自己に属しないことを知らなかった場合において，その権利を取得して買主に移転することができないときは，売主は，損害を賠償して，契約の解除をすることができる。 2 前項の場合において，買主が契約の時においてその買い受けた権利が売主に属しないことを知っていたときは，売主は，買主に対し，単にその売却した権利を移転することができない旨を通知して，契約の解除をすることができる。	**（買主の追完請求権）** **第562条** 引き渡された目的物が種類，品質又は数量に関して契約の内容に適合しないものであるときは，買主は，売主に対し，目的物の修補，代替物の引渡し又は不足分の引渡しによる履行の追完を請求することができる。ただし，売主は，買主に不相当な負担を課するものでないときは，買主が請求した方法と異なる方法による履行の追完をすることができる。 2 前項の不適合が買主の責めに帰すべき事由によるものであるときは，買主は，同項の規定による履行の追完の請求をすることができない。
（権利の一部が他人に属する場合における売主の担保責任） **第563条** 売買の目的である権利の一部が他人に属することにより，売主がこれを買主に移転することができないときは，買主は，その不足する部分の割合に応じて代金の減額を請求することができる。 2 前項の場合において，残存する部分のみであれば買主がこれを買い受けなかったときは，善意の買主は，契約の解除をすることができる。	**（買主の代金減額請求権）** **第563条** 前条第1項本文に規定する場合において，買主が相当の期間を定めて履行の追完の催告をし，その期間内に履行の追完がないときは，買主は，その不適合の程度に応じて代金の減額を請求することができる。 2 前項の規定にかかわらず，次に掲げる場合には，買主は，同項の催告をすることなく，直ちに代金の減額を請求するこ

70 第3編 債 権

3 代金減額の請求又は契約の解除は，善意の買主が損害賠償の請求をすることを妨げない。	とができる。 一 履行の追完が不能であるとき。 二 売主が履行の追完を拒絶する意思を明確に表示したとき。 三 契約の性質又は当事者の意思表示により，特定の日時又は一定の期間内に履行をしなければ契約をした目的を達することができない場合において，売主が履行の追完をしないでその時期を経過したとき。 四 前三号に掲げる場合のほか，買主が前項の催告をしても履行の追完を受ける見込みがないことが明らかであるとき。 3 第1項の不適合が買主の責めに帰すべき事由によるものであるときは，買主は，前二項の規定による代金の減額の請求をすることができない。
	（買主の損害賠償請求及び解除権の行使）
第564条 前条の規定による権利は，買主が善意であったときは事実を知った時から，悪意であったときは契約の時から，それぞれ1年以内に行使しなければならない。	第564条 前二条の規定は，第415条の規定による損害賠償の請求並びに第541条及び第542条の規定による解除権の行使を妨げない。
（売主の瑕疵担保責任）	**（抵当権等がある場合の買主による費用の償還請求）**
第570条 売買の目的物に隠れた瑕疵があったときは，第566条の規定を準用する。ただし，強制競売の場合は，この限りでない。	第570条 買い受けた不動産について契約の内容に適合しない先取特権，質権又は抵当権が存していた場合において，買主が費用を支出してその不動産の所有権を保存したときは，買主は，売主に対し，その費用の償還を請求することができる。

⑸ 事例による条文整理

《事例1》

　平成33年8月1日，売主Aは，買主Bとの間で，特定物甲をBに売り渡す契約を締結した。甲は，AがBに引き渡す前に，Aの責めに帰する

ことができない事由により滅失した。この場合におけるＡＢ間の法律関係は，新法下ではどうなるか。

ア　契約の有効性

　甲の滅失時期が契約締結後引渡し前であった場合には，ＡＢ間の売買契約の有効性について特に問題はない。では，契約締結前に既に甲が滅失していた場合はどうであろうか。新法は原始的不能であることのみを理由として契約が無効となることはないという考え方を前提としている。これは，契約締結時に給付が不可能であった場合の契約の有効・無効を法律の規定によって画一的に決めるのは適切ではないから当事者の意思に委ねようという考え方であって，原始的不能の給付を目的とする契約を常に有効とするという意味ではない。「給付が原始的に不能であるならば契約は無効とする」旨の合意があった場合や，対象の不存在を理由とする錯誤取消し（新法第95条第１項）が行われた場合等には，契約の効力は否定されることになる（詳解Ⅱ37〜38頁）。したがって，甲が滅失した時期が契約締結前であったとしても，それのみを理由としてＡＢ間の売買契約が無効とされることはなく，契約を無効とする旨の合意や錯誤取消し等の有無によって有効性が左右されることになる。

（➡前記(3)ア原始的不能）

イ　債務不履行による損害賠償

　甲の滅失による履行不能はＡの責めに帰することができない事由によるものなので，Ｂは，原則として，債務不履行による損害賠償（填補賠償）をＡに請求することができない（新法第415条第１項ただし書・第２項第１号）。ただし，甲の滅失時期がＡの引渡債務の履行遅滞発生後であって，その滅失についてＢ側にも帰責事由がない場合には，その履行不能はＡの責めに帰すべき事由によるものとみなされる（新法第413条の２第１項）から，ＢはＡに損害賠償を請求することができる。

　なお，甲は特定物であるから，Ａの責めに帰すべき事由の有無は，契

72 第3編 債 権

約その他の債権の発生原因及び取引上の社会通念に照らして定まる善良
な管理者の注意をもって，Aが甲を保存すべき義務を尽くしたかどうか
によって決まる（新法第400条）。

【旧】	【新】
（特定物の引渡しの場合の注意義務） 第400条　債権の目的が特定物の引渡しであるときは，債務者は，その引渡しをするまで，善良な管理者の注意をもって，その物を保存しなければならない。	（特定物の引渡しの場合の注意義務） 第400条　債権の目的が特定物の引渡しであるときは，債務者は，その引渡しをするまで，契約その他の債権の発生原因及び取引上の社会通念に照らして定まる善良な管理者の注意をもって，その物を保存しなければならない。

※　施行日前に債権が生じた場合における債務者の注意義務については，新法第
400条の規定にかかわらず，なお従前の例によるとする経過措置が設けられる
（附則第14条）。

ウ　契約の解除

新法では，債務者の責めに帰すべき事由は解除の要件ではなくなるの
で，Bは，原則として，甲の滅失を理由として無催告で契約を解除する
ことができる（新法第542条第1項第1号）。ただし，甲の滅失がBの責め
に帰すべき事由によるものであるときは，Bは，契約を解除することが
できない（新法第543条）。

（➡前記(2)解除制度の趣旨）

【旧】	【新】
（定期行為の履行遅滞による解除権） 第542条　契約の性質又は当事者の意思表示により，特定の日時又は一定の期間内に履行をしなければ契約をした目的を達することができない場合において，当事者の一方が履行をしないでその時期を経過したときは，相手方は，前条の催告をすることなく，直ちにその契約の解除をすることができる。	（催告によらない解除） 第542条　次に掲げる場合には，債権者は，前条の催告をすることなく，直ちに契約の解除をすることができる。 一　債務の全部の履行が不能であるとき。 二　債務者がその債務の全部の履行を拒絶する意思を明確に表示したとき。 三　債務の一部の履行が不能である場合又は債務者がその債務の一部の履行を

第1章　総説　73

	拒絶する意思を明確に表示した場合において，残存する部分のみでは契約をした目的を達することができないとき。 四　契約の性質又は当事者の意思表示により，特定の日時又は一定の期間内に履行をしなければ契約をした目的を達することができない場合において，債務者が履行をしないでその時期を経過したとき。 五　前各号に掲げる場合のほか，債務者がその債務の履行をせず，債権者が前条の催告をしても契約をした目的を達するのに足りる履行がされる見込みがないことが明らかであるとき。 2　次に掲げる場合には，債権者は，前条の催告をすることなく，直ちに契約の一部の解除をすることができる。 一　債務の一部の履行が不能であるとき。 二　債務者がその債務の一部の履行を拒絶する意思を明確に表示したとき。
（履行不能による解除権） 第543条　履行の全部又は一部が不能となったときは，債権者は，契約の解除をすることができる。ただし，その債務の不履行が債務者の責めに帰することができない事由によるものであるときは，この限りでない。	**（債権者の責めに帰すべき事由による場合）** 第543条　債務の不履行が債権者の責めに帰すべき事由によるものであるときは，債権者は，前二条の規定による契約の解除をすることができない。

エ　代金債務（危険負担）

　売買は双務契約であるから，契約締結後に甲が売主Aの責めに帰することができない事由により滅失した場合には，買主Bの代金債務はどうなるかという危険負担の問題が生じる。新法の債務者主義の下では，Bに代金債務の履行拒絶権（新法第536条第1項）が与えられるが，代金債務そのものは消滅しない。代金債務を消滅させて契約の拘束から解放されるためには解除権（新法第542条第1項第1号）の行使が必要である。
（➡前記(3)イ。後発的不能）

74　第３編　債　権

《事例２》

　平成33年８月１日，売主Ａは，買主Ｂとの間で，特定物甲をＢに売り
渡す契約を締結した。甲は，ＡがＢに引き渡した後に滅失した。この場
合におけるＡＢ間の法律関係は，新法下ではどうなるか。

　今回の改正では，売買の目的物が売主から買主へ引き渡された後に滅失し
た場合の危険の移転に関する規定が新設される（新法第567条第１項)。その
内容は以下のとおりである。

〈要件〉

　①　売買の目的として特定したものが引き渡されたこと。

　②　引渡しがあった時以後に目的物が滅失又は損傷したこと。

　③　当事者双方の責めに帰することができない事由によって滅失又は損傷
　　したこと。

〈効果〉

　①　買主は，その滅失又は損傷を理由として，履行の追完の請求，代金の
　　減額の請求，損害賠償の請求及び契約の解除をすることができない。

　②　買主は，代金の支払を拒むことができない。

　この新しい危険移転ルールによれば，甲の滅失がＡＢ双方の責めに帰する
ことができない事由によるものであった場合には，Ｂは，損害賠償の請求等
をすることができず，代金の支払を拒むこともできない。

《事例３》

　平成33年８月１日，売主Ａは，買主Ｂとの間で，特定物甲をＢに売り
渡す契約を締結した。Ａは履行期にＢに対して甲を提供したが，Ｂに受
領させることができなかった。その後甲は，Ａが保管している間に滅失
した。この場合におけるＡＢ間の法律関係は，新法下ではどうなるか。

第1章　総説　75

　AがBに対して履行期に甲を提供したにもかかわらず，Bがその履行を受けることを拒み又は受けることができなかったことにより受領遅滞に陥った場合において，甲がその受領遅滞中に滅失したときは，AB間の法律関係は次のようになる。

①　Aが甲の保存について負う注意義務の程度は，Bが受領遅滞に陥る前には善良な管理者の注意（新法第400条）であったが，受領遅滞後は「自己の財産に対するのと同一の注意」に軽減される（新法第413条第1項）。したがって，Aが甲の保存に当たって尽くした注意が自己の財産に対するのと同一のものであれば，善良な管理者の注意に届いていなくても，甲の滅失はAの責めに帰することができない事由によるものとなる。

②　Bの受領遅滞によってAの履行の費用が増加したときは，Aはその増加額をBに請求することができる（同条第2項）。

③　Bが受領遅滞に陥る前堤としてAはBに対して弁済の提供をしているので，Aは債務不履行（履行遅滞）による責任を免れる（新法第492条）。

④　債権者が受領遅滞に陥っている間に当事者双方の責めに帰することができない事由によって履行不能となったときは，その不能は債権者の責めに帰すべき事由によるものとみなされる（新法第413条の2第2項）。したがって，Bは甲の滅失を理由として契約を解除することはできない（新法第543条）。

⑤　Bは，甲の滅失を理由として，履行の追完の請求，代金の減額の請求，損害賠償の請求及び契約の解除をすることができない。また，Bは代金の支払を拒むことができない（新法第567条第2項）。

【旧】	【新】
（受領遅滞） 第413条　債権者が債務の履行を受けることを拒み，又は受けることができないときは，その債権者は，履行の提供があった時から遅滞の責任を負う。	（受領遅滞） 第413条　債権者が債務の履行を受けることを拒み，又は受けることができない場合において，その債務の目的が特定物の引渡しであるときは，債務者は，履行の提供をした時からその引渡しをするまで，自己の財産に対するのと同一の注意

76　第３編　債　権

をもって，その物を保存すれば足りる。

2　債権者が債務の履行を受けることを拒み，又は受けることができないことによって，その履行の費用が増加したときは，その増加額は，債権者の負担とする。

（履行遅滞中又は受領遅滞中の履行不能と帰責事由）

（新設）

第413条の２　債務者がその債務について遅滞の責任を負っている間に当事者双方の責めに帰することができない事由によってその債務の履行が不能となったときは，その履行の不能は，債務者の責めに帰すべき事由によるものとみなす。

2　債権者が債務の履行を受けることを拒み，又は受けることができない場合において，履行の提供があった時以後に当事者双方の責めに帰することができない事由によってその債務の履行が不能となったときは，その履行の不能は，債権者の責めに帰すべき事由によるものとみなす。

（弁済の提供の効果）

第492条　債務者は，弁済の提供の時から，債務の不履行によって生ずべき一切の責任を免れる。

（弁済の提供の効果）

第492条　債務者は，弁済の提供の時から，債務を履行しないことによって生ずべき責任を免れる。

第2章 債権者代位権

Q16 債権者代位権に関する新法の概要

債権者代位権に関する改正の主要な内容にはどのようなものがあるか。また，中間試案や要綱案のたたき台で提示された内容のうち採用が見送られたものには何があるか。

Answer

債権者代位権に関する改正の主要な内容及び採用が見送られた中間試案の内容を整理すると，以下のとおりである。なお，これまで講学上の用語であった被保全債権（代位権を行使する債権者が債務者に対して有する債権）及び被代位権利（債務者が第三者に対して有する債権であって債権者による代位行使の目的となるもの）のうち，「被代位権利」は改正により条文上の用語となる（新法第423条第1項）。

【図表3-2】被保全債権と被代位権利

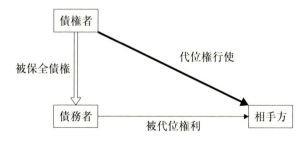

⑴ 債権者代位権の要件

ア 旧法の規律が維持されているもの

㈠ 一身専属権の代位行使の禁止

旧法と同じく，債務者の一身に専属する権利については債権者代位権を行使することができない（新法第423条第1項ただし書）。一身専属権は，その行使を債務者の自由な意思に委ねるべきだからである。

㈡ 期限未到来の債権を保全するための代位権行使

被保全債権の履行期が到来しない間は，原則として，債権者代位権を行使することができない（新法第423条第2項本文）。これも旧法の規律を維持するものである。被保全債権について債務不履行が生じていない段階で債務者の財産管理への干渉を認めることには慎重を期すべきであるという趣旨である。

ただし，当該代位権行使が保存行為に当たるときは，期限未到来であっても代位権を行使することができる（新法第423条第2項ただし書）。例えば，被代位権利である債権について時効の完成猶予の手続をとる場合などである。

イ 旧法の文言が修正されるもの

旧法第423条第1項の「自己の債権を保全するため」という文言が修正され，「自己の債権を保全するため必要があるとき」となる。

なお，中間試案第14-1の（注）ではさらに債務者の無資力要件の明記を加える案が示されていたが見送られた。この見送りは，無資力要件を不要とする趣旨ではなく，責任財産の保全を目的とする債権者代位権（本来型）においては一般的に債務者の無資力が要件となるという判例法理（最判昭和40年10月12日民集19巻7号1777頁）を当然の前提とするものである（中間試案第14-1（概要））。

ウ 新たに明文化されるもの

㈠ 差押えを禁じられた権利の代位行使の禁止

差し押さえることができない権利の代位行使は許されないというのが従来の通説的見解である。債権者代位権は債務者の責任財産を保全

して強制執行の準備をするための制度であるが，差押えを禁じられた権利は債務者の責任財産に属さない権利だからである（民事執行法第152条，恩給法第11条第3項等参照）。新法ではこの見解の明文化が行われる（新法第423条第1項ただし書）。

(イ) **強制執行による実現ができない債権を保全する代位権行使の禁止**

不執行合意のある債権やいわゆる自然債務のような，強制執行により実現することのできない債権を被保全債権とする代位権行使は，旧法の下でも許されないと解されている。新法第423条第3項ではこのことが明記される。前述のとおり，債権者代位権は債務者の責任財産を保全して強制執行の準備をするための制度だからである。

エ　現行法の規律を廃止するもの

裁判上の代位の許可の制度（旧法第423条第2項本文）は，以下の理由から，廃止される。

① この制度の実際の利用例は極めて少ない。

② 民事保全（仮差押え）の制度を利用すれば被保全債権の履行期が到来していなくても債務者の責任財産を保全することができる（民事保全法第20条第2項）。

なお，この改正に伴い，許可の手続を定めた非訟事件手続法第85条から第91条までの規定も削除されることとなる。

【旧】	【新】
（債権者代位権） **第423条**　債権者は，自己の債権を保全するため，債務者に属する権利を行使することができる。ただし，債務者の一身に専属する権利は，この限りでない。	**（債権者代位権の要件）** **第423条**　債権者は，自己の債権を保全するため必要があるときは，債務者に属する権利（以下「被代位権利」という。）を行使することができる。ただし，債務者の一身に専属する権利及び差押えを禁じられた権利は，この限りでない。
2　債権者は，その債権の期限が到来しない間は，裁判上の代位によらなければ，前項の権利を行使することができない。ただし，保存行為は，この限りでない。 （新設）	2　債権者は，その債権の期限が到来しない間は，被代位権利を行使することができない。ただし，保存行為は，この限りでない。 3　債権者は，その債権が強制執行により

80 第3編 債 権

	実現することのできないものであるときは，被代位権利を行使することができない。

※ 施行日前に旧法第423条第1項に規定する債務者に属する権利が生じた場合におけるその権利に係る債権者代位権については，なお従前の例によるとする経過措置が設けられる（附則第18条第1項）。

(2) 代位行使の範囲

債権者が被代位権利をどの範囲で行使することができるかについて，旧法には規定がなかった。この点について判例（最判昭和44年6月24日民集23巻7号1079頁）は，金銭債権の代位行使に関する事案において，被保全債権の額の範囲でのみ被代位権利を行使することができる旨を判示している。新法では，この判例法理が明文化される（新法第423条の2）。新法のポイントは以下の2点である。

ア 被代位権利の目的の可分性

被保全債権の額による限定が問題となるのは被代位権利の目的が金銭など可分である場合のみである。被代位権利が不動産登記請求権である場合など被代位権利の目的が不可分である場合には，被保全債権の額によって代位権の行使が限定されることはない。

イ 中間試案との違い

中間試案では，被代位権利の可分・不可分に関わらず，その全部の代位行使を認める案が示されていた（中間試案第14-2参照）が，新法では採用されなかった。代位債権者が金銭等を受領した後に費消・隠匿したり，破産したりした場合には，債務者や他の債権者にとって不都合が大きい等の指摘があったためである。

【旧】	【新】
（新設）	（代位行使の範囲） **第423条の2** 債権者は，被代位権利を行使する場合において，被代位権利の目的が可分であるときは，自己の債権の額の

第2章　債権者代位権　　*81*

	限度においてのみ，被代位権利を行使することができる。

(3)　直接の引渡し

　債権者が被代位権利の目的物を自己に直接引き渡すよう求めることができるかについて，旧法は明文の規定を欠いていた。新法では，金銭債権の代位行使に関する事案において代位債権者による直接の引渡請求を認めた判例（大判昭和10年3月12日大民集14巻482頁）の法理を明文化し，金銭債権又は動産引渡請求権を代位行使する場合について，直接引渡請求権を認めている（新法第423条の3）。新法のポイントは以下の2点である。

ア　被代位権利の消滅

　　上記の判例法理は，代位行使の相手方がその請求に応じて代位債権者に直接の引渡しをしたときは，それによって被代位権利が消滅することを当然の前提としていると考えられるので，そのことをも併せて明文化している。

イ　中間試案との違い

　　中間試案では，①債権者は相手方から引渡しを受けた金銭その他の物を債務者に対して返還しなければならない旨，及び，②債権者は，その返還に係る債務を受働債権とする相殺をすることができない旨の規定の新設が提案されていた（中間試案第14-3）が，新法では採用されなかった。債権者代位権による事実上の債権回収は，債務名義を取得して強制執行制度を利用すると費用倒れになるような場面において，強制執行制度を補完する役割を果たしていることから，そのような実務上の機能を変更する内容の明文規定を設ける弊害は大きい等の指摘があったことを踏まえ，実務の運用や解釈等に委ねることとしたものである。

【旧】	【新】
（新設）	**（債権者への支払又は引渡し）** **第423条の3**　債権者は，被代位権利を行使する場合において，被代位権利が金銭

の支払又は動産の引渡しを目的とするものであるときは，相手方に対し，その支払又は引渡しを自己に対してすることを求めることができる。この場合において，相手方が債権者に対してその支払又は引渡しをしたときは，被代位権利は，これによって消滅する。

(4) 相手方の抗弁

新法第423条の4では，代位行使の相手方は債務者に対して主張することができる抗弁をもって代位債権者に対抗することができる旨の判例法理（大判昭和11年3月23日大民集15巻551頁）が明文化されている。この抗弁の具体例として，相手方が債務者に対して有する債権を自働債権とする相殺の抗弁が挙げられる。例えば，Aが債務者BのCに対する債権（X債権）を代位行使する場合において，CがBに対して反対債権（Y債権）を有するときは，Aからの請求に対してCはY債権を自働債権とする相殺の抗弁をもって対抗することができる。

【図表3-3】相手方が代位債権者に対抗できる抗弁

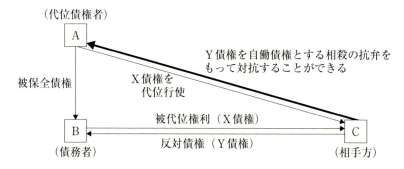

【旧】	【新】
（新設）	**（相手方の抗弁）** **第423条の4** 債権者が被代位権利を行使したときは，相手方は，債務者に対して

| | 主張することができる抗弁をもって、債権者に対抗することができる。 |

　なお、新法第423条の4は、相手方が代位債権者に対して主張することのできる抗弁をもって対抗することができないという通説的見解を採用する旨をも含意している（潮見・概要65頁）。この抗弁の具体例として、相手方が代位債権者に対して有する債権を自働債権とする相殺の抗弁が挙げられる。例えば、Aが債務者BのCに対する債権（X債権）を代位行使する場合において、CがAに対して反対債権（Z債権）を有するときは、Aからの請求に対してCはZ債権を自働債権とする相殺の抗弁をもって対抗することができない。

【図表3-4】相手方が代位債権者に対抗できない抗弁

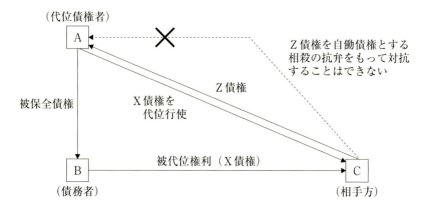

(5) **債務者の取立てその他の処分の権限等**

　債権者が被代位権利を行使した場合に債務者がその被代位権利の取立てその他の処分の権限を失うかについて、これまで民法には規定がなかった。この問題について判例（大判昭和14年5月16日大民集18巻557頁）は、債権者が代位行使に着手し、債務者がその通知を受けるか、又はその権利行使を了知したときは、債務者は被代位権利の取立てその他の処分の権限を失うとしている。

84　第3編　債　権

これに対して新法では，この判例法理は採用されていない。すなわち，債権者代位訴訟が提起されている場合か裁判外で代位権が行使されている場合かにかかわらず，債務者は被代位権利の取立てその他の処分の権限を失わず，代位行使の相手方も債務者への履行を妨げられないという規定が設けられている（新法第423条の5）。その理由として以下の緒点が挙げられている。

① 裁判上の手続とは無関係に債権者が代位行使に着手したことを債務者に通知し又は債務者がそのことを了知したというだけで，債務者が自らの権利の取立てその他の処分の権限を失うとすると，債務者の地位が著しく不安定なものとなる。

② 債権者が債務者から処分権限を奪い，相手方に対しても債務者への履行を禁止するという重大な効果を欲するのであれば，仮差押えや差押えの手続を利用すべきである。

③ 代位権行使の相手方は，被保全債権の存否等を知り得る立場にないから，債権者代位訴訟が提起され，かつ，被代位権利の存在について争いがなかったとしても，代位債権者に対して履行をしてよいかを判断することができない。したがって，代位行使の相手方には，債務者への履行を認める必要があると考えられる。

なお，要綱案のたたき台では，債権者代位訴訟が提起されている場合に限り，債務者は被代位権利の取立てその他の処分の権限を失う（相手方は債務者への履行を妨げられない）という規律の創設が提案されていたが，新法では中間試案の立場に戻ることとなった。

【旧】	【新】
（新設）	**（債務者の取立てその他の処分の権限等）** **第423条の5** 債権者が被代位権利を行使した場合であっても，債務者は，被代位権利について，自ら取立てその他の処分をすることを妨げられない。この場合においては，相手方も，被代位権利について，債務者に対して履行をすることを妨げられない。

(6) 訴えによる債権者代位権の行使

新法では，債権者代位訴訟を提起した債権者に対して遅滞なく債務者に訴訟告知することを義務付ける規定が新設される（新法第423条の6）。

債権者代位訴訟における代位債権者の地位は，株主代表訴訟における株主と同様に法定訴訟担当とされており，その判決の効力は被担当者である債務者にも及ぶとされている（民事訴訟法第115条第1項第2号）。それにもかかわらず，現行法には債権者に訴訟告知を義務付ける規定がないため，債務者のあずかり知らないところで債権者代位訴訟が進行し，債務者がその訴訟手続に関与する機会を与えられないまま敗訴判決が確定することもあり得る。そこで，債権者代位訴訟についても，株主代表訴訟と同様の訴訟告知に関する規律を定める必要があると考えられたのである（会社法第849条第4項参照）。

【旧】	【新】
（新設）	**（被代位権利の行使に係る訴えを提起した場合の訴訟告知）** **第423条の6** 債権者は，被代位権利の行使に係る訴えを提起したときは，遅滞なく，債務者に対し，訴訟告知をしなければならない。

【図表3-5】新法の債権者代位権における債権者・債務者・相手方の相互関係

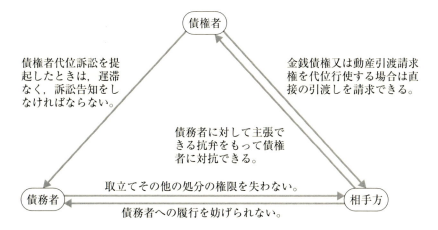

(7) 登記又は登録の請求権を被保全債権とする債権者代位権の行使

　新法は，不動産など登記又は登録を対抗要件とする財産の譲受人が譲渡人の第三者に対する登記・登録請求権を代位行使することができる旨を明文化している（新法第423条の7）。

　いわゆる転用型の債権者代位権（責任財産の保全を目的としない債権者代位権）のうち，既に判例（大判明治43年7月6日民録16輯546頁等）の法理が確立している不動産登記の場合を明文化するとともに，登記又は登録が対抗要件とされている場合全てに対応する規律を設けようとするものである（信託法第14条参照）。なお，新法第423条の7の「登記又は登録をしなければ権利の得喪及び変更を第三者に対抗することができない財産」には，登記又は登録をしなければ権利の得喪及び変更の効力が生じない（登記・登録が対抗要件にとどまらず効力要件となっている）財産も含まれる（潮見・概要68頁）。

【図表3-6】登記・登録請求権を被保全債権とする債権者代位権

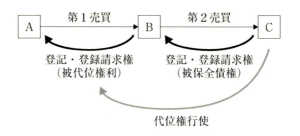

【旧】	【新】
（新設）	（登記又は登録の請求権を保全するための債権者代位権） 第423条の7　登記又は登録をしなければ権利の得喪及び変更を第三者に対抗することができない財産を譲り受けた者は，その譲渡人が第三者に対して有する登記手続又は登録手続をすべきことを請求する権利を行使しないときは，その権利を行使することができる。この場合においては，前三条の規定を準用する。

※　新法第423条の7の規定は，施行日前に生じた同条に規定する譲渡人が第三者に対して有する権利については，適用しない旨の経過措置が設けられる（附則第18条第2項）。

(8)　明文化が見送られた事項（引き続き解釈に委ねる事項）

ア　転用型の債権者代位権の一般的要件

中間試案では，転用型の債権者代位権の一般的な要件を定めることが提案されていた（中間試案第14-9(2)）。その要件とは，①債務者の権利が行使されないことによって代位債権者の債務者に対する権利の実現が妨げられていること（必要性），②代位債権者の権利の性質に応じて相当と認められること（相当性），③代位債権者の権利を実現するために他に適当な方法がないこと（補充性）の三つである。新法では，前述のとおり，転用型のうち登記又は登録を対抗要件とする場合についてのみ規律を設けることとし，一般的な要件の定立を見送っている。

これは，中間試案に掲げられた要件に対して次のような問題点が指摘されたからである。すなわち，①の必要性の要件，及び②の相当性の要件は，いずれも抽象的で評価的にすぎるため，その適用範囲が不明確であり，過度に広範な適用を招きかねない。また，③の補充性の要件については，これを設けることによって転用型の債権者代位権の行使が過度に制限的になるのは相当でない。

イ　代位債権者の権利義務

(ア)　代位債権者の善管注意義務

代位債権者は債務者に対して善管注意義務を負うというのが判例（大判昭和15年3月15日大民集19巻586頁）の見解である。中間試案ではこの見解を明文化する案が提示されていた（中間試案第14-4）が，この案は採用されなかった。善管注意義務及びその根拠となる代位債権者の法的地位（受任者か事務管理者か）については，今後も実務の運用や解釈等に委ねられる。

(イ)　代位債権者の費用償還請求権・先取特権

債権者代位権を行使するために債権者が支出した必要費については，

債務者に対する償還請求権とそれを被担保債権とする共益費用の一般先取特権が認められるというのが通説的見解である。中間試案ではこの見解を明文化する案が提示されていた（中間試案第14-5）が，規定を新設することは見送られた。

Q17 本来型の債権者代位権における無資力要件と登記実務

本来型の債権者代位権（金銭債権の満足を得るために債務者の責任財産を保全することを目的とする債権者代位権）に関する規定が改正されることによって、代位による不動産登記の手続はどのような影響を受けるか。

Answer

本来型の債権者代位権については、改正後も債務者の無資力が一般的要件となる可能性が高い。したがって、債権者が債務者に代位して相続登記を申請する次のような事例における実務の取扱いも、従来どおり維持されるものと思われる。

《事例》

　Aは、Bに対する債権の満足を得るため、Bの財産に対する差押えを考えていたところ、Bが父親から不動産を相続したとの情報を得た。当該不動産の登記事項証明書によれば、相続登記が未了であるため、Aは、Bに代位して相続登記を申請した上で、差押えの手続をとることとした。

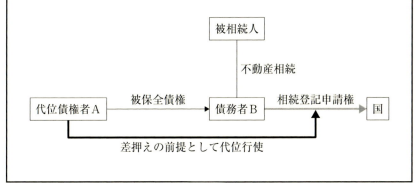

90　第3編　債　権

　この事例に関する従来の実務の取扱いは次のようなものであった。

　まず代位債権者は，相続登記の代位申請に先立って，執行裁判所に強制執
行の申立てをする。本来，強制執行の申立ては債務者名義の財産に対して行
うべきものであるから，被相続人名義のままで強制執行の申立てをするのは
例外的であるが，執行裁判所はこの申立てを受理した上で，債権者の申立て
により，申立受理証明書を発行する（昭和62年4月14日最高裁事務総局民事局
第三課長通知）。

　次に代位債権者は，上記の申立受理証明書を「代位原因を証する情報」
（不動産登記令第7条第1項第3号）として添付し，相続登記を代位申請する。
この登記申請は受理される（昭和62年3月10日民三1024号回答）。なぜなら，
債務者を当事者とする強制執行の申立てが受理されたことを確認する限度で，
無資力要件の充足を審査することができるからである（部会資料7‐2第1‐
3(4)）。前述のとおり，本事例のような責任財産の保全を目的とする本来型

【図表3‐7】相続登記の代位申請と差押えに関する従来の実務の取扱い

① 被相続人名義のままで代位債権者は執行裁判所に強制執行の申立てをする。

↓

② 執行裁判所は申立てを受理した上で債権者の申立てにより申立受理証明書を発行する（昭和62年4月14日最高裁事務総局民事局第三課長通知）。

↓

③ 代位債権者は申立受理証明書を「代位原因証明情報」として添付し，相続登記を代位申請する。

↓

④ この登記申請は受理される（昭和62年3月10日民三1024号回答）。

↓

⑤ 執行裁判所は，相続登記が記録された登記事項証明書の提出を受けて，強制競売・強制管理の開始決定をする（昭和62年4月14日最高裁事務総局民事局第三課長通知）。

の債権者代位権においては，引き続き債務者の無資力が要件となるから，申立受理証明書を通して無資力要件の充足を審査する取扱いは，改正後も変わらないであろう。

そして執行裁判所は，債権者から相続登記が記録された登記事項証明書の提出を受けて，強制競売・強制管理の開始決定をすることとなる（昭和62年4月14日最高裁事務総局民事局第三課長通知）。

Q18 期限未到来の債権を保全するための債権者代位（本来型）と登記実務

被保全債権の期限が未到来である場合には保存行為を除いて債権者代位権を行使することができないという改正（新法第423条第2項）は，代位による不動産登記の手続にどのような影響を与えるか。

Answer

上記の改正は，登記実務に影響を及ぼすものではないものと思われる。

なぜなら，債務者の登記名義を実現することは典型的な保存行為であるということについては異論がなく，被保全債権の期限が未到来であっても債権者は代位権の行使として登記申請をすることができるからである。

なお，被代位権利の期限が未到来である場合には，相手方は期限未到来の抗弁をもって代位債権者に対抗することができる（新法第423条の4）。

【図表3-8】被保全債権と被代位権利の期限の到来・未到来

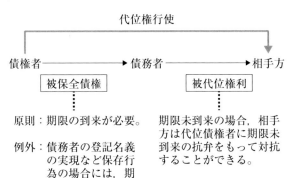

第3章 詐害行為取消権　*93*

第3章　詐害行為取消権

Q19 詐害行為取消権に関する新法の概要

詐害行為取消権に関する新法の内容のうち，登記手続を中心として，司法書士の業務に関係するものには何があるか。また，中間試案など改正の過程で提示された内容のうち，採用が見送られたものには何があるか。

Answer

詐害行為取消権に関する新法の概要は，以下のとおりである。

(1) 受益者に対する詐害行為取消権行使の要件

ア　詐害行為取消しの対象

詐害行為取消しの対象を定めた第424条第1項の「法律行為」という文言が「行為」に改められる。これは，①時効中断事由（新法では時効の更新事由）としての債務の承認（民法第152条）や，法定追認の効果を生ずる行為（同法第125条）など法律行為に当たらないものも詐害行為取消しの対象になると解されていること，②詐害行為取消権と同様の機能を有する破産法，民事再生法及び会社更生法上の否認権が，否認の対象を「行為」としていることを根拠としている。なお，登記・登録等の対抗要件具備行為が詐害行為取消しの対象となり得るか否かという問題があり，判例（最判平成10年6月12日民集52巻4号1121頁）は債権譲渡の確定日付通知について詐害行為取消権の行使を否定している。「法律行為」から「行為」への文言の変更はこの問題について肯定説を採用することを意味するものではなく，引き続き解釈に委ねられる（潮見・概要69頁）。

イ 被保全債権の発生時期

被保全債権の発生時期について規定が新設される（新法第424条第3項）。それによれば，被保全債権が詐害「行為の前の原因に基づいて生じたものである場合に限り」詐害行為取消権を行使することができる。注意を要するのは，「被保全債権は詐害行為の前に発生したものであることを要する」旨の表現を避けていることである。これは，判例法理を明文化するに当たって誤解を生じないような文言にすべきであるとの配慮によるものである。すなわち，判例は，一方において被保全債権は詐害行為の前に発生したものであることを要する旨を判示している（最判昭和33年2月21日民集12巻2号341頁等）が，他方において，厳密には被保全債権が詐害行為の前に発生していないとも考え得る事案において，詐害行為取消権の行使を認めている（被保全債権に係る遅延損害金は詐害行為の後に発生したものであっても被保全債権に含まれる旨を判示したものとして，最判平成8年2月8日集民178号215頁等。）。

被保全債権が詐害行為の前の原因に基づいて生じていれば詐害行為取消権の行使が認められる旨が明記されたことにより，例えば，詐害行為前の保証契約により保証人となった者が詐害行為後の保証債務履行により取得した求償権を被保全債権として詐害行為取消権を行使することが可能となる（潮見・概要70～71頁）。

【図表3-9】詐害行為前の原因に基づく被保全債権発生の例

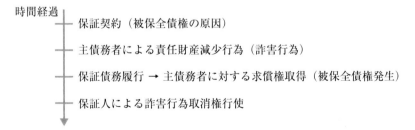

ウ 被保全債権の性質

従来の通説的見解によれば，強制執行により実現することのできない

債権（例えば，不執行合意のある債権やいわゆる自然債務）を被保全債権として詐害行為取消権を行使することは許されないと解されている。なぜなら，詐害行為取消権は債務者の責任財産を保全して強制執行の準備をするための制度だからである。新法では，この見解が明文化される（新法第424条第4項）。

【旧】	【新】
（詐害行為取消権） **第424条** 債権者は，債務者が債権者を害することを知ってした法律行為の取消しを裁判所に請求することができる。ただし，その行為によって利益を受けた者又は転得者がその行為又は転得の時において債権者を害すべき事実を知らなかったときは，この限りでない。 2 前項の規定は，財産権を目的としない法律行為については，適用しない。 （新設） （新設）	（詐害行為取消請求） **第424条** 債権者は，債務者が債権者を害することを知ってした行為の取消しを裁判所に請求することができる。ただし，その行為によって利益を受けた者（以下この款において「受益者」という。）がその行為の時において債権者を害することを知らなかったときは，この限りでない。 2 前項の規定は，財産権を目的としない行為については，適用しない。 3 債権者は，その債権が第1項に規定する行為の前の原因に基づいて生じたものである場合に限り，同項の規定による請求（以下「詐害行為取消請求」という。）をすることができる。 4 債権者は，その債権が強制執行により実現することのできないものであるときは，詐害行為取消請求をすることができない。

※ 施行日前に旧法第424条第1項に規定する債務者が債権者を害することを知ってした法律行為がされた場合におけるその行為に係る詐害行為取消権については，なお従前の例によるとする経過措置が設けられる（附則第19条）。

エ 相当の対価を得てした財産の処分行為の特則
　⑺ 改正理由
　　　新法第424条の2は，債務者が相当の対価を得てした財産の処分行為（相当価格処分行為）が詐害行為取消しの対象となるための要件を新設するものである。改正の理由は以下の二つである（部会資料73A

第6-2）。

①　従来の判例は，不動産等の財産を相当な価格で売却する行為について，費消・隠匿しやすい金銭に換えるものであることから原則として詐害性が認められるが，当該行為の目的・動機が正当なものである場合には例外的に詐害行為には当たらないとする立場を採っているとされている（大判明治39年2月5日民録12輯133頁，最判昭和41年5月27日民集20巻5号1004頁等）。しかし，判例理論では詐害行為取消しの対象となる範囲が広すぎるだけでなく，例外に該当する要件が不明確であるため，経済的危機に直面した債務者と取引をする相手方が取消権を行使される可能性を意識して萎縮してしまう結果，債務者の資金調達や経済活動が阻害され，再建可能性のある債務者が破綻に追い込まれるおそれがある。

②　破産法上の否認権について既に平成16年の改正において厳格な要件を充足した場合に限り否認権の行使を認める旨の見直しがなされている（破産法第161条第1項）。これと同様の規律を民法に設けないと，平時における一般債権者は詐害行為取消権を行使できるのに破産手続開始後における破産管財人は否認権を行使できないという現象（逆転現象）が生じてしまう。

(イ)　**規律内容**

新法第424条の2によれば，相当価格処分行為は，以下の三つの要件を全て充足した場合に限り，詐害行為取消しの対象となる。

①　債務者が対価として取得した財産について隠匿等の処分をする現実的おそれのある行為であること。

②　行為の当時，債務者が隠匿等の処分をする意思を有していたこと。

③　行為の当時，債務者の処分意思について受益者が悪意であったこと。

なお，中間試案では債務者の処分意思について破産法第161条第2項と同様の推定規定を設ける案が提示されていたが，結局採用されな

かった。これは，民法上の他の制度との関係における規律の密度や詳細さのバランス等を考慮したものである。実務上は，同項の類推適用や事実上の推定等によって対応が図られることが想定されている（部会資料73A第6-2）。

【旧】	【新】
（新設）	（相当の対価を得てした財産の処分行為の特則） **第424条の2** 債務者が，その有する財産を処分する行為をした場合において，受益者から相当の対価を取得しているときは，債権者は，次に掲げる要件のいずれにも該当する場合に限り，その行為について，詐害行為取消請求をすることができる。 一 その行為が，不動産の金銭への換価その他の当該処分による財産の種類の変更により，債務者において隠匿，無償の供与その他の債権者を害することとなる処分（以下この条において「隠匿等の処分」という。）をするおそれを現に生じさせるものであること。 二 債務者が，その行為の当時，対価として取得した金銭その他の財産について，隠匿等の処分をする意思を有していたこと。 三 受益者が，その行為の当時，債務者が隠匿等の処分をする意思を有していたことを知っていたこと。

オ 特定の債権者に対する担保の供与等の特則

(ア) 改正理由

新法第424条の3では，特定の債権者に対する担保の供与及び債務の消滅に関する行為（いわゆる偏頗行為）について，詐害行為取消請求の要件の特則が設けられている。偏頗行為に関する従来の判例理論は，以下のとおり，担保の供与と弁済等の債務消滅行為とで異なって

98 第3編 債 権

いた。

① 偏頗的担保供与に関する判例理論

担保供与を受けた債権者が他の債権者に優先して弁済を受けられることになり他の債権者の共同担保が減少することから，原則として詐害行為となる（大判明治40年9月21日民録13輯877頁）。ただし，継続的な供給を受けてきた仕入先に対する担保供与などのように，債務者の事業の継続のためにやむを得ないものであって，かつ，合理的な限度を超えないものである場合には，詐害行為には当たらない（譲渡担保につき，最判昭和44年12月19日民集23巻12号2518頁）。

② 偏頗的債務消滅行為に関する判例理論

債務者が特定の債権者に対して弁済をすることにより他の債権者の共同担保を減少させることになっても，その弁済は原則として詐害行為には当たらない。なぜなら，債権者平等の原則は破産手続開始の決定によって初めて生ずるものだからである。ただし，債務者が特定の債権者と通謀し，他の債権者を害する意思をもってその弁済をした場合には詐害行為に当たる（最判昭和33年9月26日民集12巻13号3022頁）。

このような判例の状況及び平成16年の破産法改正を踏まえて，債務者の再建可能性の確保及び否認権との逆転現象の防止を図るべく（前記エ(ア)参照），偏頗的担保供与と偏頗的債務消滅行為に共通する規定が新設されることとなった。

(イ) 規律内容

新法第424条の3は，債務者が支払不能の時に行われた偏頗行為と支払不能になる前の偏頗行為に分けて，詐害行為取消請求の要件を定めている。

① 支払不能以後

支払不能の時に行われた偏頗行為であって，債務者と受益者とが通謀して他の債権者を害する意図をもって行われたものが，詐害行為取消しの対象となる（新法第424条の3第1項）。

第３章　詐害行為取消権　99

② 支払不能前

次の３要件を全て充足することが詐害行為取消請求の要件である。
(ⅰ) 債務者が支払不能になる前30日以内に偏頗行為が行われたこと。
(ⅱ) 偏頗行為が債務者の義務に属しないものである（例えば特約がないのに行われる更改）か，又はその時期が債務者の義務に属しないものである（例えば期限前弁済）こと。
(ⅲ) 債務者と受益者とが通謀して他の債権者を害する意図をもって行われたこと。

【図表３‐10】偏頗行為に対する詐害行為取消請求の要件の特則

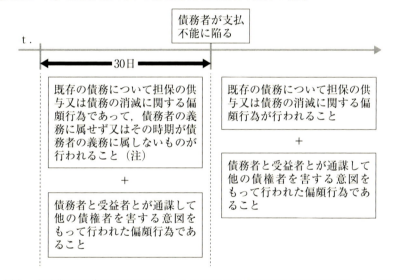

（注）弁済期到来後の代物弁済は，その方法のみが債務者の義務に属しない行為であるから，要件を充足しない（中間試案補足説明第15‐3参照）。

なお，支払不能については，無資力要件との関係で以下の三点に注意をする必要がある。

第一に，支払不能は無資力要件に代わるものではなく，無資力要件と支払不能要件の両方の充足が要求される（第82回議事録・金関係官の発言）。

100　第３編　債　権

　第二に，無資力要件との前後関係は，先に無資力要件が満たされて，後から支払不能要件が満たされるのが通常であるが，この順序が逆になることもあり得る（第82回議事録・金関係官の発言）。

　第三に，破産手続の開始に至らない平時の場合には，債務消滅行為の時点で債務者が支払不能であったとしても，その後に支払不能の状態から回復したときは，もはやその債務消滅行為は詐害行為ではなくなる。この点は，債務者が詐害行為後に無資力の状態から回復した場合（大判昭和12年２月18日大民集16巻120頁等）と同じである（部会資料73A第６‐３）。

【旧】	【新】
（新設）	**（特定の債権者に対する担保の供与等の特則）** **第424条の３**　債務者がした既存の債務についての担保の供与又は債務の消滅に関する行為について，債権者は，次に掲げる要件のいずれにも該当する場合に限り，詐害行為取消請求をすることができる。 　一　その行為が，債務者が支払不能（債務者が，支払能力を欠くために，その債務のうち弁済期にあるものにつき，一般的かつ継続的に弁済することができない状態をいう。次項第１号において同じ。）の時に行われたものであること。 　二　その行為が，債務者と受益者とが通謀して他の債権者を害する意図をもって行われたものであること。 ２　前項に規定する行為が，債務者の義務に属せず，又はその時期が債務者の義務に属しないものである場合において，次に掲げる要件のいずれにも該当するときは，債権者は，同項の規定にかかわらず，その行為について，詐害行為取消請求をすることができる。 　一　その行為が，債務者が支払不能になる前30日以内に行われたものであるこ

			と。
		二	その行為が，債務者と受益者とが通謀して他の債権者を害する意図をもって行われたものであること。

カ 過大な代物弁済等の特則

　例えば1,000万円の金銭債務の債務者がその債務の弁済に代えて1,500万円相当の動産を債権者に給付するような過大な代物弁済等については，新法第424条の３が規律する債務消滅行為に該当することから，同条の要件を満たすときはその代物弁済の全部が詐害行為取消しの対象となる。しかし，新法第424条の３の要件を満たさない過大な代物弁済等であっても，過大な部分についてみれば，債務者が自己の財産を贈与する行為などと同様に，債務者の計数上の財産状態を悪化させるものであることから，新法第424条の要件を満たすのであれば，詐害行為取消権の行使を認めるのが相当である。これが新法第424条の４の規律内容であり，破産法第160条第２項と趣旨を同じくする（部会資料73Ａ第６‐４）。

【旧】	【新】
（新設）	**（過大な代物弁済等の特則）** **第424条の４**　債務者がした債務の消滅に関する行為であって，受益者の受けた給付の価額がその行為によって消滅した債務の額より過大であるものについて，第424条に規定する要件に該当するときは，債権者は，前条第１項の規定にかかわらず，その消滅した債務の額に相当する部分以外の部分については，詐害行為取消請求をすることができる。

(2) 転得者に対する詐害行為取消権行使の要件

　転得者に対する詐害行為取消しについて，旧法では「その行為によって利益を受けた者又は転得者がその行為又は転得の時において債権者を害すべき事実を知らなかったとき」として受益者と一括りにされている（旧法第424条

第1項ただし書）が，新法では独自の規定が設けられる（新法第424条の5）。

　改正のポイントは判例法理を採用していないことである。すなわち，債権者を害することについて受益者は善意だが転得者は悪意であった場合について，判例（最判昭和49年12月12日集民113号523頁）は転得者に対する詐害行為取消権の行使を認めていた。これに対して新法では「受益者に対して詐害行為取消請求をすることができる場合」であることを要件の一つとしており（新法第424条の5柱書），一旦善意者を経由すれば，その後の転得者の善意・悪意にかかわらず，転得者に対する詐害行為取消権の行使はできなくなる。これは，取引の安全保護を図る観点から，破産法上の否認権に準ずる規律内容としたものである（中間試案補足説明第15-5）。

　なお，破産法上の否認権についてはいわゆる「二重の悪意」の問題点（前者の悪意に対する転得者の悪意を要求する結果となって不都合であること）があったが，転得者に対する詐害行為取消権の行使については「転得者が，転得の当時，債務者がした行為が債権者を害することを知っていたとき」を要件とすることにより，この問題は回避されている。

（➡整備法による破産法第170条の改正についてはQ77(7)参照）

【旧】	【新】
（新設）	**（転得者に対する詐害行為取消請求）** **第424条の5**　債権者は，受益者に対して詐害行為取消請求をすることができる場合において，受益者に移転した財産を転得した者があるときは，次の各号に掲げる区分に応じ，それぞれ当該各号に定める場合に限り，その転得者に対しても，詐害行為取消請求をすることができる。 　一　その転得者が受益者から転得した者である場合　その転得者が，転得の当時，債務者がした行為が債権者を害することを知っていたとき。 　二　その転得者が他の転得者から転得した者である場合　その転得者及びその前に転得した全ての転得者が，それぞれの転得の当時，債務者がした行為が

| | 債権者を害することを知っていたとき。 |

(3) 詐害行為取消権の行使方法・被告適格

ア 訴訟類型

　債権者は，詐害行為取消訴訟において，詐害行為の取消しと併せて，受益者又は転得者に対する逸出財産の返還を請求することができる旨の規定が新設される（新法第424条の6）。債務者が受益者に対して債務免除をした場合のように詐害行為が財産の逸出を伴っていないときは，単にその取消しだけを裁判所に請求すれば財産保全の目的は達せられるが，不動産の贈与など財産の逸出を伴う場合には，それを取り戻すことが不可欠となる。従来の裁判実務では詐害行為の取消し（形成訴訟）と逸出財産の返還（給付訴訟）を併せて請求する併合の訴え（いわゆる訴えの客観的併合）が認められていた（大連判明治44年3月24日民録17輯117頁等）。新法はこの見解を明文化するものである。

イ 請求内容

　旧法では，逸出財産の返還の方法として，現物返還と価額償還のいずれの請求をすることができるかについて特段の規定は設けられていない。この点について判例（大判昭和7年9月15日大民集11巻1841頁等）は，原則として現物返還を請求し，現物返還が困難であるときは価額償還を請求することができる旨を判示している。新法では，この判例法理を明文化する規定が新設されている（民法第424条の6第1項後段・第2項後段）。

【旧】	【新】
（新設）	**（財産の返還又は価額の償還の請求）** **第424条の6**　債権者は，受益者に対する詐害行為取消請求において，債務者がした行為の取消しとともに，その行為によって受益者に移転した財産の返還を請求することができる。受益者がその財産の返還をすることが困難であるときは，

104　第3編　債　権

	債権者は，その価額の償還を請求することができる。 2　債権者は，転得者に対する詐害行為取消請求において，債務者がした行為の取消しとともに，転得者が転得した財産の返還を請求することができる。転得者がその財産の返還をすることが困難であるときは，債権者は，その価額の償還を請求することができる。

ウ　被告適格

　詐害行為取消訴訟の被告について，判例（大連判明治44年3月24日民録17輯117頁等）は受益者又は転得者のみを被告とすべきであるという見解（債務者の被告適格を否定する見解）を判示している。新法では，この判例法理を明文化した上で，債務者に対する訴訟告知を取消債権者に義務付ける規定が新設されている（新法第424条の7）。すなわち，中間試案の本文で示されていた「受益者又は転得者と債務者の双方を共同被告としなければならない」という案は斥けられている。その理由は以下のとおりである。

①　債務者を共同被告とする場合の併合形態は固有必要的共同訴訟であるから，債務者が行方不明であったり法人である債務者の代表者が欠けていたりする場合には公示送達や特別代理人の選任が必要となり，あるいは債務者が死亡した場合には訴訟手続が中断するなど，円滑な訴訟の進行が害されるおそれがある。

②　詐害行為取消訴訟の紛争の実態は限りある責任財産の奪い合いであり，債務者は詐害行為取消訴訟について実際上の利害関係を失っている（訴訟の帰すうに対する関心を失っている）ことが多いため，債務者を被告とすることを強制する必要性は乏しい場合が多く，手続保障としては債務者への訴訟告知がなされれば足りる。

③　上記のとおり多くの債務者は詐害行為取消訴訟を積極的に追行する意欲に乏しいと考えられるから，債務者を被告とするとむしろ和

解等による柔軟な紛争解決の妨げとなる可能性がある。

【旧】	【新】
（新設）	**（被告及び訴訟告知）** **第424条の7**　詐害行為取消請求に係る訴えについては，次の各号に掲げる区分に応じ，それぞれ当該各号に定める者を被告とする。 　一　受益者に対する詐害行為取消請求に係る訴え　受益者 　二　転得者に対する詐害行為取消請求に係る訴え　その詐害行為取消請求の相手方である転得者 2　債権者は，詐害行為取消請求に係る訴えを提起したときは，遅滞なく，債務者に対し，訴訟告知をしなければならない。

(4)　直接の引渡し等

　逸出財産の返還請求が金銭の支払又は動産の引渡しを求めるものである場合に関する新法の内容は以下のとおりである。

ア　取消債権者の直接引渡請求権

　逸出財産の返還請求が金銭の支払又は動産の引渡しを求めるものであるときは，取消債権者はその支払又は引渡しを自己に対してするよう求めることができる旨の規定が新設される（新法第424条の9第1項前段・第2項）。これは，判例（最判昭和39年1月23日民集18巻1号76頁等）の見解を明文化するものである。

イ　受益者・転得者の地位

　受益者又は転得者は，取消債権者に対して直接の支払又は引渡しをしたときは，債務者に対してその支払又は引渡しをする義務を免れる旨の規定が新設される（新法第424条の9第1項後段・第2項）。これは，詐害行為取消しの効果を債務者にも及ぼす場合における債務者の受益者又は転得者に対する債権と，取消債権者による直接の引渡請求との関係を整

106 第3編 債 権

理する趣旨の規定である。すなわち，詐害行為を取り消す旨の判決が確
定すると債務者は自ら受益者又は転得者に対して債権（逸出財産の返還
を請求する債権等）を取得することを前提として，受益者又は転得者が
取消債権者に対して直接の支払又は引渡しをしたときは，債務者との関
係においても義務を免れることとしたのである。

【旧】	【新】
（新設）	**（債権者への支払又は引渡し）** **第424条の９** 債権者は，第424条の６第１項前段又は第２項前段の規定により受益者又は転得者に対して財産の返還を請求する場合において，その返還の請求が金銭の支払又は動産の引渡しを求めるものであるときは，受益者に対してその支払又は引渡しを，転得者に対してその引渡しを，自己に対してすることを求めることができる。この場合において，受益者又は転得者は，債権者に対してその支払又は引渡しをしたときは，債務者に対してその支払又は引渡しをすることを要しない。 ２ 債権者が第424条の６第１項後段又は第２項後段の規定により受益者又は転得者に対して価額の償還を請求する場合についても，前項と同様とする。

ウ 取消債権者による相殺の可否

中間試案では，取消債権者は直接の支払を受けた金銭を債務者に対し
て返還する債務と債務者に対する金銭債権とを相殺することができない
旨の規律を設けることとされていたが，新法では明文の規定を置くこと
が見送られている。この問題は，引き続き実務の運用や解釈等に委ねら
れる。

改正を見送った理由は以下のとおりである。

① 相殺による事実上の債権回収機能を否定すると，実務上相当の手
間をかけて行われる詐害行為取消権を行使するインセンティブが失

われ，ひいては詐害行為に対する抑止力としての詐害行為取消権の機能をも失わせることになる。

② 取消債権者による相殺を禁止し，債務者の取消債権者に対する返還債権を目的とする債権執行を要求したとしても，他の債権者が転付命令前に執行手続に参加することは実際上想定しにくく，取消債権者の手続的な負担が増えるだけとなる可能性もある。

③ 債務者は取消債権者からの訴訟告知を受けて被保全債権の存在や債務者の無資力等について争う機会を与えられ，他の債権者も詐害行為取消権を行使する機会が等しく与えられており，受益者にとっても詐害行為取消権の要件が明確にされ，適切に限定されるのであれば著しく保護に欠けるとまではいえない。

④ 仮に相殺禁止に関する明文の規定を置かないとしても，相殺権濫用の法理などによって相殺が制限されることも考えられ，とりわけ個別の事案における債権者平等の観点からそのような判断がされることは十分にあり得る（弁済の取消しに関する事案など）。

⑸ **詐害行為の取消しの効果**

旧法第425条は，詐害行為の取消しは全ての債権者（詐害行為の時又は判決確定の時より後に債権者となった者も含まれる。）の利益のためにその効力を生ずる旨を定めるのみで，債務者にもその効力が及ぶかについては特段の規律を定めていない。そのため，この点について疑義を生じ，判例（大連判明治44年3月24日民録17輯117頁等）によれば，詐害行為取消しの効果は債務者には及ばないものとされていた。これに対して新法では，詐害行為取消請求を認容する確定判決は，債務者及びその全ての債権者に対してもその効力を有する旨の規定に改められている（新法第425条）。その理由は，以下のとおりである。

第一に，次のような従来の実務の取扱いは，詐害行為取消しの効果が債務者には及ばないことと整合しない。

① 逸出財産が不動産である場合には，詐害行為取消しによって債務者の登記名義が申請により回復され，債務者の責任財産として強制執行の対

象になるとされている。

② 詐害行為取消権を保全するための仮処分における仮処分解放金（供託金）の還付請求権は，債務者に帰属するとされている（民事保全法第65条参照）。

③ 受益者に対する債務消滅行為が取り消された場合には，一旦消滅した受益者の債務者に対する債権が回復するとされている（大判昭和16年2月10日大民集20巻79頁）。

第二に，詐害行為取消権を行使された受益者は，詐害行為取消権の行使の結果として逸出財産を債務者に返還する義務を負うにもかかわらず，その逸出財産の返還を完了したとしても，詐害行為取消しの効果が債務者には及ばないために，その逸出財産を取得するためにした反対給付の返還等を債務者に請求することができないとされている。このことは，詐害行為取消しの効果が債務者には及ばないことと整合はするが，その結論の妥当性に疑問があ

【図表3-11】転得者の債務者に対する反対給付返還請求権

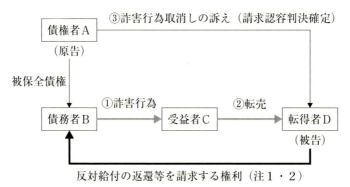

(注1) ①の詐害行為が時価5,000万円の不動産の不当廉売である場合において，CがBに支払った売買代金が3,000万円，DがCに支払った転売代金が4,000万円であったとすると，DがBに対して返還を請求することができる金額は3,000万円である。

(注2) Dは，Bに対する反対給付返還請求権等を行使する前に，財産の返還又は価額の償還を履行する義務を負うか否か（Dに同時履行の抗弁権が認められるか否か）については議論の余地がある（潮見・概要82・84頁）。

第3章 詐害行為取消権　　*109*

る。ちなみに，破産法においては，否認権を行使された受益者は，逸出財産を取得するためにした反対給付の返還又は価額償還を請求することができるとされている（破産法第168条）。

　なお，詐害行為取消判決の効力を債務者に拡張することは判決に対世的効力まで付与するものではないから，転得者を被告とする詐害行為取消判決の効力は受益者には及ばない（民事訴訟法第115条第1項）。このことを前提として，新法では判決に従って逸出財産の返還を行った転得者が「債務者」に対して反対給付の返還等を請求することが認められている（新法第425条の2）。

【旧】	【新】
（詐害行為の取消しの効果） **第425条**　前条の規定による取消しは，すべての債権者の利益のためにその効力を生ずる。 （新設）	**（認容判決の効力が及ぶ者の範囲）** **第425条**　詐害行為取消請求を認容する確定判決は，債務者及びその全ての債権者に対してもその効力を有する。 **（債務者の受けた反対給付に関する受益者の権利）** **第425条の2**　債務者がした財産の処分に関する行為（債務の消滅に関する行為を除く。）が取り消されたときは，受益者は，債務者に対し，その財産を取得するためにした反対給付の返還を請求することができる。債務者がその反対給付の返還をすることが困難であるときは，受益者は，その価額の償還を請求することができる。

(6)　逸出財産の返還の方法等

　財産の逸出について登記がされている場合における逸出財産の返還の方法について，中間試案では従来の裁判実務及び登記実務の取扱いを採り入れ，当該登記の抹消登記手続又は債務者を登記権利者とする移転登記手続をする方法によって行うという案が提示されていた（中間試案第15-8(1)ア）。

　しかし，あえてこのような細かな規定を民法に設ける必要はない旨の指摘があったことや，民法上の他の制度との関係における規律の密度や詳細さのバランス等をも考慮し，新法では逸出財産の具体的な返還方法に関する規律

110　第3編　債権

について明文の規定を設けることは見送り，実務の運用や解釈等に委ねることとしている。

(7) **詐害行為取消権の期間の制限**

詐害行為取消権の期間の制限（新法第426条）については，以下の3点が改正される。

ア　期間の短縮

旧法は短期2年・長期20年の制限を設けているが，新法は短期2年・長期10年として長期の短縮を図っている。詐害行為取消権を行使するには詐害行為時から詐害行為取消権の行使時（詐害行為取消訴訟の口頭弁論終結時）まで債務者の無資力状態が継続することを要するとされているから，20年もの長期間にわたって債務者の行為や財産状態を放置したまま推移させた債権者に詐害行為取消権を行使させる必要性は乏しいというのがその理由である（中間試案（概要付き）第15-14）。

イ　期間の起算点

旧法は短期2年の起算点を「債権者が取消しの原因を知った時」としているのに対して，新法は「債務者が債権者を害することを知って行為をしたことを債権者が知った時」に変更している。これは，詐害行為の客観的事実を債権者が知った時から起算すべきではないという判例（最判昭和47年4月13日集民105号561頁）の法理を明文化したものである。

ウ　期間制限の法的性質

旧法は期間制限の性質について消滅時効であると明記しているが，新法はこれを除斥期間ないし出訴期間に改めている。これにより，時効の完成猶予及び時効の更新に関する規定は適用されなくなる（中間試案（概要付き）第15-14）。

【旧】	【新】
	第4目　詐害行為取消権の期間の制限
（詐害行為取消権の期間の制限） 第426条　第424条の規定による取消権は，債権者が取消しの原因を知った時から2	第426条　詐害行為取消請求に係る訴えは，債務者が債権者を害することを知っ

年間行使しないときは，時効によって消滅する。行為の時から20年を経過したときも，同様とする。	て行為をしたことを債権者が知った時から２年を経過したときは，提起することができない。行為の時から10年を経過したときも，同様とする。

112 第3編 債 権

Q20 詐害行為取消訴訟の判決効と不動産登記実務

詐害行為取消しの訴えを提起した取消債権者に対して債務者への訴訟告知を義務付け，詐害行為取消しの効力を債務者にも及ぼす旨の改正が実現した場合には，不動産登記の実務はどのような影響を受けると予想されるか。

Answer

(1) 予想される影響

逸出財産が不動産である場合において，詐害行為取消判決（請求認容判決）が確定したときは，既判力を受ける債務者が当該判決の正本を利用して，債務者から受益者若しくは転得者への所有権移転登記の抹消又は受益者若しくは転得者から債務者への所有権移転登記を，単独で，申請することができるようになる可能性がある。

(2) 現在の実務

従来の判例は，詐害行為取消判決の効力について債権者と受益者又は転得者との間で相対的に生ずるにすぎないという見解（折衷説）を採っていた。この立場によれば，詐害行為取消訴訟において取消債権者が返還を求めていた逸出財産が不動産である場合において，勝訴した債権者が何らかの事情により債務者の登記名義を実現する代位登記の単独申請（不動産登記法第59条7号・第63条1項）を行わないとき，債務者が当該判決を利用して自ら登記の申請をすることはできないこととなる。これが従来の登記実務の取扱いである（新井克美『判決による不動産登記の理論と実務』（テイハン，2009）132頁）。

しかし，債務者に対する訴訟告知を取消債権者に義務付けて，債務者にも判決の効力を及ぼすのであれば，従来の取扱いの根拠は失われることになるであろう。したがって，債務者が取消判決を利用して自ら登記名義を実現することは可能となる公算が大きいものと思われる。

ちなみに，債権者代位の場合，代位債権者が第三債務者を被告として提起した登記手続請求訴訟で請求認容判決が確定したときは，代位された債務者

もその判決を利用して自己の登記名義を実現することができると解されている。なぜなら，債権者代位訴訟における債務者は民事訴訟法第115条第1項第2号の「他人」に当たるからである。

⑶ **司法書士の業務への影響**

債務者自ら単独で登記手続ができるということは，回復した登記名義を利用して詐害行為を繰り返すことができるということを意味するから，債権者にとっては警戒すべきことである。したがって，詐害行為取消訴訟の提起を予定している債権者などから相談を受けた司法書士は，勝訴後は速やかに登記手続及び強制執行手続に着手するよう注意を促すべきものと思われる。

Q21 濫用的会社分割と詐害行為取消権

詐害行為取消権に関する民法の改正は、いわゆる濫用的会社分割と詐害行為取消権に関する判例理論及び商業登記実務にどのような影響を及ぼすと予想されるか。また、平成26年改正会社法が導入した「詐害的な会社分割における残存債権者保護制度」と民法の詐害行為取消権との関係はどうなるか。

Answer

(1) 濫用的会社分割の意義

濫用的会社分割とは、債務超過に陥った企業が、吸収分割承継会社又は新設分割設立会社に債務の履行を請求することができる債権者と請求することができない債権者（残存債権者）とを恣意的に選別した上で、承継会社・設立会社に優良事業や資産を承継させるなどして、残存債権者を不当に害する会社分割をいう（北村雅史「濫用的会社分割と詐害行為取消権（上）」商事法務1990号4頁）。これは、いわゆる物的分割において残存債権者は債権者保護

【図表3－12】濫用的会社分割と残存債権者

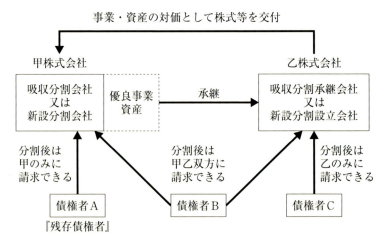

手続の対象とならないこと（会社法第789条第1項第2号，第810条第1項第2号）を悪用し，事実上残存債権者からの追及を免れてしまうという方法である（「会社分割の詐害行為取消しを認めた最高裁判決の意義」商事法務1980号66頁）。

(2) **判例理論**

濫用的新設分割が行われた事案について，判例（最判平成24年10月12日民集66巻10号3311頁）は，新設分割会社の残存債権者が詐害行為取消権を行使して会社分割を取り消すことを認めた。判旨の要点は以下のとおりである。

① 新設分割が詐害行為取消権行使の対象となるか否かを新設分割の法的性質論（財産権を目的とする法律行為か，会社の設立を目的とする組織上の行為か）から導くのではなく，新設分割に関する諸規定の内容（新設分割が詐害行為取消権行使の対象となることを否定する明文の規定がないこと，債権者保護手続の対象とならない債権者の保護が不十分あること等）を検討して判断すべきある。

② 詐害行為取消しの効力は，取消債権者の債権の保全に必要な範囲で，設立会社への財産の承継を否定して分割会社に返還させることにとどまり，新設分割による会社の設立の効力には何ら影響を及ぼすものではない。したがって，取消権の行使を認めたとしても新設分割無効の訴えの制度（会社法第828条第1項第10号，第834条第10号，第838条，第839条）を定めた法の趣旨に反することにはならない。

③ 詐害行為取消権を行使することができる債権者は，その債権に係る債務について設立会社に請求することができず，かつ，債権者保護手続の対象ともならない者（物的分割における残存債権者）である。

(3) **現在の登記実務**

濫用的新設分割に伴って分割会社所有の不動産が設立会社に承継され所有権移転登記がなされた後，残存債権者の詐害行為取消権行使により新設分割が取り消された場合，不動産登記については上記所有権移転登記の抹消又は設立会社から分割会社への所有権移転登記が申請により行われる。

これに対して，商業登記の手続は行われない。なぜなら，詐害行為取消権の行使は新設分割による株式会社の設立に何ら影響を及ぼさないからである。

116 第3編 債 権

この点，新設分割無効の訴えにおいて請求認容判決が確定した場合には，裁判所書記官の嘱託により，分割会社についての変更登記及び設立会社についての解散登記がなされるのと異なる（会社法第937条第3項第5号）。

⑷ **民法改正の影響**

詐害行為取消権に関する改正の内容のうち上記判例との関係で最も問題となり得るのは，債務者に対する訴訟告知を義務付け，債務者にも詐害行為取消判決の効力を及ぼすこととした部分である。

では，この新法の下において，新設分割が取り消されたときは，判決の効力が分割会社・設立会社双方に及んでいることを根拠として，商業登記についても新設分割無効の訴えに準じた嘱託による登記が行われることとなるのであろうか。

結論からいえば，その可能性は低いと思われる。なぜなら，登記の嘱託を定めた会社法第937条は会社の組織に関する訴えの請求認容判決について法律関係の画一的処理の観点から対世的効力が与えられていること（会社法第838条）を前提としているところ，前記改正は詐害行為取消判決に対世的効力まで与えようとする趣旨ではなく，あくまでも原告・被告間での相対的判決効（民事訴訟法第115条第1項）の拡張として，債務者に取消判決の効力を及ぼすことを目指すものだからである。したがって，「詐害行為取消権の行使は新設分割による株式会社の設立に何ら影響を及ぼさない」という判例理論（前記⑵②）が変更されない限り，たとえ分割会社に詐害行為取消判決の効力が及んだとしても，商業登記に関する従前の取扱いは変わらないものと思われる。

⑸ **改正会社法との関係**

会社法の一部を改正する法律（平成26年6月27日法律第90号）は，詐害的な会社分割等における債権者の保護制度を導入した。この制度を規定した改正会社法第759条，第761条，第764条，第766条（各条の第4項〜第7項）の内容を要約すると次のようになる。

① 吸収分割会社又は新設分割会社（以下「分割会社」という。）が吸収分割承継会社又は新設分割設立会社（以下「承継会社等」という。）に承継

されない債務の債権者（以下「残存債権者」という。）を害することを知って会社分割をした場合には，残存債権者は，承継会社等に対して，承継した財産の価額を限度として，当該債務の履行を請求することができる。ただし，吸収分割の場合であって，吸収分割承継会社が吸収分割の効力が生じた時において残存債権者を害すべき事実を知らなかったときは，この限りでない。

② 上記①の規定は，株式会社である分割会社が吸収分割の効力が生ずる日又は新設分割設立会社の成立の日に全部取得条項付種類株式の取得又は剰余金の配当（取得対価又は配当財産が承継会社等の株式又は持分のみであるものに限る。）をする場合（会社法第758条第8号等）には，適用しない。

③ 上記①の債務を履行する責任は，分割会社が残存債権者を害することを知って会社分割をしたことを知った時から2年以内に請求又は請求の予告をしない残存債権者に対しては，その期間を経過した時に消滅する。会社分割の効力が生じた日から20年を経過したときも，同様とする。

(注) 長期の期間制限については，整備法第46条により20年から10年に短縮された（➡**Q77(6)イ**（注）参照）。

④ 分割会社について破産手続開始の決定，再生手続開始の決定又は更生手続開始の決定がされたときは，残存債権者は，承継会社等に対して第4項の規定による請求をする権利を行使することができない。

前記平成24年10月12日最高裁判例は，濫用的新設分割に対する詐害行為取消権の行使を認める根拠の一つとして残存債権者の保護が会社法上不十分であることを挙げている（前記(2)①）。そのため，新たな保護制度が会社法に導入されたことに伴い残存債権者による詐害行為取消権の行使は認められなくなる可能性がある旨の指摘がされている。

これに対して，改正会社法の保護制度は他の制度と比較して必ずしも十分とはいえないことを理由に，引き続き詐害行為取消権の行使を認めるべきであるという見解も主張されている（北村雅史「濫用的会社分割と詐害行為取消権（下）」商事法務1991号14頁）。

新しい残存債権者保護制度と他の制度との主要な相違点は以下のとおりで

ある。

ア　会社分割における債権者保護手続の対象となる債権者との比較

新しい保護制度における残存債権者は会社分割に対して異議を述べることができず，会社分割無効の訴えの原告適格も認められない。

イ　分割会社及び承継会社等の双方に請求できる債権者との比較

債権者保護手続の対象とならない点においては両者共通しているが，①残存債権者が承継会社・設立会社に請求することができるのは分割会社が残存債権者を害することを知って会社分割をした場合に限られる点，及び，②承継財産の価額が限度とされる点において，残存債権者の保護は弱くなっている。

ウ　詐害行為取消権による保護との比較

訴えによらずに承継会社・設立会社に請求することができる点においては残存債権者保護制度の方が行使しやすいというメリットがあるが，①分割会社について倒産処理手続が開始した場合には一律に請求できなくなる点，及び，②承継財産の現物返還を請求することができない点は，デメリットである（破産管財人による詐害行為取消訴訟の承継に関する破産法第45条参照）。

第４章　多数当事者の債権及び債務（保証債務を除く。）　*119*

第**4**章　多数当事者の債権及び債務（保証債務を除く。）

Q22　不可分債権に関する担保権設定

　　ＡとＢがＣに対し，100万円を貸し付け，当該債権を不可分債権とする旨の合意がなされた。また，Ｃが所有する甲土地を目的として当該不可分債権を被担保債権とする抵当権を設定する旨の契約が締結された。このようなケースにおいて，関係当事者全員から抵当権設定の登記申請手続の依頼を受けた司法書士は，どのような点に留意すべききか。

Answer

　新法第428条では，旧法第428条が認めていた当事者の意思表示による不可分債権の発生を認めていないことから，本事例におけるＡとＢのＣに対する債権は不可分債権としての効力を生じない。そのため，このようなケースにおいて，抵当権設定の登記申請手続の依頼を受けた司法書士は，不可分債権として登記ができないことを説明すべきであろう。

　なお，このようなケースでは，複数の債権者がそれぞれ別の抵当権を設定し登記をする方法や，新法第432条によって認められている連帯債権とする旨の合意をした上で，当該連帯債権を被担保債権とする抵当権を設定し登記をする方法があると思われる。

　（➡新法第432条につきQ25参照）

【旧】	【新】
（不可分債権）	（不可分債権）
第428条　債権の目的がその性質上又は当事者の意思表示によって不可分である場	**第428条**　次款（連帯債権）の規定（第433条及び第435条の規定を除く。）は，債権

合において，数人の債権者があるときは，各債権者はすべての債権者のために履行を請求し，債務者はすべての債権者のために各債権者に対して履行をすることができる。

の目的がその性質上不可分である場合において，数人の債権者があるときについて準用する。

連帯債権と不可分債権とを区別する基準と経過措置

意思表示によって生ずる不可分債権の概念は削除されることにより，連帯債権と不可分債権とは，債権の内容が性質上可分であるか不可分であるかによって区別されることとなる。

なお，施行日前に生じた旧法第428条に規定する不可分債権（その原因である法律行為が施行日前にされたものを含む。）については，なお従前の例によるとする経過措置が設けられている（附則第20条第1項）。

第4章 多数当事者の債権及び債務（保証債務を除く。）　*121*

Q 23 不可分債権に関する担保権と弁済

　ＡとＢがＣに対し，時価100万円の自動車の引渡しを求める不可分債権（ＡとＢの権利割合は各2分の1，不可分債権の発生原因は自動車の売買）を有しており，これを被担保債権として，Ｃが所有する甲土地を目的として順位1番の抵当権の設定登記がなされている。Ｃが，Ａに対して，自動車を引き渡した場合，関係当事者全員から抵当権に関する登記申請手続の依頼を受けた司法書士は，どのような登記申請手続をすべきか。

Answer

　1番抵当権を共有するＡ，Ｂが不可分債権者である場合，債務者は債権者の一人であるＡに対して債権の全部を弁済することができる（新法第428条，第432条）。そして，不可分債権の弁済には，絶対効があることから（新法第428条・第432条），1番抵当権の被担保債権はＢとの関係においても消滅し，附従性により1番抵当権は消滅する。民法第428条から「債務者はすべての債権者のために各債権者に対して履行をすることができる」の文言が消えているが，新法第428条が準用する新法第432条に同一の文言が存在するため，改正により結論は異ならない。

　したがって，関係当事者全員から抵当権に関する登記申請手続の依頼を受けた司法書士は，登記の目的を「1番抵当権抹消」，登記原因を「平成○年○月○日弁済」として，抵当権を抹消する登記申請手続をとるべきであろう。

122 第3編 債 権

【書式例3‐1】 弁済を登記原因とする抵当権の抹消の登記の登記原因証明情報

登記原因証明情報

1 登記申請情報の要項
　(1) 登記の目的　　1番抵当権抹消
　(2) 登記の原因　　平成○年○月○日弁済
　(3) 当　事　者　　権利者　（住所省略）　C
　　　　　　　　　　義務者　（住所省略）　A
　　　　　　　　　　　　　　（住所省略）　B
　(4) 不動産の表示　　（省略）

2 登記の原因となる事実又は法律行為
　(1) A及びBは，平成○年○月○日，Cとの間で，平成○年○月○日付売買
　　　契約に基づく自動車の引渡しを求める不可分債権を担保するため，本件不
　　　動産上に抵当権を設定した（平成○年○月○日○法務局○出張所受付第○
　　　○○号登記済）。
　(2) Aは，平成○年○月○日，Cから，上記(1)の売買契約に基づき自動車の
　　　引渡しを受けた。
　(3) よって，同日，本件抵当権は消滅した。

平成○年○月○日　○法務局○出張所　御中

上記登記原因のとおり相違ありません。

　　　　　　　　　　　　　　　　　　権利者　（住所省略）　C　㊞
　　　　　　　　　　　　　　　　　　義務者　（住所省略）　A　㊞
　　　　　　　　　　　　　　　　　　　　　　（住所省略）　B　㊞

第４章　多数当事者の債権及び債務（保証債務を除く。）　*123*

Q 24

不可分債権に関する担保権と債務免除

ＡとＢがＣに対し，時価100万円の自動車の引渡しを求める不可分債権（ＡとＢの権利割合は各２分の１，不可分債権の発生原因は自動車の売買）を有しており，これを被担保債権として，Ｃが所有する甲土地を目的として順位１番の抵当権の設定登記がなされている。Ａが，Ｃに対して，自己の債権を全て放棄した場合，関係当事者全員から抵当権に関する登記申請手続の依頼を受けた司法書士は，どのような登記申請手続をすべきか。

Answer

次の要領で「１番抵当権Ａ持分移転」の登記を申請すべきである。

登記申請情報

登記の目的　　　１番抵当権Ａ持分移転
原　　　因　　　平成○年○月○日債権持分放棄
権　利　者　　　（住所省略）　Ｂ
義　務　者　　　（住所省略）　Ａ

（以下省略）

　債権持分の放棄は，債務の免除（民法第519条）を意味するが，不可分債権者の一人が債権を放棄すれば，放棄者の有する債権は消滅し，債務者は放棄者に対する履行を免れる。そして，新法第429条によれば，不可分債権者の一人との間で免除がなされた場合，旧法第429条と同様に，相対的効力しか生じない。そのため，本事例におけるＡは債権を失うが，Ｂは債務者Ｃに対して依然として全部の履行の請求をすることができる。つまり，Ｂは従来の債権額で従来の抵当権を保有することとなる。

　このようなケースにおいては，放棄を行った不可分債権者の抵当権の持分を他の不可分債権者に移転する登記を申請することとなる。

124　第3編　債　権

　登記申請に当たっては，抵当権の共有登記名義を失うAを登記義務者，単独登記名義人となる他の共有者Bを登記権利者として，登記の目的を「1番抵当権A持分移転」，登記原因を，Aが債権持分を放棄した日を原因日付として，「平成〇年〇月〇日債権持分放棄」と記載すべきであろう。

　登録免許税は，債権額に持分割合を乗じて課税価格を算出し（登録免許税法第10条第3項），それを課税標準とし，1,000分の2を乗じて税額を算定する（登録免許税法別表第1，1，㈥，ロ）。

　なお，Bは債務者Cに対して依然として全部の履行の請求をすることができるのであるから，債権額を減少する変更登記を申請する必要はない（➡Q30参照）。

【旧】	【新】
（不可分債権者の一人について生じた事由等の効力）	（不可分債権者の一人との間の更改又は免除）
第429条　不可分債権者の一人と債務者との間に更改又は免除があった場合においても，他の不可分債権者は，債務の全部の履行を請求することができる。この場合においては，その一人の不可分債権者がその権利を失わなければ分与される利益を債務者に償還しなければならない。 2　前項に規定する場合のほか，不可分債権者の一人の行為又は一人について生じた事由は，他の不可分債権者に対してその効力を生じない。	第429条　不可分債権者の一人と債務者との間に更改又は免除があった場合においても，他の不可分債権者は，債務の全部の履行を請求することができる。この場合においては，その一人の不可分債権者がその権利を失わなければ分与されるべき利益を債務者に償還しなければならない。

【書式例3‐2】債権持分放棄を登記原因とする抵当権の一部移転の登記の登記原因証明情報

登記原因証明情報

1　登記申請情報の要項
　(1) 登記の目的　　1番抵当権A持分移転
　(2) 登記の原因　　平成〇年〇月〇日債権持分放棄

第4章　多数当事者の債権及び債務（保証債務を除く。）　*125*

　　(3)　当　事　者　　権利者　（住所省略）　B
　　　　　　　　　　　　義務者　（住所省略）　A
　　(4)　不動産の表示　　（省略）

2　登記の原因となる事実又は法律行為
　　(1)　A及びBは，平成○年○月○日，Cとの間で，平成○年○月○日付売買
　　　契約に基づく自動車の引渡しを求める不可分債権を担保するため，本件不
　　　動産上に抵当権を設定した（平成○年○月○日○法務局○出張所受付第○
　　　○○号登記済）。
　　(2)　Aは，平成○年○月○日，Cに対し，上記(1)の売買契約基づく自動車の
　　　引渡債権を放棄する意思表示をした。
　　(3)　よって，同日，Aの抵当権の持分は，他の共有者Bに移転した。

平成○年○月○日　○法務局○出張所　御中

上記登記原因のとおり相違ありません。

　　　　　　　　　　　　　　　　　　　権利者　　（住所省略）　B　㊞
　　　　　　　　　　　　　　　　　　　義務者　　（住所省略）　A　㊞

不可分債権の絶対効と相対効

コラム

　　旧法第429条第2項が削除されているが，新法第428条におい
て準用されている連帯債権の規定である第435条の2が，相対的
効力の原則を定めているため，第429条の規律内容は全体として
維持されている。すなわち，更改，免除以外の事由も相対効であり，絶対
効が生ずるのは履行の請求，履行及び相殺のみとなる。もっとも，不可分
債権が成立するのは「債権の目的がその性質上不可分である場合」に限定
されたことから，相殺が問題となる可能性は低い。

126　第３編　債　権

Q 25 連帯債権に関する担保権設定

　ＡとＢがＣに対し１００万円の連帯債権（連帯債権の発生原因は金銭消費貸借契約）を有している場合において，ＡとＢがＣとの間で，Ｃが所有する甲土地を目的として当該連帯債権を被担保債権とする抵当権を設定する契約を締結した。なお，抵当権の持分に関する約定はない。関係当事者全員から抵当権設定の登記申請手続の依頼を受けた司法書士は，どのような登記申請手続をすべきか。

Answer

次の要領で「抵当権設定」の登記を申請すべきである。

```
                    登記申請情報


    登記の目的    抵当権設定
    原    因    平成○年○月○日金銭消費貸借同日設定
    債 権 額    金100万円
    債 務 者    （住所省略）　Ｃ
    抵当権者     （住所省略）　持分２分の１　　Ａ
                （住所省略）　　　　２分の１　　Ｂ
    設 定 者    （住所省略）　Ｃ
                                            （以下省略）
```

　複数の債権者が１個の抵当権を取得できるか否かが問題となるが，複数の債権者が“それぞれ有する複数の債権”を被担保債権として，１個の抵当権を設定することは，附従性の観点から問題があり，登記先例により否定されているのに対し（昭和35年12月27日民事甲3280号通達），複数の債権者が“共有する１個の債権”を被担保債権として，１個の抵当権を設定することは許される。債権者が複数名であっても，１個の債権を共有しているのであれば，自己が債権を有しない部分について抵当権を取得することにはならず，附従

第４章　多数当事者の債権及び債務（保証債務を除く。）　*127*

性に反しないからである。

　本事例で被担保債権としているのはＡとＢが共有する連帯債権１個であり，新法第432条が当事者の意思表示による連帯債権の成立を認める以上，複数の債権者が"共有する１個の債権"を被担保債権として１個の抵当権を設定する場合として，抵当権は実体上有効に成立するものと思われる。

　登記申請に当たっては，ＡとＢが有する被担保債権を，それぞれ特定するための記号による書き分け（例：債権額　金100万円　内訳㈎金50万円㈑金50万円）は不要であろう。ＡとＢのＣに対する債権はＡとＢが共有する連帯債権であり，その内容は同一であるため，記号による書き分けを要しない例外となるはずだからである。

　これに対し，抵当権の登記名義人が二人以上となるため，登記名義人ごとの持分の登記が必要となる（不動産登記法第59条第４号）。設定契約に持分に関する約定がない場合は，持分を均等として登記すればよいが（民法第250条），抵当権の準共有の持分については，債権額の割合をもって表示しても差し支えないとされている（昭和35年３月31日民事甲712号通達）。

【旧】	【新】
（新設）	**（連帯債権者による履行の請求等）** **第432条**　債権の目的がその性質上可分である場合において，法令の規定又は当事者の意思表示によって数人が連帯して債権を有するときは，各債権者は，全ての債権者のために全部又は一部の履行を請求することができ，債務者は，全ての債権者のために各債権者に対して履行をすることができる。

128 第3編 債 権

【書式例3‐3】抵当権の設定の登記の登記原因証明情報

登記原因証明情報

1 登記申請情報の要項
　(1) 登 記 の 目 的　　抵当権設定
　(2) 登 記 の 原 因　　平成○年○月○日金銭消費貸借同日設定
　(3) 債 権 額　　金100万円
　(4) 債 務 者　　（住所省略）　C
　(5) 当 事 者　　抵当権者　（住所省略）　A
　　　　　　　　　　　　　　　　　（住所省略）　B
　　　　　　　　　　設 定 者　（住所省略）　C
　(6) 不動産の表示　　（省略）

2 登記の原因となる事実又は法律行為
　(1) A及びBは，Cとの間で，平成○年○月○日，下記のとおり，金銭消費貸借契約を締結し，A及びBは，Cに対し本契約に基づき金銭を貸し渡した。
　　　　　　　　　　　　　　記
　　　原 因　　平成○年○月○日金銭消費貸借
　　　債 権 額　　金100万円
　　　債 務 者　　（住所省略）　C
　　　債 権 者　　（住所省略）　A
　　　　　　　　　　（住所省略）　B
　(2) A及びB並びにCは，上記(1)の消費貸借契約を締結する際，契約により発生する貸金債権を連帯債権とする旨合意した。
　(3) A及びBは，同日，Cとの間で，下記の通り，上記(1)の金銭消費貸借契約により発生したA及びBのCに対する貸金債権を被担保債権とする抵当権を，本件不動産に設定する旨を約した。
　　　　　　　　　　　　　　記
　　　原 因　　平成○年○月○日金銭消費貸借同日設定
　　　債 権 額　　金100万円
　　　債 務 者　　（住所省略）　C
　　　抵 当 権 者　　（住所省略）　持分2分の1　A
　　　　　　　　　　（住所省略）　持分2分の1　B
　　　設 定 者　　（住所省略）　C
　　　不動産の表示　　（省略）

平成○年○月○日　○法務局○出張所　御中

上記登記原因のとおり相違ありません。

抵当権者　（住所省略）　A　㊞

（住所省略）　B　㊞

設 定 者　（住所省略）　C　㊞

新設された連帯債権とは

コラム

　新法第432条以下では，旧法に規定のない連帯債権について規律が設けられている。

　連帯債権とは，複数の債権者が，債務者に対し，同一の可分給付について有する債権であって，各債権者はそれぞれ独立して全部の給付を請求する権利を有し，そのうちの一人の債権者がその給付を受領すれば全ての債権者の債権が消滅するものをいうとされ（部会資料67B第1-3），連帯債務の定義と同様のものとなっている。

　新法第432条により，連帯債権については「法令の規定」による成立のほか，「当事者の意思表示」による成立が認められた。

　なお，新法第432条から第435条の2までの規定は，施行日前に生じた新法第432条に規定する債権（その原因である法律行為が施行日前にされたものを含む。）については適用しないとする経過措置が設けられている（附則第20条第3項）。

130 第３編 債 権

Q26 連帯債権に関する担保権と被担保債権の譲渡

　　ＡとＢの，Ｃに対する１００万円の連帯債権（連帯債権の発生原因は
金銭消費貸借契約）を被担保債権として，Ｃが所有する甲土地を目的
として抵当権の設定登記がなされている。Ａが，Ｄに対して，自己の
債権持分を全て譲渡した場合，抵当権に関する登記申請手続の依頼を
受けた司法書士は，どのような点に留意すべきか。

Answer

　連帯債権者の一人が自己の債権持分についてのみ譲渡することができるか
否かが問題となるが，債権持分は他の持分の制約を受けつつも独立した財産
権といえることから，連帯債権者の一人が自己の債権持分についてのみ譲渡
することも可能であると考えられる。

　したがって，ＡがＤに対して，自己の債権持分を全て譲渡した場合，債権
譲渡の効力が生じ，随伴性により抵当権についても移転の効力が生ずる。

　登記申請に当たっては，登記の目的を「○番抵当権Ａ持分移転」，登記原
因を「平成○年○月○日債権持分譲渡」と記載することとなろう。

　なお，債権一部譲渡による抵当権の移転ではないため，譲渡額を記載する
ことを要しない。

【書式例３‐４】債権持分譲渡を登記原因とする抵当権の一部移転の登記の登記原
因証明情報

登記原因証明情報

１　登記申請情報の要項
　(1)　登　記　の　目　的　　　１番抵当権Ａ持分移転
　(2)　登　記　の　原　因　　　平成○年○月○日債権持分譲渡
　(3)　当　　事　　者　　　　　権利者　（住所省略）　　Ｄ
　　　　　　　　　　　　　　　　義務者　（住所省略）　　Ａ
　(4)　不動産の表示　　　　　（省略）

第４章　多数当事者の債権及び債務（保証債務を除く。）　*131*

2　登記の原因となる事実又は法律行為

(1)　A及びBは，平成○年○月○日，Cとの間で，平成○年○月○日付金銭消費貸借契約に基づく貸金債権を担保するため，本件不動産上に抵当権を設定した（平成○年○月○日○法務局○出張所受付第○○○号登記済）。

(2)　A及びB並びにCは，上記(1)の金銭消費貸借契約を締結する際，契約により発生する貸金債権を連帯債権とする旨合意した。

(3)　Aは，平成○年○月○日，Dとの間で，上記(1)の金銭消費貸借契約基づく貸金債権を売買する旨の契約を締結した。

(4)　よって，同日，Aの抵当権の持分は，Dに移転した。

平成○年○月○日　○法務局○出張所　御中

上記登記原因のとおり相違ありません。

権利者　（住所省略）　D　㊞

義務者　（住所省略）　A　㊞

132 第3編 債 権

Q27 連帯債権に関する担保権と弁済

　AとBの，Cに対する100万円の連帯債権を被担保債権として，Cが所有する甲土地を目的として順位1番の抵当権の設定登記がなされている。Cが，Aに対して，負担する債務の全てを弁済した場合，関係当事者全員から抵当権に関する登記申請手続の依頼を受けた司法書士は，どのような点に留意すべきか。

Answer

　1番抵当権を共有するAとBが連帯債権者である場合，債務者は債権者の一人であるAに対して債権の全部を弁済することができる（新法第432条）。

　そして，新法第435条の2では，連帯債権者の一人について生じた事由は，相対的効力が原則であることについて定められているが，新法第432条によれば連帯債権の弁済には絶対効があることから，1番抵当権の被担保債権はBとの関係においても消滅し，附従性により1番抵当権は消滅する。

　したがって，登記の目的を「1番抵当権抹消」，登記原因を「平成○年○月○日弁済」として，抵当権を抹消する登記申請手続をとることができよう。

【旧】	【新】
（新設）	（相対的効力の原則） **第435条の2**　第432条から前条までに規定する場合を除き，連帯債権者の一人の行為又は一人について生じた事由は，他の連帯債権者に対してその効力を生じない。ただし，他の連帯債権者の一人及び債務者が別段の意思を表示したときは，当該他の連帯債権者に対する効力は，その意思に従う。

第4章　多数当事者の債権及び債務（保証債務を除く。）　133

連帯債権の絶対効と相対効

　新法第435条の2では，連帯債権者の一人の行為又は一人について生じた事由は，相対的効力が原則であるとして定められている。ただし，別段の意思表示があればこれに従うものとし，連帯債務の場合と同様の規律としている（新法第441条参照）。
　絶対的効力とされているのは，弁済（新法第432条），更改（新法第433条），免除（新法第433条），相殺（新法第434条），混同（新法第435条）である。

134 第３編 債 権

連帯債権に関する担保権と債務免除

Q 28
　ＡとＢの，Ｃに対する100万円の連帯債権（ＡとＢの権利割合は各２分の１）を被担保債権として，Ｃが所有する甲土地を目的として順位１番の抵当権の設定登記がなされている。Ａが，Ｃに対して，自己の債権持分を全て放棄した場合，関係当事者全員から抵当権に関する登記申請手続の依頼を受けた司法書士は，どのような点に留意すべきか。

Answer

　債権持分の放棄は，債務の免除（民法第519条）と同じ意味であるが，連帯債権者の一人が債権を放棄すれば，放棄者の有する債権は消滅し，債務者は放棄者に対する履行を免れる。そして，新法第433条によれば，連帯債権者の一人との間で免除がなされた場合，不可分債権の場合とは異なり，持分割合型の絶対的効力が生ずる。そのため，本事例におけるＡは債権を失い，Ｂは債務者に対して50万円のみを請求することができることになる。それに伴い，消滅の附従性によりＡが１番抵当権に有していた持分権も消滅し，１番抵当権はＢの抵当権として存続する。この場合，一部抹消の実質を有する変更登記を申請し，債権額を減少変更しつつ１番抵当権の共有者Ａを削除する処理が最も理にかなっていると思われる。

　しかし，類似する事例において，登記実務は次のような処理を採用している。すなわち，“可分債権”を被担保債権として抵当権を原始的に共有する抵当権者のうちの一人が，被担保債権である可分債権の免除をしたケースにおいて，一部抹消の実質を有する変更登記による処理ではなく，他の共有者が抵当権を単有する状態を表現するための「特定移転登記」をなした上で，債権額の減少変更を表現するため「変更登記」を申請する処理を採用している（登記研究編集室編『不動産登記実務の視点Ⅲ』（テイハン，2013）318頁参照）。

　そうだとすれば，連帯債権者の一人が債権持分を放棄したケースにおいても，可分債権の場合との平仄を取るため，「特定移転登記」と「変更登記」

第４章　多数当事者の債権及び債務（保証債務を除く。）　135

を申請する処理が採用される可能性がある。

【旧】	【新】
（新設）	**（連帯債権者の一人との間の更改又は免除）** **第433条**　連帯債権者の一人と債務者との間に更改又は免除があったときは，その連帯債権者がその権利を失わなければ分与されるべき利益に係る部分については，他の連帯債権者は，履行を請求することができない。

【書式例３‐５】連帯債権者の一人が債権持分を放棄した場合の登記申請情報

登記申請情報（１／２）

登記の目的　　　１番抵当権Ａ持分移転
原　　　因　　　平成○年○月○日債権持分放棄
権　利　者　　　（住所省略）　Ｂ
義　務　者　　　（住所省略）　Ａ

　　　　　　　　　　　　　　　　　　　　　　　（以下省略）

登記申請情報（２／２）

登記の目的　　　１番抵当権変更
原　　　因　　　平成○年○月○日債務免除
変更後の事項　　債権額　金50万円
権　利　者　　　（住所省略）　Ｃ
義　務　者　　　（住所省略）　Ｂ

　　　　　　　　　　　　　　　　　　　　　　　（以下省略）

136　第3編　債　権

Q29　連帯債務者の一人に対する債務免除がなされた場合の抵当権変更登記 (①)

　　ＡとＢを連帯債務者とする抵当権設定登記がＹ所有の甲土地になされているが（債権額1,000万円），債権者がＢに対し，債務免除の意思表示をした。

① 　ＡとＢの内部負担が，Ａ1,000万円，Ｂ０円であった場合，どのような登記を申請すべきか。

② 　ＡとＢの内部負担が，Ａ500万円，Ｂ500万円であった場合，どのような登記を申請すべきか。

Answer

　本問①及び②のいずれにおいても，「年月日債務免除」を登記原因として，抵当権の債務者を，「連帯債務者ＡＢ」から「債務者Ａ」とする変更登記を申請すべきである。

　なお，本問②のケースにおいて，債権者がＢに対し債務免除の意思表示をしただけでは，債務者の変更登記と併せて抵当権の債権額を「金1,000万円」から「金500万円」とする変更登記を申請することはできないことに留意すべきである。

　旧法上は，連帯債務者の一人に対する債務免除があった場合，その連帯債務者の負担部分についてのみ，他の連帯債務者の利益のためにもその効力を生じるとされていたことから（旧法第437条），本問②では，債権者のＢに対する債務免除の効力が，Ｂの負担部分である500万円の限度で法律上当然にＡにも及び，その結果，Ａは債権者に対し，500万円を支払えばよいとされていた（連帯債務における免除の絶対効）。そのため，「年月日債務免除」を登記原因として，抵当権の債務者を，「連帯債務者ＡＢ」から「債務者Ａ」とする変更登記を申請すると同時に，抵当権の債権額を「金1,000万円」から「金500万円」とする変更登記を申請することが可能であった。

　しかし，旧法第437条は削除されており，債権者が連帯債務者の一人に対して債務の免除をしても，原則として債権者は他の連帯債務者に対して全額

第4章　多数当事者の債権及び債務（保証債務を除く。）　　*137*

の請求をすることができるようになったことから，従前，本問②のケースで
認められていた債権額の変更登記は原則として申請できなくなる。

【書式例3‑6】債務免除を登記原因とする抵当権の変更の登記の登記原因証明情報

登記原因証明情報

1　登記申請情報の要項
　(1)　登 記 の 目 的　　1番抵当権変更
　(2)　登 記 の 原 因　　平成○年○月○日債務免除
　(3)　変更後の事項　　債務者　（住所省略）　A
　(4)　当　事　者　　権利者　（住所省略）　X
　　　　　　　　　　　　義務者　（住所省略）　Y
　(5)　不動産の表示　　（省略）

2　登記の原因となる事実又は法律行為
　(1)　X及びYは，平成○年○月○日，平成○年○月○日付金銭消費貸借契約
　　　に基づきA及びBがXに対して負担する連帯債務を担保するため，本件不
　　　動産上に抵当権を設定した（平成○年○月○日○法務局○出張所受付第○
　　　○○号登記済）。
　(2)　Xは，平成○年○月○日，Bに対し，上記(1)の金銭消費貸借契約に基づ
　　　く貸金債権を放棄する意思表示をした。
　(3)　よって，同日，抵当権の債務者は，Aのみに変更された。

平成○年○月○日　○法務局○出張所　御中

上記登記原因のとおり相違ありません。

　　　　　　　　　　　　　　　　権利者　（住所省略）　X　㊞
　　　　　　　　　　　　　　　　義務者　（住所省略）　Y　㊞

連帯債務の絶対効と相対効

　旧法では，連帯債務者の一人に生じた事由について，相対的効力の原則を規定していたものの（旧法第440条），例外として多くの絶対的効力事由が定められていた（旧法第434条～第439条〔履行の請求，更改，相殺，免除，混同，時効〕）。

　改正民法では，請求，免除，時効の完成など，これまで絶対的効力を有することとされていた事由が相対的効力のみを有することとされ，絶対的効力事由を大幅に限定している（新法第438条～第440条〔更改，相殺，混同〕）。

　これにより，相対的効力は，①請求，②免除，③時効の完成のほか，例えば，④請求以外の時効の完成猶予・更新事由（承認，差押えなど），⑤時効の利益の放棄，⑥履行の請求以外の事由による遅滞（不確定期限の到来を連帯債務者の一人のみが知った場合に，他の連帯債務者が遅滞に陥るか），⑦債務者の意思（第三者による弁済が一部の連帯債務者の意思には反しないが，他の連帯債務者の意思に反する場合の弁済の効力），⑧一部の連帯債務者に対する債権だけの譲渡などの場面で問題となる。

　ただし，債権者及び他の連帯債務者の一人が別段の意思を表示したときは，当該他の連帯債務者に対する効力は，その意思に従うこととし，絶対的効力を生じさせることも可能としている。

第４章　多数当事者の債権及び債務（保証債務を除く。）　*139*

Q 30 **連帯債務者の一人に対する債務免除がなされた場合の抵当権変更登記（②）**

　ＡとＢを連帯債務者とする抵当権設定登記がＹ所有の甲土地になされているが（債権額1,000万円，ＡとＢの内部負担は500万円ずつ。），債権者がＢに対し，債務免除の意思表示をした。その際，債権者は，Ｂの内部負担額500万円の限度で，債務免除の効力をＡにも及ぶものとすることを約し，Ａもこれを了承した。この場合，どのような登記を申請すべきか。

Answer

　「年月日債務免除」を登記原因として，抵当権の債務者を，「連帯債務者ＡＢ」から「債務者Ａ」とする変更登記を申請すると同時に，抵当権の債権額を「金1,000万円」から「金500万円」とする変更登記を申請すべきである。

　改正により，旧法第437条の規定は削られ，連帯債務における免除の原則的効力は，絶対的効力から相対的効力へと変更されている。しかし，新法第441条ただし書によれば，「債権者及び他の連帯債務者の一人が別段の意思を表示したとき」は，当事者間で免除の効力を他の連帯債務者に及ぼすことができる。

　本事例では，免除の効力がその連帯債務者の負担部分について他の連帯債務者の利益のためにも生ずる旨の意思が表示されているため，免除の効力はＡにも及び，抵当権の債務者を変更すると同時に，抵当権の債権額を「金1,000万円」から「金500万円」とする変更の登記を申請することができる。

140 第3編 債 権

【書式例3‐7】債務免除を登記原因とする抵当権の変更の登記の登記原因証明情報

登記原因証明情報

1 登記申請情報の要項
 (1) 登 記 の 目 的 1番抵当権変更
 (2) 登 記 の 原 因 平成○年○月○日債務免除
 (3) 変更後の事項 債権額 金500万円
          債務者 (住所省略) A
 (4) 当 事 者 権利者 (住所省略) X
          義務者 (住所省略) Y
 (5) 不動産の表示 (省略)

2 登記の原因となる事実又は法律行為
 (1) X及びYは，平成○年○月○日，平成○年○月○日付金銭消費貸借契約
  に基づきA及びBがXに対して負担する連帯債務を担保するため，本件不
  動産上に抵当権を設定した（平成○年○月○日○法務局○出張所受付第○
  ○○号登記済）。
 (2) Xは，平成○年○月○日，Bに対し，上記(1)の金銭消費貸借契約に基づ
  く貸金債権を放棄する意思表示をした。
 (3) Xは，上記(2)の放棄の意思表示をするに際して，Aとの間で，Bの内部
  負担額500万円の限度で放棄の効力をAにも及ぶものとする旨約した。
 (4) よって，同日，抵当権の債務者はAのみに変更され，また，債権額は金
  500万円と変更された。

平成○年○月○日 ○法務局○出張所 御中

上記登記原因のとおり相違ありません。

                  権利者 (住所省略) X ㊞
                  義務者 (住所省略) Y ㊞

第４章　多数当事者の債権及び債務（保証債務を除く。）　*141*

Q 31 **連帯債務者の一人に対する債務免除がなされた場合の抵当権変更登記（③）**

ＡとＢを連帯債務者とする抵当権設定登記が甲土地になされているが（債権額1,000万円，ＡとＢの内部負担は500万円ずつ。），債権者がＢに対し，債務免除の意思表示をした。また，債権者はＡに対し，Ｂの内部負担に相当する500万円の限度で，Ａの債務を一部免除する意思表示をした。この場合，どのような登記を申請すべきか。

Answer

「年月日債務免除」を登記原因として，抵当権の債務者を，「連帯債務者ＡＢ」から「債務者Ａ」とする変更登記と，「年月日債務一部免除」を登記原因として，抵当権の債権額を「金1,000万円」から「金500万円」とする変更登記を申請すべきである。なお，登記原因が異なるため，これらの登記を一の申請情報で申請することはできない。

中間試案（補足説明）では「連帯債務者の一人に対する免除を相対的効力事由にしたとしても，債権者としては，ある連帯債務者に対して全部免除の意思表示をするとともに，その連帯債務者の負担部分の限度で他の連帯債務者に対しても一部免除の意思表示をすれば，現行民法第437条と同様の帰結を得ることが可能である」と説明されている（中間試案補足説明第16-3(2)）。

しかし，ある連帯債務者に免除の意思表示をし，他の連帯債務者に一部免除の意思表示をした場合，結論としては旧法第437条と同様になるとしても，二つの法律行為が行われている以上，登記手続の上ではそれぞれの法律行為を登記原因とする変更登記を，各別に申請すべきである。

142　第3編　債　権

Q 32 連帯債務者の一人について時効が完成した場合

　AとBを連帯債務者とする抵当権設定登記が甲土地になされているが（債権額1,000万円），Bの債務につき時効が完成し，Bが時効を援用する意思表示をした。

① 　AとBの内部負担が，A1,000万円，B0円であった場合，どのような登記を申請すべきか。

② 　AとBの内部負担が，A500万円，B500万円であった場合，どのような登記を申請すべきか。

Answer

　本問①及び②のいずれにおいても，「年月日時効消滅」を登記原因として，抵当権の債務者を，「連帯債務者AB」から「債務者A」とする変更登記を申請すべきである。

　なお，本問②のケースにおいて，債務者の変更登記と併せて抵当権の債権額を「金1,000万円」から「金500万円」とする変更登記を申請することはできないことに留意すべきである。

　旧法上は，連帯債務者の一人につき消滅時効が完成した場合，その連帯債務者の負担部分についてのみ，他の連帯債務者の利益のためにもその効力を生じるとされていたことから（旧法第439条），本問②では，時効の完成による債務消滅の効果が，Bの負担部分である500万円の限度で法律上当然にAにも及び，その結果，Aは債権者に対し，500万円を支払えばよいとされていた（連帯債務における時効の絶対効）。そのため，「年月日時効消滅」を登記原因として，抵当権の債務者を，「連帯債務者AB」から「債務者A」とする変更登記を申請すると同時に，抵当権の債権額を「金1,000万円」から「金500万円」とする変更登記を申請することが可能であった。しかし，旧法第439条は削られることから，債権額の変更登記は申請できなくなる。

第４章　多数当事者の債権及び債務（保証債務を除く。）　143

Q33 連帯債務者が，他の連帯債務者が債権者に対して有する相殺権を行使することの可否

　ＢとＣを連帯債務者とする抵当権設定登記（抵当権者はＡである。）が，Ｃが所有する甲土地になされている。連帯債務者Ｃから，連帯債務者ＢがＡに対して有する金銭債権を自働債権として相殺したので，甲土地の抵当権を抹消してほしいとの依頼を受けた司法書士は，どのような点に留意すべきか。なお，相殺の意思表示をしたのは，Ｂではなく，Ｃである。

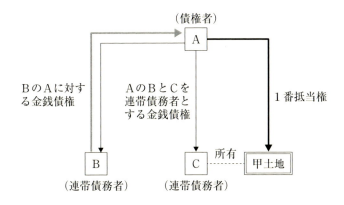

Answer

　旧法第436条第２項では，「前項の債権を有する連帯債務者が相殺を援用しない間は，その連帯債務者の負担部分についてのみ他の連帯債務者が相殺を援用することができる。」と規律されていた。そして，「相殺を援用することができる」の意味につき，従来の判例は，反対債権を有する連帯債務者の負担部分の限度で，他の連帯債務者がその反対債権を自働債権とする相殺の意思表示をすることができるという理解をとっていた（大判昭和12年12月11日大民集16巻1945頁：処分権説の採用）。

　しかし，新法第439条第２項ではこれを改め，連帯債務者は，債権者に対して債務の履行を拒むことができるにすぎないものとした（抗弁権説の採用）。

144 第3編 債 権

　したがって，本事例では，連帯債務者Cが，他の連帯債務者BがAに対して有する金銭債権を自働債権として相殺の意思表示をしているが，これにより債務が消滅することはないため，抵当権の抹消原因はないといえる。

　甲土地の抵当権を抹消してほしいとの依頼を受けた司法書士は，このことに留意すべきであろう。

【旧】	【新】
（連帯債務者の一人による相殺等） 第436条　連帯債務者の一人が債権者に対して債権を有する場合において，その連帯債務者が相殺を援用したときは，債権は，すべての連帯債務者の利益のために消滅する。 2　前項の債権を有する連帯債務者が相殺を援用しない間は，その連帯債務者の負担部分についてのみ他の連帯債務者が相殺を援用することができる。	（連帯債務者の一人による相殺等） 第439条　連帯債務者の一人が債権者に対して債権を有する場合において，その連帯債務者が相殺を援用したときは，債権は，全ての連帯債務者の利益のために消滅する。 2　前項の債権を有する連帯債務者が相殺を援用しない間は，その連帯債務者の負担部分の限度において，他の連帯債務者は，債権者に対して債務の履行を拒むことができる。

第5章 保証債務

Q34 保証人が、主債務者が債権者に対して有する相殺権を行使することの可否

Cは、主債務者BがAに対して負担する金銭債務につき委託を受け保証をしており、また、Aに対して負担する保証債務を担保するために、自己が所有する甲土地に順位1番の抵当権を設定している。保証人Cから、主債務者BのAに対する金銭債権を自働債権として相殺したので、甲土地の1番抵当権を抹消してほしいとの依頼を受けた司法書士は、どのような点に留意すべきか。なお、相殺の意思表示をしたのは、主債務者Bではなく、保証人Cである。

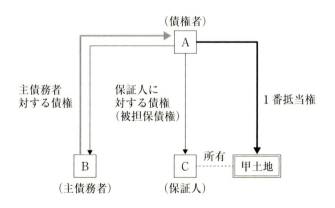

Answer

旧法第457条第2項では、「保証人は、主たる債務者の債権による相殺をもって債権者に対抗することができる。」と規定されており、その意味につき、保証人は主債務者の債権を自働債権として相殺をすることができるとす

る考え（処分権説），主債務者が有する債権の限度で履行拒絶権を有するにすぎないという考え（抗弁権説）とで，見解が分かれていた。しかし，保証人が相殺権を行使することができるとすると，保証人が他人の債権を処分することができることになり適当でないことから，新法第457条第3項では，抗弁権説を採用し，これを条文上明らかにした。

したがって，本事例では，保証人Cが主債務者BのAに対する金銭債権を自働債権として相殺の意思表示をしているが，これにより主債務者BがAに対して負担する債務が消滅することはなく，附従性により保証人Cの保証債務が消滅することもないため，抵当権の抹消原因はないといえる。

甲土地の1番抵当権を抹消してほしいとの依頼を受けた司法書士は，このことに留意すべきである。

【旧】	【新】
（主たる債務者について生じた事由の効力） **第457条**　主たる債務者に対する履行の請求その他の事由による時効の中断は，保証人に対しても，その効力を生ずる。 2　保証人は，主たる債務者の債権による相殺をもって債権者に対抗することができる。 （新設）	（主たる債務者について生じた事由の効力） **第457条**　主たる債務者に対する履行の請求その他の事由による時効の完成猶予及び更新は，保証人に対しても，その効力を生ずる。 2　保証人は，主たる債務者が主張することができる抗弁をもって債権者に対抗することができる。 3　主たる債務者が債権者に対して相殺権，取消権又は解除権を有するときは，これらの権利の行使によって主たる債務者がその債務を免れるべき限度において，保証人は，債権者に対して債務の履行を拒むことができる。

第5章　保証債務　*147*

Q35 保証人が弁済した場合の抵当権移転登記の可否

　Bは，主債務者Aが所有する甲土地に設定された抵当権の被担保債権につき委託を受け保証をしている。Bは，Aに対し事前通知をせずに債権者に対し弁済をした。その後，BはAに対し求償権を行使したが，Aからは，債権者に対する反対債権をもって相殺し得る状態にあったのに，Bのせいで相殺できなくなってしまったとして，求償を拒絶されてしまった。このようなケースにおいて，甲土地に設定された抵当権につき，「代位弁済」を原因とする抵当権移転登記の申請をすることができるか。

Answer

　委託を受けた保証人が代位弁済による債権及び担保権の移転効果を享受するためには，保証人の主債務者に対する求償請求権が発生していることを要する。

　この点，委託を受けた保証人には，事前の通知義務が課されており（新法第463条第1項本文参照），委託を受けた保証人が事前通知義務に違反した場合，主たる債務者は，債権者に対抗することができた事由をもってその保証人に対抗することができる。そのため，このようなケースでは，保証人は主債務者に対して求償請求権を行使することができず，代位弁済による債権及び担保権の移転効果を享受することもできない。

　本事例では，保証人Bが主債務者Aに対する事前通知を怠っており，かつ，主債務者Aが債権者に対して相殺できる地位にあったことを主張しているため，保証人Bは主債務者Aに対して求償請求権を行使することができず，代位弁済による債権及び担保権の移転効果を享受することもできない。

　したがって，「代位弁済」を原因とする抵当権移転登記は申請することができない。

　中間試案では，事前通知義務について規定する旧法第443条を削除することが検討されていたが，結局，委託を受けて保証をした者に関しては事前通

148　第3編　債　権

知義務を残すこととされたため，従来と同様の取扱いとなる。

【旧】	【新】
（通知を怠った保証人の求償の制限） **第463条**　第443条の規定は，保証人について準用する。 2　保証人が主たる債務者の委託を受けて保証をした場合において，善意で弁済をし，その他自己の財産をもって債務を消滅させるべき行為をしたときは，第443条の規定は，主たる債務者についても準用する。	（通知を怠った保証人の求償の制限等） **第463条**　保証人が主たる債務者の委託を受けて保証をした場合において，主たる債務者にあらかじめ通知しないで債務の消滅行為をしたときは，主たる債務者は，債権者に対抗することができた事由をもってその保証人に対抗することができる。この場合において，相殺をもってその保証人に対抗したときは，その保証人は，債権者に対し，相殺によって消滅すべきであった債務の履行を請求することができる。 2　保証人が主たる債務者の委託を受けて保証をした場合において，主たる債務者が債務の消滅行為をしたことを保証人に通知することを怠ったため，その保証人が善意で債務の消滅行為をしたときは，その保証人は，その債務の消滅行為を有効であったものとみなすことができる。 3　保証人が債務の消滅行為をした後に主たる債務者が債務の消滅行為をした場合においては，保証人が主たる債務者の意思に反して保証をしたときのほか，保証人が債務の消滅行為をしたことを主たる債務者に通知することを怠ったため，主たる債務者が善意で債務の消滅行為をしたときも，主たる債務者は，その債務の消滅行為を有効であったものとみなすことができる。

事前通知義務が"委託を受けた保証人"に限って規律されたワケ

　旧法第463条第1項は，同法第443条が準用される保証人の範囲を限定しておらず，委託を受けない保証人についても同条が準用されることとなっていた。しかし，委託を受けないが主債務者の意思に反しない保証人については，もともと，その求償権の範囲は，主債務者が「その当時利益を受けた限度」にとどまる（旧法第462条第1項）から，主債務者に対する事前の通知を怠ったかどうかにかかわらず，弁済等をした当時，主債務者が債権者に対抗することのできる事由を有していた場合には，その事由に係る分の金額について求償をすることができない。そこで，新法第463条第1項では，事前通知義務とその違反の効果に関する規律を，委託を受けた保証人に限って規律している（部会資料67B第2参照）。

150 第3編 債 権

Q 36

保証人と主債務者との弁済が競合した場合の抵当権移転登記の可否（①）

Bは，主債務者Aが所有する甲土地に設定された抵当権の被担保債権につき委託を受け保証をしている。Bは，Aに対し事前通知も事後通知もせずに債権者に対し弁済をした。その後，Bが弁済した事実を知らずに，主債務者Aが債権者に対し債権全額の弁済をしたところ，債権者がこれを受領してしまった。AはBに対し，弁済後，事後通知をしている。その後，BはAに対し求償権を行使したが，AからはAの弁済を有効とみなす意思表示がなされ，求償を拒絶されてしまった。このようなケースにおいて，甲土地に設定された抵当権につき，「代位弁済」を原因とする抵当権移転登記の申請をすることができるか。

Answer

　主債務者と保証人との弁済が競合した場合，原則として第2の弁済は非債弁済となり，第1の弁済が有効となる。

　しかし，新法第463条第3項は，保証人が債務の消滅行為をしたことを主たる債務者に通知することを怠ったために，主たる債務者が善意で債務の消滅行為をしたときは，第2の弁済をした主債務者が保証人に対し，自己の弁済を有効とみなす意思表示をすることができ，当該意思表示がなされると，主債務者の弁済の効力のみが認められるものとする。

　この場合，保証人は主債務者に対して求償権を行使することができなくなるため，保証人は代位弁済による債権及び担保権の移転効果を享受できず，代位弁済を原因とする抵当権の移転登記も申請することができない。

　本事例では，保証人Bが通知義務に違反しており，かつ，主債務者Aが自己の弁済を有効とみなす意思表示をしているため，保証人Bは主債務者Aに対して求償権を行使することができない。したがって，「代位弁済」を原因とする抵当権の移転登記を申請することはできない。

　なお，旧法下においても，旧法第463条が準用する旧法第443条第2項から，上記と同様の結論が導かれていた。

第５章　保証債務　　*151*

Q 37 **保証人と主債務者との弁済が競合した場合の抵当権移転登記の可否（②）**

　　Bは，主債務者Aが所有する甲土地に設定された抵当権の被担保債権につき委託を受け保証をしている。Bは債権者に対し弁済することを事前にAに通知の上，債権者に弁済をした。その後，Aに弁済の事実を通知すると同時に，求償権を行使した。しかし，AはBの弁済前に既に弁済済みであったことを理由に，Bの求償を拒絶した。BがAから，弁済したことの事後通知を受けていなかった場合，甲土地に設定された抵当権につき，「代位弁済」を原因とする抵当権移転登記の申請をすることはできるか。

Answer

　主債務者と保証人との弁済が競合した場合，原則として第２の弁済は非債弁済となり，第１の弁済が有効となる。

　しかし，新法第463条第２項は，保証人が主たる債務者の委託を受けて保証をした場合において，主たる債務者が債務の消滅行為をしたことを保証人に通知することを怠ったため，その保証人が善意で債務の消滅行為をしたときは，その保証人は，その債務の消滅行為を有効であったものとみなすことができるものとする。

　もっとも，旧法下において，保証人が旧法第463条第２項・443条第２項により自己の弁済を有効とするには，同法第463条第２項・443条第１項による弁済における事前の通知義務の履行が必要であるとされており（最判昭和57年12月17日民集36巻12号2399頁），新法第463条第２項の内容が旧法第463条第２項を実質的に維持するものであることに鑑みれば，当該判例法理は新法下においても適用されるものと考えられる。そのため，保証人が事前の通知義務を履行していることが前提となる。

　以上の要件を満たす場合，保証人は主債務者に対して求償権を行使できるため，保証人は代位弁済による債権及び担保権の移転効果を享受し，代位弁済を原因とする抵当権の移転登記を申請することができる。

152　第３編　債　権

　本事例では，保証人Ｂは委託を受けた保証人であり，事前通知義務を履行
しているため，保証人Ｂが主債務者Ａの弁済につき善意であること，自己の
弁済を有効とみなす意思表示をしたこと，という要件を満たす場合には，代
位弁済を原因とする抵当権の移転登記を申請することができよう。

第5章　保証債務　*153*

Q 38 債務者が事業のために負担した貸金等債務を主たる債務とする保証と抵当権設定登記

　　Bは，Aの委託を受けて，主債務者Aが負担する債務の保証契約を締結している。Bは，Aとの間で，Aが所有する不動産を目的として，将来Bが取得し得べき求償債権を担保するため，抵当権設定契約を締結した。このようなケースにおいて，AとBから求償債権を担保する抵当権設定登記の申請を依頼された場合，どのような点に留意すべきか。なお，保証契約は書面でなされている。

Answer

　①保証人は法人か個人か，②個人の場合，主たる債務が事業のために負担した貸金等債務に該当しないか，③保証契約締結時の情報提供義務が果たされたか，④保証人が新法第465条の9に規定されている者に該当しないか，⑤保証人が新法第465条の9に規定されている者に該当しない場合，保証契約の締結に先立ち，その締結の日前1か月以内に作成された公正証書により自発的に保証する意思を有することが確認できるか，に留意すべきと思われる。

　今般の改正では，事業に係る債務について保証契約を締結する場合の特則規定が新設され（新法第465条の6〜第465条の10），保証人が個人である場合における保証人保護の拡充が図られている。保証人が法人である場合については，新設された特則の適用がないため（新法第465条の6第3項，第465条の8第2項，第465条の10第3項），まずは保証人が個人か法人かに着目すべきであろう。

　保証人が個人である場合における保証人保護の具体的な方策として重要なのは，主たる債務者による契約締結時の情報の提供義務（新法第465条の10）と，原則として公正証書の作成が保証契約の要件とされたこと（新法第465条の6）である。これらは，事業のために負担する債務を主たる債務とする場合にのみ問題となることであるから，主たる債務に着目し，新設された規定

154 第3編 債　権

【図表3-13】求償債権を被担保債権とする抵当権の設定の登記の申請の可否

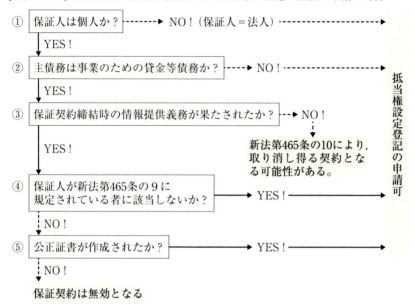

の適用を受けるかどうかを見極めることとなる。

　主たる債務者による契約締結時の情報の提供義務が果たされなかった場合，保証契約は新法第465条の10第2項により，契約が取り消される可能性があるため，当該義務が果たされたかを確認する必要がある（➡Q39参照）。

　公正証書の作成については，公正証書の作成を要しない例外があるため，まずは例外に該当しないかを確認するとよいであろう（新法第465条の9）。主たる債務者の状況を十分に把握することができる立場にあり，保証債務を負うことによる不利益を十分に認識せずに保証契約を締結するおそれが定型的に低いと考えられる一定の者に対しては，個人保証の制限を適用しないこととされているのである。

　例外に当たらない場合には，公正証書の作成の有無，作成された公正証書が保証契約の締結に先立ち，その締結の日前1か月以内に作成されたものであるかを確認する必要がある。これを欠く場合，保証契約は効力を生じない

第5章　保証債務　*155*

からである。

【旧】	【新】
（新設）	（公正証書の作成と保証の効力） **第465条の6**　事業のために負担した貸金等債務を主たる債務とする保証契約又は主たる債務の範囲に事業のために負担する貸金等債務が含まれる根保証契約は，その契約の締結に先立ち，その締結の日前1箇月以内に作成された公正証書で保証人になろうとする者が保証債務を履行する意思を表示していなければ，その効力を生じない。 2　前項の公正証書を作成するには，次に掲げる方式に従わなければならない。 一　保証人になろうとする者が，次のイ又はロに掲げる契約の区分に応じ，それぞれ当該イ又はロに定める事項を公証人に口授すること。 　イ　保証契約（ロに掲げるものを除く。）主たる債務の債権者及び債務者，主たる債務の元本，主たる債務に関する利息，違約金，損害賠償その他その債務に従たる全てのものの定めの有無及びその内容並びに主たる債務者がその債務を履行しないときには，その債務の全額について履行する意思（保証人になろうとする者が主たる債務者と連帯して債務を負担しようとするものである場合には，債権者が主たる債務者に対して催告をしたかどうか，主たる債務者がその債務を履行することができるかどうか，又は他に保証人があるかどうかにかかわらず，その全額について履行する意思）を有していること。 　ロ　根保証契約　主たる債務の債権者及び債務者，主たる債務の範囲，根保証契約における極度額，元本確定

期日の定めの有無及びその内容並びに主たる債務者がその債務を履行しないときには，極度額の限度において元本確定期日又は第465条の４第１項各号若しくは第２項各号に掲げる事由その他の元本を確定すべき事由が生ずる時までに生ずべき主たる債務の元本及び主たる債務に関する利息，違約金，損害賠償その他その債務に従たる全てのものの全額について履行する意思（保証人になろうとする者が主たる債務者と連帯して債務を負担しようとするものである場合には，債権者が主たる債務者に対して催告をしたかどうか，主たる債務者がその債務を履行することができるかどうか，又は他に保証人があるかどうかにかかわらず，その全額について履行する意思）を有していること。

二　公証人が，保証人になろうとする者の口述を筆記し，これを保証人になろうとする者に読み聞かせ，又は閲覧させること。

三　保証人になろうとする者が，筆記の正確なことを承認した後，署名し，印を押すこと。ただし，保証人になろうとする者が署名することができない場合は，公証人がその事由を付記して，署名に代えることができる。

四　公証人が，その証書は前三号に掲げる方式に従って作ったものである旨を付記して，これに署名し，印を押すこと。

3　前二項の規定は，保証人になろうとする者が法人である場合には，適用しない。

※　保証人になろうとする者は，施行日前においても，新法第465条の６第１項（新法第465条の８第１項において準用する場合を含む。）の公正証書の作成を嘱託することができるとする経過措置が設けられる（附則第21条第２項）。

【旧】	【新】
（新設）	（公正証書の作成と保証の効力に関する規定の適用除外） **第465条の９** 前三条の規定は，保証人になろうとする者が次に掲げる者である保証契約については，適用しない。 一 主たる債務者が法人である場合のその理事，取締役，執行役又はこれらに準ずる者 二 主たる債務者が法人である場合の次に掲げる者 　イ 主たる債務者の総株主の議決権（株主総会において決議をすることができる事項の全部につき議決権を行使することができない株式についての議決権を除く。以下この号において同じ。）の過半数を有する者 　ロ 主たる債務者の総株主の議決権の過半数を他の株式会社が有する場合における当該他の株式会社の総株主の議決権の過半数を有する者 　ハ 主たる債務者の総株主の議決権の過半数を他の株式会社及び当該他の株式会社の総株主の議決権の過半数を有する者が有する場合における当該他の株式会社の総株主の議決権の過半数を有する者 　ニ 株式会社以外の法人が主たる債務者である場合におけるイ，ロ又はハに掲げる者に準ずる者 三 主たる債務者（法人であるものを除く。以下この号において同じ。）と共同して事業を行う者又は主たる債務者が行う事業に現に従事している主たる債務者の配偶者

158　第3編　債　権

Q39　貸金等債務を主たる債務とする保証と抵当権設定登記の登記原因証明情報

　事業のために負担した貸金等債務を主たる債務とする保証契約が締結されており，保証人が将来取得し得べき求償債権を担保するための抵当権が設定された場合，登記の申請を依頼された司法書士は，何を登記原因証明情報として提供すべきか。なお，保証人は個人であり，新法第465条の6に基づく公正証書が作成されている。

Answer

　保証人が将来取得し得べき求償債権を担保するための抵当権が設定され，これを登記する場合，①主たる債務の発生原因事実，②債権者と保証人が書面で保証契約を締結した事実，及び③抵当権設定者と保証人が抵当権設定契約を締結した事実が確認できる情報を，常に提供する必要がある。

　具体的には，上記①～③の記載のある抵当権設定契約書証書（処分証書）か，登記義務者となる抵当権設定者が署名又は記名・押印（電子署名）して作成した報告形式の登記原因証明情報がこれに当たる。

　加えて，主たる債務が事業のために負担した貸金等債務である場合で，かつ，保証人が個人の場合には，新法第465条の6に基づく公正証書を添付する必要があると思われる（ただし，新法第465条の9により公正証書の作成を要しない場合は除く。）。

　なお，登記を依頼された司法書士は，新法第465条の10に基づく情報提供義務が履行されたことを確認する必要があると思うが，登記原因証明情報の中で示す必要まではないものと考える。

　以下，公正証書の添付の要否，情報提供義務に関する記載の要否につき，説明を加えることとする。

(1)　公正証書の添付の要否

　抵当権には附従性があるため，被担保債権の成立が抵当権の有効性に影響を与える。仮に，新法第465条の6に基づく公正証書の作成を要するケース

第5章 保証債務 *159*

でありながらその作成を欠く場合，保証契約は効力を生じないから，保証人が将来取得し得べき求償債権を担保するための抵当権を設定しても，抵当権は発生しないこととなる。

　そのため，新法第465条の6に基づく公正証書が作成された事実は，登記原因証明情報の内容の一部とすべきであり，かつ，公正証書の謄本を添付することで，これを実現すべきと思われる。

　確かに，申請構造が共同申請であるため，登記義務者となる抵当権設定者が署名又は記名・押印（電子署名）して作成した報告形式の登記原因証明情報で足りるのではないかとも思えるが，保証債務の負担を負い不利益を受けることを第三者である抵当権設定者が認めたところで，内容の真実性は担保されないと考えるからである。

　また，借地借家法第23条が規定する事業用定期借地権に当たる地上権又は賃借権の設定登記を申請する際には，申請構造が共同申請でありながら，登記原因証明情報は借地借家法第23条第3項の公正証書の謄本に限定されている（不動産登記令別表33項，38項添付情報欄ロ）。公正証書によって契約している事実を直接証拠により確認する趣旨からこのような取扱いとなっているが（河合芳光『逐条不動産登記令』（きんざい，2005）262頁），同様の考え方が新法第465条の6に基づく公正証書が作成されている場合における抵当権設定登記を申請する際にも採られるのではなかろうか。

(2)　情報提供義務に関する記載の要否

　新法第465条の10第1項により，事業のために負担する債務を主たる債務とする保証の委託をするときは，主たる債務者は，委託を受ける者に対し，①財産及び収支の状況，②主たる債務以外に負担している債務の有無並びにその額及び履行状況，③主たる債務の担保として他に提供し，又は提供しようとするものがあるときは，その旨及びその内容，に関する情報を提供しなければならないものとされた。

　情報提供をもって保証人が主債務者による弁済の可能性を検討し，自分が現実に保証債務を履行しなければならなくなる蓋然性を把握することを可能とすることにより，保証人が予想に反して保証債務の履行を求められるとい

う事態が生じないようにするためである（部会資料76Ａ第2‐2）。

そして，主たる債務者が上記①〜③に関する情報を提供せず，又は事実と異なる情報を提供したために，委託を受けた者がその事項について誤認をし，それによって保証契約の申込み又はその承諾の意思表示をした場合において，主たる債務者がその事項に関して情報を提供せず又は事実と異なる情報を提供したことを債権者が知り又は知ることができたときは，保証人は，保証契約を取り消すことができるものとされる（新法第465条の10第2項）。

そのため，登記を依頼された司法書士は，情報提供義務が履行されたことを確認する必要があると思われる。なぜなら，後日登記原因たる行為が取り消されることによって遡及的に無効となるおそれがある登記は，司法書士をして事前にこれを抑止することが，司法書士の社会的役割からして相当と考えるからである。

もっとも，情報提供義務が履行されたことを登記原因証明情報の内容として記載する必要まではないものと考える。

確かに，後日登記原因たる行為が取り消されることによって遡及的に無効となるおそれがある登記を事前に防止すべきという点からすると，未成年者が法定代理人の同意を得て法律行為をしたことを前提とする登記申請手続において，同様の理由から法定代理人の同意書の添付が求められているように（不動産登記令第7条第1項第5号ハ，昭和22年6月23日民事甲560号通達参照），情報提供義務が履行されたことを証する登記原因証明情報を提供すべきとの考えも採ることができよう。

しかし，未成年者のケースにおいて法定代理人の同意書の添付の要否が論じられるのは，不動産登記令第7条第1項第5号ハが規定する「登記原因について第三者の許可，同意又は承諾を要するとき」の局面であり，情報提供義務の履行の場面は「第三者の許可，同意又は承諾」とは無関係であることからすると，同列のものとして論じることはできない。

また，主たる債務者が法定された情報を提供しなかった場合だけでなく，事実と異なる情報を提供したために委託を受けた者がその事項について誤認をしたようなケースにおいても取消しの可能性が生じる以上，主たる債務者

が法定された情報を提供したという事実を登記原因証明情報の内容に含めることをもって，取消しの可能性を排除することはできず，この点が未成年者の法律行為を前提として登記を申請する場合と決定的に異なる。

さらに，民法上の取消事由である詐欺や強迫については，その都度"詐欺・強迫による意思表示はなされていない"といった内容を登記原因証明情報に含める取扱いはなされていない。

以上から，情報提供義務が履行されたことを登記原因証明情報の内容として記載する必要まではないものと考える。

【旧】	【新】
（新設）	**（契約締結時の情報の提供義務）** **第465条の10**　主たる債務者は，事業のために負担する債務を主たる債務とする保証又は主たる債務の範囲に事業のために負担する債務が含まれる根保証の委託をするときは，委託を受ける者に対し，次に掲げる事項に関する情報を提供しなければならない。 一　財産及び収支の状況 二　主たる債務以外に負担している債務の有無並びにその額及び履行状況 三　主たる債務の担保として他に提供し，又は提供しようとするものがあるときは，その旨及びその内容 2　主たる債務者が前項各号に掲げる事項に関して情報を提供せず，又は事実と異なる情報を提供したために委託を受けた者がその事項について誤認をし，それによって保証契約の申込み又はその承諾の意思表示をした場合において，主たる債務者がその事項に関して情報を提供せず又は事実と異なる情報を提供したことを債権者が知り又は知ることができたときは，保証人は，保証契約を取り消すことができる。 3　前二項の規定は，保証をする者が法人である場合には，適用しない。

新設された３つの情報提供義務

新法では，第465条の10による，契約締結時の情報提供義務に加え，第458条の２では，主債務の履行状況に関する情報の提供義務について規定し，保証人の保護の拡充を図っている。主債務者が主債務について債務不履行に陥ったが，保証人が長期間にわたってそのことを知らず，保証人が請求を受ける時点では遅延損害金が積み重なって多額の履行を求められるという酷な結果になる場合があることを踏まえ，主債務の履行状況について保証人が知る手段を設けたものである。さらに，第458条の３では，主債務者が期限の利益を喪失した場合における情報の提供義務について規定されている。主債務者が期限の利益を喪失した事実を保証人が知る機会を保障することで，保証人の予想に反して発生していた遅延損害金を保証人が支払わなければならないという事態を回避するためのものである。

【書式例３‐８】抵当権の設定の登記の登記原因証明情報（公正証書の作成を要する場合）

登記原因証明情報

1　登記申請情報の要項
　(1)　登記の目的　　抵当権設定
　(2)　登記の原因　　平成○年○月○日保証委託契約による求償債権
　　　　　　　　　　平成○年○月○日設定
　(3)　当　事　者　　抵当権者　（住所省略）　乙
　　　　　　　　　　設　定　者　（住所省略）　丙
　(4)　不動産の表示　（省略）

2　登記の原因となる事実又は法律行為
　(1)　平成○年○月○日，甲は丙を債務者とする金銭消費貸借契約を締結し，同日，甲は丙に対して金○円を貸し渡した。
　(2)　(1)の債務を主たる債務とし，丙は乙との間で保証委託契約を締結し，平成○年○月○日，乙は当該保証委託契約に基づいて甲との間で保証契約を

第5章　保証債務　　*163*

　　締結した。
　(3)　(2)の保証契約は書面によりなされた。
　(4)　(1)の金銭消費貸借契約は，丙の事業のためになされたものであることか
　　ら，乙は(2)の保証契約に先立つ平成○年○月○日，保証債務を履行する意
　　思を表示した公正証書を作成した。
　(5)　平成○年○月○日，乙と丙は，(2)の保証委託契約に基づき，乙が将来丙
　　に対し取得することのあるべき求償債権を担保するため，本件不動産に以
　　下の内容の抵当権設定契約を締結した。
　　　　　債権額　　　金○円
　　　　　損害金　　　年○%
　　　　　債務者　　　（住所省略）　丙

平成○年○月○日　　○法務局○出張所　御中

上記登記原因のとおり相違ありません。

　　　　　　　　　　　　　　　　　抵当権者　　（住所省略）　乙　㊞
　　　　　　　　　　　　　　　　　設 定 者　　（住所省略）　丙　㊞

【書式例3‐9】抵当権の設定の登記の登記原因証明情報（公正証書の作成を要しない場合）

登記原因証明情報

1　登記申請情報の要項
　(1)　登 記 の 目 的　　抵当権設定
　(2)　登 記 の 原 因　　平成○年○月○日保証委託契約による求償債権
　　　　　　　　　　　　平成○年○月○日設定
　(3)　当　　事　　者　　抵当権者　（住所省略）　乙
　　　　　　　　　　　　設 定 者　（住所省略）　丙
　(4)　不動産の表示　　（省略）

2　登記の原因となる事実又は法律行為
　(1)　平成○年○月○日，甲は丙を債務者とする金銭消費貸借契約を締結し，
　　同日，甲は丙に対して金○円を貸し渡した。
　(2)　(1)の債務を主たる債務とし，丙は乙との間で保証委託契約を締結し，平

164 第3編 債権

成○年○月○日，乙は当該保証委託契約に基づいて甲との間で保証契約を締結した。

(3) (2)の保証契約は書面によりなされた。

(4) (1)の金銭消費貸借契約は，丙の事業のためになされたものであるが，乙は丙と共同して事業を行う者である（※）。（そのため，保証債務を履行する意思を表示した公正証書の作成を行っていない。）

(5) 平成○年○月○日，乙と丙は，(2)の保証委託契約に基づき，乙が将来丙に対し取得することのあるべき求償債権を担保するため，本件不動産に以下の内容の抵当権設定契約を締結した。

　　　債権額　　　金○円
　　　損害金　　　年○％
　　　債務者　　　（住所省略）　丙

平成○年○月○日　○法務局○出張所　御中

上記登記原因のとおり相違ありません。

　　　　　　　　　　　　　　　　抵当権者　　（住所省略）　乙　㊞
　　　　　　　　　　　　　　　　設 定 者　　（住所省略）　丙　㊞

※　その他，「乙は，丙が行う事業に従事している，丙の配偶者である。」，「乙は丙株式会社の取締役である。」等の記載が考えられる。

Q40 貸金以外の債務を根保証する場合の根抵当権設定について

A株式会社が，B株式会社に対して継続的に商品を供給する契約が締結されている。これにより継続的に発生する代金債務を担保するため，B株式会社の代表取締役B'個人が根保証人となる旨の根保証契約がA株式会社とB'個人との間で締結された。このようなケースにおいて，B'個人に対する保証債権を担保するための根抵当権を設定したいとの相談を受けた司法書士は，どのような点に留意すべきか。なお，根保証に関する契約書には，極度額を1億円とする旨の定めがあるが，元本確定期日の定めはなかった。

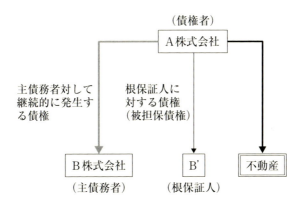

Answer

根保証人が負担する保証債務を担保する根抵当権は，被担保債権の範囲を「保証取引」として設定することができる（登記研究編集室編『不動産登記実務の視点Ⅳ』（テイハン，2014）20頁参照）。

根保証については，平成16年の民法改正（平成16年法律第147号）において，個人が保証人である根保証契約のうち，主たる債務の範囲に貸金債務が含まれているものについては，極度額の定めがなければ保証契約が無効となること（旧法第465条の2第2項），保証の元本が確定するまでの期間について原則3年に制限すること（旧法第465条の3第2項），などの規律が設けられて

166 第3編 債 権

いる。

　さらに，今般の改正では，包括根保証の禁止の対象が「貸金等根保証契約」から「個人根保証契約」全般に拡張され，極度額に関する規律（新法第465条の2），元本の確定事由（新法第465条の4），求償権についての保証契約（新法第465条の5）についても，適用対象を拡張する見直しがなされた。もっとも，元本確定期日については，根保証契約一般に適用することに支障があるとして，現状を維持することとされた（新法第465条の3）。

　本事例は，A株式会社のB株式会社に対する継続的商品供給契約に基づく債権を代表取締役B'個人が根保証するというものであるが，新法によれば，主たる債務の範囲に貸金債務が含まれていなくとも包括根保証は禁止されているのであるから，A株式会社とB'個人との間で締結された根保証契約に極度額の定めがなければ，当該契約は無効となってしまう（新法第465条の2第2項）。これに対し，元本確定期日に関する規律の適用範囲は，新法下でも「貸金等債務」を含む場合に限定されていることから，A株式会社とB'個人との間で締結された根保証契約に元本確定期日の定めがなくともよく，契約締結から3年を経過することをもって元本が確定することもない（新法第465条の3参照）。

　司法書士が，B'個人に対する保証債権を担保するための根抵当権を設定したいとの相談を受けた場合，前述の改正点に留意し，そもそも，A株式会社とB'個人との間で締結された根保証契約に瑕疵がないかを確認すべきであろう。仮に根保証契約自体が無効であるとすれば，保証債権を担保するために設定し，登記をした根抵当権も無意味となってしまうからである。

【旧】	【新】
（貸金等根保証契約の保証人の責任等） **第465条の2**　一定の範囲に属する不特定の債務を主たる債務とする保証契約（以下「根保証契約」という。）であってその債務の範囲に金銭の貸渡し又は手形の割引を受けることによって負担する債務（以下「貸金等債務」という。）が含まれ	**（個人根保証契約の保証人の責任等）** **第465条の2**　一定の範囲に属する不特定の債務を主たる債務とする保証契約（以下「根保証契約」という。）であって保証人が法人でないもの（以下「個人根保証契約」という。）の保証人は，主たる債務の元本，主たる債務に関する利息，

第5章　保証債務　　*167*

るもの（保証人が法人であるものを除く。以下「貸金等根保証契約」という。）の保証人は，主たる債務の元本，主たる債務に関する利息，違約金，損害賠償その他その債務に従たるすべてのもの及びその保証債務について約定された違約金又は損害賠償の額について，その全部に係る極度額を限度として，その履行をする責任を負う。	違約金，損害賠償その他その債務に従たる全てのもの及びその保証債務について約定された違約金又は損害賠償の額について，その全部に係る極度額を限度として，その履行をする責任を負う。
2　貸金等根保証契約は，前項に規定する極度額を定めなければ，その効力を生じない。	2　個人根保証契約は，前項に規定する極度額を定めなければ，その効力を生じない。
3　第446条第2項及び第3項の規定は，貸金等根保証契約における第1項に規定する極度額の定めについて準用する。	3　第446条第2項及び第3項の規定は，個人根保証契約における第1項に規定する極度額の定めについて準用する。

168 第3編 債 権

第**6**章 債権譲渡

Q41 譲渡禁止特約の効力

譲渡禁止特約に関して，どのような見直しがなされているか。

Answer

旧法下における物権的効力説及び判例法理（最判昭和48年7月19日民集27巻7号823頁）によれば，債権の譲受人が悪意又は重過失である場合，譲渡禁止特約に違反する譲渡は，第三者に対抗することができないだけではなく，譲渡当事者間でも譲渡は無効であるとされていた。

しかし，新法は，譲渡制限の意思表示に反する譲渡も「その効力を妨げられない。」として，仮に債権の譲受人が悪意又は重過失であったとしても，その債権は譲受人に帰属するものとする（新法第466条第2項）。これに伴い，条文上の表現も「譲渡制限の意思表示」と改められた（同項括弧書き）。

もっとも，債務者の利益を保護する規定（後記(2)参照），一定の例外（後記(3)参照）についても同時に整備されている。

なお，預貯金債権については，弁済の相手方を固定化する必要性が特に高いことから，従来の規律を維持する整備がなされている（新法第466条の5）。

(1) 譲渡禁止特約の効力に見直しがなされた背景

従来の学説では，譲渡禁止特約が「物権的」な効力を有し，譲渡禁止特約に違反する譲渡の効力を第三者に対抗することができないだけでなく，譲渡当事者間でも譲渡は無効であるとする見解（物権的効力説）が有力とされており，判例は，明確な判断を示していないものの，この物権的効力説を前提としているとされてきた。

しかし，判例には，譲受人が悪意であっても，債務者がその後に債権譲渡

第6章 債権譲渡　*169*

に承諾を与えた場合には，当該譲渡は譲渡時に遡って有効となるが，第三者の権利を害することはできないとしたものなど（最判昭和52年3月17日民集31巻2号308頁，最判平成9年6月5日民集51巻5号2053頁等），物権的効力説からは直ちに導くことができない結論を採るものが現れていた。

　これに対しては，このように特約の効力が不透明な状況では取引に内在するリスクの分析が困難となるという指摘がなされていた。

　また，売掛債権を担保とする方法を始めとする債権譲渡による資金調達が，特に中小企業にとって重要となっており，これを積極的に活用しようとする動きがある。しかし，債務者が大企業である優良な債権については，債務者は立場が強いため，譲渡禁止特約が付されることが多く，価値が高い債権ほど資金調達の手段として活用することが困難になっているという指摘がなされていた。

　これらを踏まえ，新法においては，当事者間で債権譲渡を禁止する等の特約がある場合であっても，その譲渡の効力は妨げられないこととした（部会資料74A第1-1）。

【旧】	【新】
（債権の譲渡性） **第466条**　債権は，譲り渡すことができる。ただし，その性質がこれを許さないときは，この限りでない。 2　前項の規定は，当事者が反対の意思を表示した場合には，適用しない。ただし，その意思表示は，善意の第三者に対抗することができない。 （新設）	（債権の譲渡性） **第466条**　債権は，譲り渡すことができる。ただし，その性質がこれを許さないときは，この限りでない。 2　当事者が債権の譲渡を禁止し，又は制限する旨の意思表示（以下「譲渡制限の意思表示」という。）をしたときであっても，債権の譲渡は，その効力を妨げられない。 3　前項に規定する場合には，譲渡制限の意思表示がされたことを知り，又は重大な過失によって知らなかった譲受人その他の第三者に対しては，債務者は，その債務の履行を拒むことができ，かつ，譲渡人に対する弁済その他の債務を消滅させる事由をもってその第三者に対抗することができる。

170 第3編 債 権

| （新設） | 4 前項の規定は，債務者が債務を履行しない場合において，同項に規定する第三者が相当の期間を定めて譲渡人への履行の催告をし，その期間内に履行がないときは，その債務者については，適用しない。 |

(2) 債務者と譲受人との利害調整

　新法466条第2項において，譲渡制限の意思表示に反する譲渡も有効とされた。一方で，同条第3項において，債権の譲受人その他の第三者が悪意又は重過失である場合，債務者は，譲受人への債務の履行を拒むことができ，かつ，譲渡人に対する弁済その他の債務を消滅させる事由をもって譲受人に対抗することができるものとされた。

　そのため，改正後においても債務者の利益は引き続き保護されている。

(3) 債権の譲受人が悪意又は重過失であっても履行拒絶できない例外

　上記(2)の債務者が履行を拒絶等ができる場合であっても，債務者が債務を履行しないため，新法466条第3項に規定する第三者が，相当の期間を定めて譲渡人への履行の催告をし，その期間内に履行がされないときは，債務者は，履行の拒絶等をすることができない（新法第466条第4項）。これは，債務者が履行を遅滞している場合にまで，譲受人の債権回収の必要性を犠牲にして譲渡制限の意思表示によって債務者の利益を保護する必要はないとの考慮に基づくものである。

第6章 債権譲渡 *171*

Q 42 譲渡制限の意思表示に反する債権譲渡と抵当権の移転

AのBに対する100万円の貸金債権を担保するため，Bが所有する甲土地を目的として抵当権（順位1番）が設定されているところ，AとCとの間で，当該被担保債権につき売買契約が締結された。当該被担保債権には，譲渡制限の意思表示がされており，Cはそのことを知っていた。このようなケースにおいて，関係当事者全員から1番抵当権の移転の登記申請手続につき依頼を受けた司法書士は，どのような点に留意すべきか。

Answer

本事例で譲渡された債権には譲渡制限の意思表示がされており，譲受人Cはそのことを知っていたのであるから，旧法下では債権譲渡が無効とされ，1番抵当権の移転の登記申請手続につき依頼を受けた司法書士は債権譲渡が無効となる旨説明し，登記申請手続を行うべきではなかった。

しかし，新法においては，譲渡制限の意思表示に反する債権譲渡も有効とされることから（新法第466条第2項），依頼を受けた司法書士は債権譲渡を原因とする1番抵当権の移転の登記申請手続を行うことが可能となる。

もっとも，依頼を受けた時点で既に債務者Bが譲渡人Aに弁済していたようなケースでは，弁済による債権消滅の効果は譲受人にも対抗できることから（新法第468条第1項），債権譲渡を原因とする1番抵当権の移転という権利変動は否定される。新法下では，たとえ債務者が異議をとどめずに債務者対抗要件である承諾をした場合であっても，譲渡人に対抗できる事由を譲受人に対抗できる（旧法第468条第1項の削除（➡Q44参照））ことから，依頼を受けた司法書士は債権譲渡に先立つ債権消滅の事実がなかったかを確認すべきであろう。

債権譲渡に先立つ債権消滅の事実もなく，1番抵当権の移転の登記を申請できる場合は，登記原因証明情報の記載方法に注意すべきと思われる。

譲渡制限の意思表示の存在及び譲受人の悪意の事実が確認できた事例にお

172　第3編　債　権

いては，登記原因証明情報に当該事実を積極的に記載すべきと考えることも
できるためである。

　確かに，譲渡制限の意思表示の存在及び譲受人の悪意の事実は，債権譲渡
を原因とする1番抵当権の移転の効力を基礎付ける事実に該当しないのであ
るから，「登記の原因となる事実又は法律行為」には当たらない。

　しかし，登記原因証明情報には後日の紛争を防止する機能（紛争防止機能）
が期待されているところ（登記研究編集室編『平成16年改正不動産登記法と登
記実務（解説編）』（テイハン，2005）363頁参照），譲渡制限の意思表示の存在
及び譲受人の悪意又は重過失の事実が存在するケースでは，債務者の譲渡人
に対する履行に弁済の効力が認められており（新法第466条第3項），公示と
実体にズレが生じ得る局面であることから，少なくとも利害関係を有する者
が登記原因証明情報を閲覧（不動産登記法第121条）したときに権利関係の調
査の手掛かりとなるような記載を含めておくべきと考えることができるので
ある。

【書式例3-10】 債権譲渡を登記原因とする抵当権の移転の登記の登記原因証明情報

登記原因証明情報

1　登記申請情報の要項
　(1)　登記の目的　　　1番抵当権移転
　(2)　登記の原因　　　平成○年○月○日債権譲渡
　(3)　当　事　者　　　権利者　（住所省略）　C
　　　　　　　　　　　　義務者　（住所省略）　A

2　登記の原因となる事実又は法律行為
　(1)　平成○年○月○日，AはBに対して金○円を貸し付け，B所有の本件不
　　　動産に抵当権（以下，「本件抵当権」という。）の設定を受け，両者の申請
　　　により抵当権設定登記がなされた（○法務局○出張所平成○年○月○日受
　　　付第○○○号）。
　(2)　平成○年○月○日，AはCに対し，上記(1)のAの貸金債権を売却した。
　(3)　よって，平成○年○月○日，本件抵当権の主体がCへと変更された。
　(4)　なお，上記(1)のAB間の債権には譲渡制限の意思表示がされており，C

はこれにつき悪意であった。

平成○年○月○日　○法務局○出張所　御中

上記登記原因のとおり相違ありません。

権利者　（住所省略）　C　㊞

義務者　（住所省略）　A　㊞

174　第３編　債　権

譲渡制限の意思表示に反する債権譲渡と抵当権の抹消

コラム　　　下記の登記記録にあるような債権譲渡に基づく抵当権移転の登記がなされた場合，通常であれば，債務者ＢはＣに対して債務を弁済し，所有者であるＢを登記権利者，Ｃを登記義務者として抵当権の抹消登記を申請することとなる。ところが，新法の下では，これとは異なる展開が生じ得る。すなわち，ＡのＢに対する債権には譲渡制限の意思表示がされていたにもかかわらず，Ａが譲渡制限の意思表示につき悪意のＣに債権を譲渡し抵当権の移転がなされているようなケースでは，ＢはＡに弁済することが可能である（新法第466条第３項）。この場合，手続上どのように１番抵当権を抹消すれば良いのであろうか。登記記録上，Ａは既に登記名義を失っているのであるから，Ａを登記義務者とする抵当権の抹消登記は申請できないであろう。また，債権譲渡自体は実体上有効であり，１番抵当権移転の登記自体，実体と合致するのであるから，１番付記１号の登記を抹消しＡの名義に戻すというのも妙である。ＢがＡに弁済したことをＣにも対抗できることをもって，Ｂを登記権利者，Ｃを登記義務者とする抵当権の抹消登記を申請すべきことになるのであろうが，弁済を受けたわけではないＣが手続に協力する可能性は低いであろう。そのため，このようなケースでは判決による登記を検討する必要性が出てくることも考慮に入れておくべきであろう。

権　利　部　（乙区）	（所有権以外の権利に関する事項）		
順位番号	登記の目的	受付年月日・受付番号	権利者その他の事項
1	抵当権設定	平成○年○月○日 第○号	原因　平成○年○月○日金銭消費貸 　　　　借平成○年○月○日設定 債権額　金100万円 利息　0.825％ 損害金　14.6％（年365日日割計算） 債務者　〈住所省略〉 　　　　Ｂ 抵当権者　〈住所省略〉 　　　　Ａ
付記１号	１番抵当権移転	平成○年○月○日 第○号	平成○年○月○日債権譲渡 抵当権者　〈住所省略〉 　　　　Ｃ

第6章　債権譲渡　*175*

Q 43 **異議をとどめない承諾の効力**

　　AのBに対する100万円の貸金債権を担保するため，Bが所有する甲土地を目的として抵当権（順位1番）が設定されているところ，AとCとの間で，当該被担保債権につき売買契約が締結された。当該被担保債権は，債権譲渡がなされた時点で既に弁済済みであったが，Bは異議をとどめずに債務者対抗要件である承諾をしてしまった。このようなケースにおいて，関係当事者全員から1番抵当権の移転の登記申請手続につき依頼を受けた司法書士は，どのような点に留意すべきか。

Answer

　本事例で譲渡された債権は，譲渡の時点で既に弁済により消滅していたのであるから，1番抵当権は附従性により消滅しており，債権譲渡を原因とする1番抵当権の移転という権利変動は否定されるのが通常である。

　ところが，旧法下では債務者が異議をとどめずに債務者対抗要件である承諾をした場合には，譲渡人に対抗できた事由をもって譲受人に対抗できなくなる（異議をとどめない承諾による抗弁の切断）とされていたため（旧法第468条第1項本文），異議をとどめずに承諾した事実が確認された場合には，債権譲渡を原因とする1番抵当権の移転の登記を申請し得た。

　しかし，単に債権が譲渡されたことを認識した旨を債務者が通知しただけで抗弁の喪失という債務者にとって予期しない効果が生ずることについては，債務者の保護の観点から妥当でなく，その正当化根拠の説明も困難であるとして，強く批判されていた。

　そこで新法では，旧法第468条第1項前段を削除している。これによって，抗弁の切断は，抗弁を放棄するという意思表示の一般的な規律に委ねられることとなった（部会資料74A第1-3⑴）。

　そのため，本事例では，抗弁を放棄する意思がある場合は別として，依頼を受けた司法書士は債権譲渡を原因とする1番抵当権の移転の登記申請手続

176　第3編　債　権

を行うべきではないこととなる。

【旧】	【新】
（指名債権の譲渡における債務者の抗弁） **第468条**　債務者が異議をとどめないで前条の承諾をしたときは，譲渡人に対抗することができた事由があっても，これをもって譲受人に対抗することができない。この場合において，債務者がその債務を消滅させるために譲渡人に払い渡したものがあるときはこれを取り戻し，譲渡人に対して負担した債務があるときはこれを成立しないものとみなすことができる。 2　譲渡人が譲渡の通知をしたにとどまるときは，債務者は，その通知を受けるまでに譲渡人に対して生じた事由をもって譲受人に対抗することができる。	（債権の譲渡における債務者の抗弁） **第468条**　債務者は，対抗要件具備時までに譲渡人に対して生じた事由をもって譲受人に対抗することができる。 2　第466条第4項の場合における前項の規定の適用については，同項中「対抗要件具備時」とあるのは，「第466条第4項の相当の期間を経過した時」とし，第466条の3の場合における同項の規定の適用については，同項中「対抗要件具備時」とあるのは，「第466条の3の規定により同条の譲受人から供託の請求を受けた時」とする。

第6章　債権譲渡　*177*

Q44 譲渡制限の意思表示に反する債権譲渡と供託金の還付

AのBに対する100万円の貸金債権を，AがCに対して売却したところ，当該債権には譲渡制限の意思表示がされていたことから，債務者Bが当該債権の全額に相当する金銭を供託した。このようなケースにおいて，Cから供託金の還付請求の手続につき依頼を受けた司法書士は，どのような点に留意すべきか。

Answer

譲渡制限の意思表示がされた金銭の給付を目的とする債権が譲渡されたときは，債務者は，その債権の全額に相当する金銭を供託することができ（新法第466条の2第1項），このようにして供託された金銭は，譲受人に限り，還付を請求することができるとされていることから（同条第3項），Cから供託金の還付請求の手続につき依頼を受けた司法書士はこれに応じ速やかに手続をとるべきである。

なお，新法によれば，譲渡制限の意思表示がされた債権の譲渡は常に有効であることから，「債権者」は譲受人であり，供託は譲受人の現在の住所を管轄する供託所になされるものとも思えるが（民法第495条第1項，第484条第1項参照），債務者保護の観点から，譲渡人の現在の住所を管轄する供託所における供託を可能とする規律となっている（新法第466条の2第1項括弧書き，部会資料83-2第19-1-(3)）。

そのため，譲渡人の現在の住所を管轄する供託所に供託されている場合も想定されるが，その場合であっても，譲受人の依頼に応じて供託金の還付請求の手続をとって差し支えない。

【旧】	【新】
（新設）	（譲渡制限の意思表示がされた債権に係る債務者の供託） 第466条の2　債務者は，譲渡制限の意思表示がされた金銭の給付を目的とする債

権が譲渡されたときは，その債権の全額に相当する金銭を債務の履行地（債務の履行地が債権者の現在の住所により定まる場合にあっては，譲渡人の現在の住所を含む。次条において同じ。）の供託所に供託することができる。

2　前項の規定により供託をした債務者は，遅滞なく，譲渡人及び譲受人に供託の通知をしなければならない。

3　第1項の規定により供託をした金銭は，譲受人に限り，還付を請求することができる。

第6章　債権譲渡　*179*

Q 45 譲渡制限の意思表示がされた債権の差押え

譲渡制限の意思表示がされた債権を目的として，債権差押命令の申立てに関する書面作成につき依頼を受けた司法書士は，どのような点に留意すべきか。

Answer

従来から判例（最判昭和45年4月10日民集24巻4号240頁）は，私人間の合意により差押禁止財産を作出することを認めるべきではないことから，譲渡禁止特約付債権についても差押え，転付命令による債権の移転を認めており，今般の改正では，当該判例法理が明文化されている（新法第466条の4第1項）。

もっとも，譲渡制限の意思表示がされた債権を差し押さえたのが，譲渡制限の意思表示につき悪意又は重過失のある譲受人の債権者であった場合には，債務者は，その債務の履行を拒むことができ，かつ，譲渡人に対する弁済その他の債務を消滅させる事由をもって差押債権者に対抗することができるとされていることに注意すべきである（新法第466条の4第2項）。

差押債権者に，執行債務者である譲受人が有する権利以上の権利が認められるべきではないため，債務者が譲受人に対して譲渡制限の意思表示を対抗することができる場合には，差押債権者に対してもこれを対抗することができることとしたものである（部会資料74A第1‐1）。

【旧】	【新】
（新設）	**（譲渡制限の意思表示がされた債権の差押え）** **第466条の4**　第466条第3項の規定は，譲渡制限の意思表示がされた債権に対する強制執行をした差押債権者に対しては，適用しない。 2　前項の規定にかかわらず，譲受人その他の第三者が譲渡制限の意思表示がされたことを知り，又は重大な過失によって知らなかった場合において，その債権者

180 第３編 債 権

が同項の債権に対する強制執行をしたと
きは，債務者は，その債務の履行を拒む
ことができ，かつ，譲渡人に対する弁済
その他の債務を消滅させる事由をもって
差押債権者に対抗することができる。

第 6 章　債権譲渡　*181*

Q 46 将来債権譲渡

将来債権の譲渡につき，どのような法整備がなされるか。

Answer

　将来債権についても譲渡の対象とすることができるとする判例（最判平成11年1月29日民集53巻1号151頁等），将来債権の譲受人が具体的に発生する債権を当然に取得するとする判例（最判平成19年2月15日民集61巻1号243頁）を明文化する法整備がなされている（新法第466条の6第1項，第2項）。

　また，対抗要件具備時までに譲渡制限の意思表示がされた場合には，債務者は譲受人の主観的態様に関わらず，譲渡制限の意思表示を対抗することができるとする規律が整備されている（新法第466条の6第3項）。

　さらに，新法第467条では，将来債権の譲渡について，民法第467条の方法によって第三者対抗要件を具備しなければ，第三者に対抗することができないという判例法理（最判平成13年11月22日民集55巻6号1056頁）を明文化する趣旨で，括弧書きが付け加えられている。

　以下，将来債権に関する議論をいくつか紹介する。

(1)　**民法第466条第1項の「債権」に将来債権は含まれるか**

　新法では，将来債権が譲渡可能であるという判例法理を明文化する趣旨で，将来債権が民法第466条第1項の「債権」に該当するかどうかということに立ち入らず，将来債権の譲渡が「債権の譲渡」の概念に含まれることを明らかにすることにしている。「将来債権」と「債権」との関係を完全に整理することは容易ではなく，特に，将来債権が民法第466条第1項の「債権」に含まれないという前提で規定を整理することについては，民法中の他の「債権」という文言の全てについて，将来債権が含まれるかどうかを整理しなければならず，極めて困難である上に，規定が複雑になるおそれがあることを踏まえてのことである（部会資料81-3第2-2(1)）。

(2)　**「将来債権」とはそもそも何か**

　新法では，将来債権に何が含まれるかという点については，解釈に委ねる

182　第3編　債　権

ことを前提としている。例えば，①発生原因は存在するが未発生の債権と，
②発生原因すら存在しない債権が「将来債権」に含まれることに争いはない
ように思われるが，③条件付債権と，④期限付債権が，将来債権に含まれる
かという点については見解が分かれていることを踏まえてのことである（部
会資料74A第1‐2）。

⑶　どの程度先の将来債権までが譲渡し得るのか

　将来債権の譲渡については，当初，最判昭和53年12月15日集民125号839頁
が契約締結後1年の間に医師に支払われる診療報酬債権を目的とする債権譲
渡契約を有効としたことを受け，将来債権の譲渡はあたかも1年間に限るよ
うに理解されてきた。

　しかし，最判平成11年1月29日民集53巻1号151頁により債権発生の可能
性の多寡が債権譲渡契約の効力を左右しないこと，そして公序良俗違反に当
たらない限り将来債権の譲渡は始期終期を明確にするなどして目的債権が特
定されている限り有効であると示されたことから，比較的長期間の将来債権
についても，譲渡契約締結時に確定的に譲渡できることとなった（なお，判
例の事案は，医師が社会保険診療報酬支払基金から将来8年3か月の間に支払を
受けるべき診療報酬債権の譲渡が問題となったものである。）。

　目的債権の特定性については，最判平成12年4月21日民集54巻4号1562頁
が，多数の将来債権の譲渡の予約がされていた事案において，譲渡の目的と
なるべき債権を譲渡人が有する他の債権から識別することができる程度に特
定されていることが必要であると判示している。

　どのような要素によって将来債権を特定するかという点については，平成
11年判決及び平成12年判決からは必ずしも明らかではないが，学説上は，特
定のために必要な要素として，第三債務者，発生原因，発生時期，譲渡額等
が挙げられている（部会資料9‐2第1‐5⑴）。

　新法では，将来債権を特定するための要素については何ら規定されていな
いことから，どの程度先の将来債権までが譲渡し得るのかについては，解釈
に委ねられることとなるものと思われる。

第6章　債権譲渡　*183*

【旧】	【新】
（新設）	**（将来債権の譲渡性）** **第466条の6**　債権の譲渡は，その意思表示の時に債権が現に発生していることを要しない。 2　債権が譲渡された場合において，その意思表示の時に債権が現に発生していないときは，譲受人は，発生した債権を当然に取得する。 3　前項に規定する場合において，譲渡人が次条の規定による通知をし，又は債務者が同条の規定による承諾をした時（以下「対抗要件具備時」という。）までに譲渡制限の意思表示がされたときは，譲受人その他の第三者がそのことを知っていたものとみなして，第466条第3項（譲渡制限の意思表示がされた債権が預貯金債権の場合にあっては，前条第1項）の規定を適用する。

184 第3編 債 権

Q 47 債権譲渡の対抗要件

債権譲渡の対抗要件に関する規定は，どのような審議を経て，どのような規定となるか。また，今般の民法改正に伴って，債権譲渡登記制度を利用することができる範囲は拡張されるか。

Answer

債権譲渡の対抗要件に関する規定について，実質的な変更はなされておらず，将来債権の譲渡について，民法第467条の方法によって第三者対抗要件を具備しなければ，第三者に対抗することができないとする判例法理（最判平成13年11月22日民集55巻6号1056頁）を明文化する趣旨で，括弧書きが付け加えられただけである。

債権譲渡の対抗要件制度については，①債権を譲渡した事実を譲渡人又はその指定する者が，公証人又は郵便認証司に対して申述した日時を証明するための行為をすることを第三者対抗要件とし，その証明された日時の先後で対抗関係の優劣を決するという考え方，②法人を譲渡人とする将来債権の譲渡について，第三者対抗要件を登記に一元化するという考え方，などが示され審議がなされてきた（①②の考え方は第74回会議後に提出された立法提案である。）。しかし，改正の要否及びその内容についての意見は最後まで分かれたままであり，合意形成は困難であると考えられたことから，これらの考え方は取り上げないこととされた。

これにより，従来から指摘されてきた対抗要件制度の問題点（①債務者が複数の通知の到達の先後及び通知の有無を判断する負担を負うこと，②債権を譲り受けようとする者又は譲受人からの照会があった場合に，債権の帰属について，債務者が回答する負担を負うこと）は残ることとなった。

また，今般の民法改正に伴って，債権譲渡登記制度を利用することができる範囲が拡張されたということはない。資金調達の円滑化の促進という観点から債権譲渡の第三者対抗要件を登記に一元化することが望ましいという考え方から，登記することができる債権譲渡の対象を，自然人を譲渡人とする

第6章　債権譲渡　*185*

ものに拡張することや，金銭債権以外の債権も含めることも議論されてきたが，特例法（動産及び債権の譲渡の対抗要件に関する民法の特例等に関する法律）は，依然として法人を譲渡人とする金銭債権のみを対象としている。

【旧】	【新】
（指名債権の譲渡の対抗要件） **第467条**　指名債権の譲渡は，譲渡人が債務者に通知をし，又は債務者が承諾をしなければ，債務者その他の第三者に対抗することができない。 2　前項の通知又は承諾は，確定日付のある証書によってしなければ，債務者以外の第三者に対抗することができない。	（債権の譲渡の対抗要件） **第467条**　債権の譲渡（現に発生していない債権の譲渡を含む。）は，譲渡人が債務者に通知をし，又は債務者が承諾をしなければ，債務者その他の第三者に対抗することができない。 2　前項の通知又は承諾は，確定日付のある証書によってしなければ，債務者以外の第三者に対抗することができない。

186　第３編　債　権

第7章　債務引受

Q48　併存的債務引受

併存的債務引受に関する新設規定の内容はどのようなものか。また，その改正は不動産登記の実務にどのような影響を及ぼすか。

Answer

債務引受とは，既存の債務と同一内容の債務を債務者以外の者（引受人）に負担させることをいい，引受人と共に従来の債務者も引き続き債務を負う併存的債務引受と，引受人のみが債務を負って従来の債務者は債務を免れる免責的債務引受の２種類がある。旧法は債務引受に関する規定を欠いていたが，これが可能であることについては判例（最判昭和41年12月20日民集20巻10号2139頁）・学説ともに異論はなく，実務上も重要な機能を果たしている。新法では，併存的債務引受及び免責的債務引受について，各別に，引受契約の方式，効力要件，引受後の法律関係等に関する規定が設けられた。それらの内容及び不動産登記の手続に及ぼす影響は以下のとおりである。

⑴　併存的債務引受契約の当事者及び効力の発生

　ア　三面契約

　　　新法第470条は，債権者と引受人との契約及び債務者と引受人との契約による併存的債務引受について規定しているが，これは債権者，債務者及び引受人の三面契約によって併存的債務引受ができることを当然の前提とするものである。

　　　三面契約による併存的債務引受は，条件・期限の定めがない限り，契約の成立と同時に効力が発生する。

イ 債権者と引受人との契約

新法第470条第２項は債権者と引受人との契約によって併存的債務引受をすることができる旨を定めている。これは，判例（大判大正15年３月25日大民集５巻219頁）の見解を明文化したものである。すなわち，併存的債務引受は，債権の履行を確保するという点において，保証と同様の機能を有しており，債務者の意思に反する保証が認められることから，債務者の意思に反する併存的債務引受も認められるという趣旨である。

債権者と引受人との契約による併存的債務引受も，条件・期限の定めがない限り，契約の成立と同時に効力が発生する。

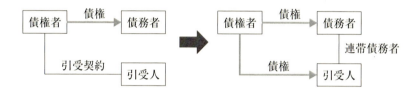

ウ 債務者と引受人との契約

新法第470条第３項は債務者と引受人との契約による併存的債務引受について，債権者から引受人となる者に対する承諾を効力要件としている。これは，従来の通説的見解を取り入れたものである。すなわち，債務者と引受人との契約による併存的債務引受の法的性質は第三者のためにする契約であり，「第三者」に相当する債権者の受益の意思表示（新法第537条第３項）によって効力が生じるという見解がそれである。

なお，債務者と引受人との契約による併存的債務引受の効力の発生時期は債権者が「承諾をした時」すなわち引受人に承諾の意思表示が到達した時（新法第97条第１項）であり，引受契約締結時に遡及はしない。

【旧】	【新】
（新設）	（併存的債務引受の要件及び効果） **第470条** 併存的債務引受の引受人は，債務者と連帯して，債務者が債権者に対して負担する債務と同一の内容の債務を負担する。 2 併存的債務引受は，債権者と引受人となる者との契約によってすることができる。 3 併存的債務引受は，債務者と引受人となる者との契約によってもすることができる。この場合において，併存的債務引受は，債権者が引受人となる者に対して承諾をした時に，その効力を生ずる。 4 前項の規定によってする併存的債務引受は，第三者のためにする契約に関する規定に従う。

(2) 併存的債務引受の効果

ア 基本的効果

引受人が負担する債務と債務者が負担する債務との関係については，特段の事情のない限り連帯債務になるとする判例（前記昭和41年最判）と，原則として不真正連帯債務になるという有力な学説との対立があった。有力説は，連帯債務になるとすると，広範な絶対的効力事由により債務者の数の増加がかえって債権の効力を弱めてしまい債権者の期待に反する結果になるということを根拠としていた。

この問題について新法は，第470条第1項において「引受人は，債務者と連帯」する旨を規定するとともに，連帯債務とは異なるカテゴリーとしての不真正連帯債務に関する規律を設けないこととした。一見すると新法は判例理論を採用したように思われるが，そうではなく，絶対的効力事由を限定した新たな規律（新法第441条）を前提とする連帯債務関係を創設したのである（中間試案補足説明第20-1）。

イ 引受人の抗弁権・履行拒絶権等

引受人は，併存的債務引受の効果として，債務者が引受けの効力が生

じた時に主張することができた抗弁をもって債権者に対抗することができる（新法第471条第1項）。引受人は債務者が負担する債務と同一内容の債務を負担することを根拠とする通説の見解を明文化したものである。

ウ　引受人の解除権・取消権・履行拒絶権

　解除権・取消権の取扱いについては，改正作業の過程で変遷が見られた。中間試案では，解除権・取消権のような契約当事者としての地位に基づく権利を引受人が行使することはできないという通説的見解に従い，規定を設けないという消極的な形で，解除権・取消権の行使ができないことを当然のこととしていた（中間試案補足説明第20‐1）。その後に公表された要綱案のたたき台(2)（部会資料67Ａ第3‐1）では，「債務者が債権者に対して相殺権，取消権又は解除権を有するときは，引受人は，債権者に対して債務の履行を拒むことができるものとする。」案が提示された。引受人に解除権等を行使することを認めるのではなく，解除権等の存在を理由とする履行拒絶権を与えるという構成である。これは，債務者が解除権等を行使すると引受人の債務も消滅するにもかかわらず，解除権等が行使されるまでは引き受けた債務の履行を拒絶することができないというのは不当であるということを根拠としている。この案は，要綱案（案）（部会資料88‐2第21‐1）において「債務者がその債務を免れる限度において」という語句を挿入するなどの修正を経て，条文化された（新法第471条第2項）。「債務を免れるべき限度」とは，例えば，継続的契約に基づいて毎月発生する債務を引き受けた場合において，その一部について債務不履行があったとしてその部分のみが解除されたときには，引受人が履行を拒むことができる範囲は，契約全体についてではなく，債務者が債務を免れることができる限度となるという意味である（部会資料80‐3第5‐1）。

　なお，債務者と引受人との契約による併存的債務引受は第三者のためにする契約であるから，引受人は当該引受契約に基づく債務者に対する抗弁をもって債権者に対抗することができる（民法第539条）。

190 第3編 債 権

エ 相殺権

　要綱仮案（原案）では「債務者が債権者に対して相殺権を有するときは，引受人は，債務者の負担部分の限度で，債権者に対して債務の履行を拒むことができる。」という規定の創設が提案されていた（部会資料80-3第5-1）が，要綱仮案（案）では削除された。これは，連帯債務の規定（新法第439条第2項）との重複を避けるためであり，実質的な規律内容の変更を意味するものではない（部会資料83-2第21-1）。

【図表3-14】併存的債務引受の3類型の比較

	債権者・債務者・引受人の三面契約	債権者と引受人の二面契約	債務者と引受人の二面契約
引受契約の効力発生時期	格別の規定なし ↓ 条件・期限の定めがない限り契約成立時	格別の規定なし ↓ 条件・期限の定めがない限り契約成立時	債権者が引受人に対して承諾をした時（新法第470条第3項）
引受人の抗弁権等	① 引受契約の効力が生じた時に債務者が主張できた抗弁を債権者に対抗することができる（新法第471条第1項） ② 債務者が債権者に対して有する取消権又は解除権の行使をすることにより，その免責の限度において，債務の履行の拒絶ができる（同条第2項）	引受契約の効力が生じた時に債務者が主張できた抗弁を債権者に対抗することができる（新法第471条第1項）	① 引受契約の効力が生じた時に債務者が主張できた抗弁を債権者に対抗することができる（新法第471条第1項） ② 引受人は引受契約に基づく抗弁をもって債権者に対抗できる（同法第470条第4項・第539条）

【旧】	【新】
（新設）	（併存的債務引受における引受人の抗弁等） **第471条** 引受人は，併存的債務引受により負担した自己の債務について，その効力が生じた時に債務者が主張することができた抗弁をもって債権者に対抗することができる。 2 債務者が債権者に対して取消権又は解除権を有するときは，引受人は，これらの権利の行使によって債務者がその債務を免れるべき限度において，債権者に対

第7章　債務引受　*191*

	して債務の履行を拒むことができる。

⑶　併存的債務引受と保証との区別（改正が見送られた事項）

　中間試案では，保証と異ならない実質を有する併存的債務引受の類型，すなわち①引受人が債務者の負う債務を保証することを主たる目的とする場合，及び，②債務者が引受人の負う債務を保証することを主たる目的とする場合について，保証の規定の潜脱を防止する見地から，保証人の保護に関する規定（民法第446条第2項等）を準用する案が提示されていたが，要綱仮案では採用されなかった。上記の①及び②はどのような場合が射程に入るのか不明確であるというのが不採用の理由である。

⑷　不動産登記手続に関する事例問題

《事例》

　平成33年4月1日，BがAに対して負担する債務につき，CはBとの間で，併存的債務引受契約を締結した。翌日，Aはこの債務引受を承諾する旨の内容証明郵便をCに対して発信し，同年4月4日，Cに到達した。Bの債務については，Bが所有する甲土地に乙区1番で抵当権が設定されている。

ア　登記申請手続の概要

　設問の事例の場合には，B・C間の併存的債務引受契約により1番抵当権の被担保債権について債務者Bから連帯債務者B及びCへの変更が生じるため，抵当権者Aを登記権利者とし設定者Bを登記義務者とする共同申請により，1番抵当権の変更登記を行うべきこととなる。登記原因は「併存的債務引受」，登記原因の日付は併存的債務引受契約の効力発生日すなわちAの承諾がCに到達した「平成33年4月4日」である。また，「追加する事項　連帯債務者」としてCの氏名及び住所を記載する。

192 第3編 債 権

【書式例3‒11】併存的債務引受を登記原因とする抵当権の変更の登記の登記原因
証明情報

登記原因証明情報

1 登記申請情報の要項
 (1) 登 記 の 目 的 　1番抵当権変更
 (2) 登 記 の 原 因 　平成33年4月4日併存的債務引受
 (3) 追加する事項 　連帯債務者 （住所省略） C
 (4) 当 事 者 　権利者 （住所省略） A
 　　　　　　　　　　 義務者 （住所省略） B
 　　不動産の表示 　（省略）

2 登記の原因となる事実又は法律行為
 (1) 平成○年○月○日，AはBに対して金○円を貸し付け，同日，両者の申
 請によりAの貸金債権を担保する抵当権（以下，「本件抵当権」という。）
 の設定登記がなされた（○法務局○出張所平成○年○月○日受付第○○○
 号）。
 (2) 平成33年4月1日，B及びCは，本件抵当権の被担保債権について，併
 存的債務引受契約を締結した。
 (3) 平成33年4月2日，Aは，上記(2)の併存的債務引受を承諾する旨の意思
 表示を内容証明郵便で送付した。この意思表示は，平成33年4月4日，C
 に到達した。
 (4) 上記(3)の承諾の意思表示により，上記(2)の併存的債務引受は効力を生
 じ，本件抵当権の被担保債権は連帯債務者B及びCに対するものとなっ
 た。
 (5) よって，本件抵当権の登記は実体との後発的一部不一致により変更すべ
 きものである。

平成○年○月○日 　○法務局○出張所 　御中

 上記登記原因のとおり相違ありません。

 　　　　　　　　　　　　　　　 権利者 　（住所省略） 　A 　㊞
 　　　　　　　　　　　　　　　 義務者 　（住所省略） 　B 　㊞

第7章　債務引受　　*193*

Q 49 | **免責的債務引受**

免責的債務引受に関する新設規定の内容はどのようなものか。また，その改正は不動産登記の実務にどのような影響を及ぼすか。

Answer

⑴　免責的債務引受契約の当事者及び効力の発生

ア　三面契約

　　免責的債務引受契約の当事者について新法第472条は，併存的債務引受と同様，債権者と引受人との契約及び債務者と引受人との契約について規定しているが，やはり債権者，債務者及び引受人の三面契約によって併存的債務引受ができることを当然の前提とするものである。

　　三面契約による免責的債務引受は，条件・期限の定めがない限り，契約の成立と同時に効力が発生する。

イ　債権者と引受人との契約

　　新法第472条第2項は債権者と引受人との契約によって免責的債務引受をすることができる旨，及び，免責的債務引受は債権者が債務者に対してその契約をした旨を通知した時に効力を生ずる旨を定めている。これは，判例理論（大判大正10年5月9日民録27輯899頁）に対する批判を踏まえて新たな規律を創設したものである。すなわち，判例理論の特色は，①第三者の弁済（民法第474条）に準じて債務者の意思に反する免責的債務引受を認めない点，及び，②債権者と引受人の合意のみによる免責的債務引受の成立を認める点にあるが，①に対しては，債務者の意思を知り得ない場合には免責的債務引受の成否が明らかとならず取引の障害となるという批判に加え，債務者が債務を免れる点に着目すれば免責的債務引受の効果は債務免除（民法第519条）と変わらないのであり，債権者は債務者の意思に反しても債務免除をすることができることとの均衡を失するという批判があった（部会資料67A第3-2）。また，②に対しては，債務者が一切関与しないまま免責的債務引受が成立し債権債務

関係から離脱することを認めると債務者の予期しない効果を生じさせることとなって不当であるとともに，債務免除には債権者から債務者への意思表示が必要であることとの整合性を欠くという批判があった（中間試案補足説明第20-2）。

そこで新法第472条第2項は，前段において債務者の意思に反しないことを要件としない規律を設けることによって上記の取引の障害及び債務免除との不均衡を除去し，後段において債権者から債務者に対する引受契約成立の通知を効力要件とすることによって債務者の利益保護を図った（ただし，債務免除と異なり「通知」で足りるのであり「意思表示」までは要求しない。）。

ウ　債務者と引受人との契約

新法第472条第3項は債務者と引受人との契約による免責的債務引受について，債権者から引受人となる者に対する承諾を効力要件としている。これは，従来の通説的見解を取り入れたものである。すなわち，債権者の関与なしに債務者が交替することを認めると，引受人の資力によっては債権者の利益を害するおそれがあるため，債権者の承諾がなければ債務者と引受人との契約による免責的債務引受は効力を生じないという見解がそれである。

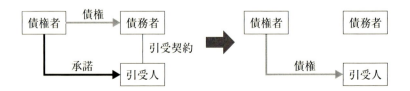

第 7 章 債務引受

　なお，債務者と引受人との契約による免責的債務引受の効力発生時期については，要綱案のたたき台(2)（部会資料67A第3‐2）の段階までは「債権者が承諾をした時に，引受人が債権者に対して債務を負担し，債務者は自己の債務を免れる」という文言が明示されていたが，要綱及び条文では削除された。元々この文言は，承諾の遡及効を認める従来の有力説（民法第116条の類推適用により引受契約の効力の発生を債務者と引受人の合意の時に遡らせる説）に対する批判を踏まえて，承諾の遡及効を否定する意図で提案されたものであった。その批判とは，①免責的債務引受の効力の発生を合意の時に遡及させる必要性に乏しく，②合意の成立後，債権者が承諾をするまでの間に，免責的債務引受によって消滅する債権を第三者が差し押さえた場合などに法律関係が不明確になる等である（部会資料67A第3‐2）。上記の文言の削除が遡及効の問題を従来どおり解釈に委ねることを意味するのか，あるいは単に表現を修正しただけで遡及効を否定する趣旨は維持されているのか，必ずしも明瞭ではない（債務者と引受人との契約による併存的債務引受に関する新法第470条第3項と第472条第3項の文言の違いに注意。）。ちなみに，「承諾の効力は，引受人と債務者との合意の時に遡らない。したがって，合意の成立から債権者の承諾があるまでの間に，免責的債務引受によって消滅する債権者の債務者に対する債権を第三者が差し押さえたとき，その後にされた承諾は，この第三者による差押えの効力に影響を及ぼさない」という見解もある（潮見・概要151頁）。

【旧】	【新】
（新設）	**（免責的債務引受の要件及び効果）** **第472条**　免責的債務引受の引受人は債務

196　第３編　債　権

<table>
<tr><td></td><td>者が債権者に対して負担する債務と同一の内容の債務を負担し，債務者は自己の債務を免れる。
2　免責的債務引受は，債権者と引受人となる者との契約によってすることができる。この場合において，免責的債務引受は，債権者が債務者に対してその契約をした旨を通知した時に，その効力を生ずる。
3　免責的債務引受は，債務者と引受人となる者が契約をし，債権者が引受人となる者に対して承諾をすることによってもすることができる。</td></tr>
</table>

⑵　**免責的債務引受の効果**

　ア　基本的効果

　　免責的債務引受の基本的な効果は以下の二つである。

　　第一に，引受人は債務者が債権者に対して負担する債務と同一の内容の債務を負担する。

　　第二に，債務者は自己の債務を免れる。

　　いずれも旧法下において異論のなかった解釈であり，新法第472条第１項はこれらを明文化したものである（中間試案補足説明第20-２）。

　イ　引受人の抗弁権

　　引受人は，免責的債務引受の効果として，債務者が引受けの効力が生じた時に主張することができた抗弁をもって債権者に対抗することができる（新法第472条の２第１項）。引受人は債務者が負担する債務と同一内容の債務を負担することを根拠とする通説の見解を明文化したものである。

　　なお，要綱案のたたき台⑵の説明によれば，「抗弁」という文言が用いられているのは，引受人が債務者の有する相殺権を行使することができないということを表す趣旨である（部会資料67Ａ第３-３）。

　ウ　引受人の解除権・取消権・履行拒絶権

　　解除権・取消権の取扱いについては，前述した併存的債務引受と同じ

く，改正作業の過程で変遷が見られた。すなわち，中間試案では規定を
設けないという消極的な形で解除権・取消権の行使ができないことを当
然のこととしていたが，要綱案のたたき台(2)（部会資料67Ａ第3‐3）で
は，「債務者が債権者に対して取消権又は解除権を有するときは，引受
人は，債権者に対して債務の履行を拒むことができるものとする。」案
を示して，解除権等の存在を理由とする履行拒絶権の付与という構成を
とった。債務者が負担していた債務を発生させる契約について解除権又
は取消権が行使された場合には引受人の債務も消滅するのだから，引受
人に履行を拒絶させる必要があるという理由に基づいている。その後，
要綱案（案）（部会資料88‐2第21‐3）において「免責的債務引受がなけ
ればこれらの権利の行使によって債務者がその債務を免れることができ
た限度において」という語句を挿入するなどの修正を経て，条文化され
た（新法第472条の2第2項）。

エ　求償権

　免責的債務引受の引受人は，債務者に対して求償権を取得しない（新
法第472条の3）。これは，判例理論を明文化したものである。すなわち，
債務引受を成立させて債務者の債務を免れさせたことを理由とする求償
の事案（大判明治36年10月3日民録9輯1046頁），引き受けた債務を履行
したことを理由とする求償の事案（大判昭和15年11月9日法学10巻415頁），
いずれについても判例は求償権の行使を認めなかった（部会資料83‐2第
21‐1）。

　これに対して学説は，①引受人が他人の債務を自己の債務とした上で
債務を履行するのが免責的債務引受であり，それ自体には求償関係を発
生させる基礎を欠いていることを理由として判例を支持する説と，②免
責的債務引受は実質的に元々他人の債務であったものを自己の出捐に
よって消滅させるものであり，その利益状況は第三者の弁済と類似して
いるから，事務管理等により求償することができるとする説とに分かれ
ている。

　本条は上記判例及び学説①の見解を採用し，事務管理又は不当利得に

198　第３編　債　権

基づく求償をすることができない旨を明らかにした規定である。求償権
が発生しない以上，それを保全するための法定代位（民法第500条）の問
題も生じない。

　なお，免責的債務引受が債務者の委託に基づいて行われた場合には，
引受人は受任者の費用前払請求権（民法第649条）や費用償還請求権（民
法第650条）の行使として，債務相当額を請求することができる（部会資
料67Ａ第３－３）。

【旧】	【新】
（新設）	**（免責的債務引受における引受人の抗弁等）** **第472条の２**　引受人は，免責的債務引受により負担した自己の債務について，その効力が生じた時に債務者が主張することができた抗弁をもって債権者に対抗することができる。 ２　債務者が債権者に対して取消権又は解除権を有するときは，引受人は，免責的債務引受がなければこれらの権利の行使によって債務者がその債務を免れることができた限度において，債権者に対して債務の履行を拒むことができる。
（新設）	**（免責的債務引受における引受人の求償権）** **第472条の３**　免責的債務引受の引受人は，債務者に対して求償権を取得しない。

オ　損害賠償（改正が見送られた事項）

　　中間試案及び要綱案のたたき台では，債権者と引受人との契約による
免責的債務引受がなされた場合において，債務者に損害が生じたときは，
債権者は，その損害を賠償しなければならない旨の規定を設ける案が提
示されていた。損害の具体例としては，目的物の引渡債務について免責
的債務引受がなされた場合において，履行の準備をしていた債務者が無
駄に支出してしまった費用が挙げられている（部会資料67Ａ第３－２）。

第7章 債務引受　*199*

しかし，この規定の創設は結局見送られた。

(3) 免責的債務引受による担保の移転

　新法第472条の4は，免責的債務引受によって債務者が免れる債務の担保として設定された担保権又は保証の移転（引受人が負担する債務の担保として存続させること）に関する規定である。

　ア　改正前の判例・学説の状況

　　①　物上保証人が設定した担保権

　　　免責的債務引受の成立と同時に消滅するのが原則であり，存続させるためには担保目的物の所有者の同意を要するというのが判例（質権につき最判昭和46年3月18日集民102号273頁）及び通説の見解であった。

　　②　債務者が設定した担保権

　　　債務者の同意がなくても当然に存続するという説と，債務者と引受人の合意による免責的債務引受の場合には当然に存続するが債権者と引受人の合意による免責的債務引受の場合には債務者の同意がない限り消滅するという説とが対立していた。

　　③　保　証

　　　保証人の同意がない限り消滅するというのが判例（大判大正11年3月1日大民集1巻80頁）及び通説の見解であった。

　イ　新法における担保移転の要件

　　(ア)　債権者の意思表示

　　　新法第472条の4第1項及び第3項は物的担保権と保証に共通する移転の基本的要件として，債権者から引受人への単独の意思表示を定めている。債務者又は引受人との合意を要件とせず債権者の単独の意思表示で足りるとした理由，及び，債権者の意思表示がなければ担保は移転しないこととした理由は以下のとおりである（部会資料67A第3-4）。

　　　①　債務者又は引受人との合意を要件とすると，担保権を設定していない債務者又は引受人が担保権等を移転させないことができることとなって不当である。

② 担保権を設定している債務者又は引受人は担保権等の移転について承諾をするか否かを決することができるので，合意を要件としなくても保護に欠けることはない。
③ 債権者が担保の移転を望まない場合には担保を移転させる必要はないから，債権者の意思表示を要件とすべきである。

　債権者の意思表示は，「あらかじめ又は同時に」すなわち免責的債務引受の前か遅くとも同時にしなければならない（新法第472条の4第2項）。これは，担保の附従性との関係で，免責的債務引受の効力発生時に担保権の処遇を決することが望ましいと考えられるからである（中間試案補足説明第20－4）。

(イ)　担保権設定者・保証人の承諾
　① 物上保証人が設定した担保権
　　　免責的債務引受によって債務者が免れる債務の抵当権等の物的担保が債務者以外の第三者によって設定されたものである場合において，その設定者が引受人であるときは担保の移転について設定者の

【債務の引受人を物上保証をしていた設定者にする場合】

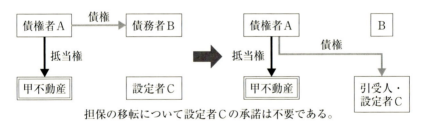
担保の移転について設定者Cの承諾は不要である。

【物上保証している債務を第三者が引受けた場合】

担保の移転について設定者Cの承諾は必要である。

承諾は不要であるが，設定者以外の者が引受人であるときは設定者の承諾が必要である（新法第472条の4第1項ただし書）。

② 債務者が設定した担保権

抵当権等の物的担保が債務者によって設定されたものである場合には，常に債務者の承諾が必要となる（新法第472条の4第1項ただし書）。債務者が免責的債務引受契約の当事者となっている場合（三面契約又は債務者と引受人の二面契約）か当事者となっていない場合（債権者と引受人の二面契約）かによって結論が異なることはない（潮見・概要154頁）。中間試案では，承諾を要する場合を「担保権が免責的債務引受の合意の当事者以外の者の設定したものである場合」としていたが，パブリック・コメントにおいて担保を設定している債務者が担保の移転に関与することができないことを懸念する意見が寄せられたことを踏まえ，債務者が免責的債務引受の当事者となっている場合であっても，免責的債務引受の合意とは別に担保移転の承諾の意思表示を要求することで，意図せず担保が移転する事態の発生を防止することとされた（部会資料67A第3-4）。

【債務者が設定した担保権付債務の免責的債務引受をした場合】

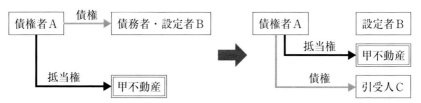

債務者・設定者Bが免責的債務引受の契約当事者であるか否かにかかわらず，担保の移転についてBの承諾は必要である。

③ 保　証

移転する担保が保証である場合には保証人の承諾が必要であり（新法第472条の4第3項），かつ，その承諾は書面でしなければ効力を生じない（新法第472条の4第4項）。書面を要求するのは，保証

契約の締結に関する民法第446条第2項との整合性を図る趣旨である（部会資料67A第3‐4）。

【保証付債務の免責的債務引受をした場合】

担保の移転について保証人Cの書面による承諾が必要である。

ウ　担保移転の効果

　上記の要件が全て満たされた場合には、債務者が免れる債務の担保として設定された担保権を引受人が負担する債務に移すことができる（新法第472条の4第1項）。「移すことができる」という文言には、後順位担保権者の承諾がなくても順位を維持したまま移転させることができるという意味が含まれている。これは、債務者の交替による更改に関する新法第518条が同順位での担保の移転を認めていることとのバランスをとる趣旨である（部会資料67A第3‐4）。

【旧】	【新】
（新設）	（免責的債務引受による担保の移転） 第472条の4　債権者は、第472条第1項の規定により債務者が免れる債務の担保として設定された担保権を引受人が負担する債務に移すことができる。ただし、引受人以外の者がこれを設定した場合には、その承諾を得なければならない。 2　前項の規定による担保権の移転は、あらかじめ又は同時に引受人に対してする意思表示によってしなければならない。 3　前二項の規定は、第472条第1項の規定により債務者が免れる債務の保証をし

た者があるときについて準用する。

4　前項の場合において，同項において準用する第1項の承諾は，書面でしなければ，その効力を生じない。

5　前項の承諾がその内容を記録した電磁的記録によってされたときは，その承諾，は，書面によってされたものとみなして同項の規定を適用する。

エ　不動産登記手続に関する事例問題

《事例》

平成33年4月1日，Aは，Bに対して金銭を貸し付けるとともに，自己の貸金債権を担保するためB所有の甲不動産（甲地方法務局甲出張所管轄）及びC所有の乙不動産（乙地方法務局乙出張所管轄）に抵当権の設定を受けた（各不動産とも乙区1番で設定登記済み）。

平成33年9月1日，AはCに対して，Bの負担する上記債務につきCとの間で近日中に締結する予定の免責的債務引受契約に先立ち，全ての担保をCが引き受けるべき債務の担保として移転させる旨の意思表示をし，併せてBに対して担保の移転を承諾するよう求めた。

平成33年9月5日，BはAの求めに応じて，上記の免責的債務引受契約に伴う担保の移転を承諾した。

平成33年10月1日，AとCは，Bの負担する上記債務をCが引き受け，Bの債務を免れさせる旨の契約を締結した。

平成33年10月3日，免責的債務引受が成立した旨のAの通知がBに到達した。

㈠　甲不動産に関する登記手続

免責的債務引受による担保の移転は，債権者があらかじめ又は同時に引受人に対してする単独の意思表示によってしなければならない（新法第472条の4第2項）。債権者Aから引受人Cに対する担保移転の

204　第３編　債　権

意思表示は，免責的債務引受の成立よりも前の平成33年９月１日に行われている。

　また，甲不動産は債務者Ｂの所有物であるから，引受人Ｃの債務の担保として移転させるためにはＢの承諾が必要となる（新法第472条の４第１項ただし書）が，この承諾は免責的債務引受に先立って得られている。

　さらに，本問の免責的債務引受は債権者Ａと引受人Ｃの契約によるものであるため，債権者から債務者に対して契約をした旨を通知した時に効力が生じる（新法第472条第２項）。Ａの通知は平成33年10月３日にＢに到達しているから，この日が免責的債務引受の効力発生日となる。

　以上のことから，甲不動産については免責的債務引受による１番抵当権の債務者変更の登記の申請をすべきこととなる。登記権利者は抵当権者Ａ，登記義務者は設定者Ｂである。登記原因は「免責的債務引受」，登記原因の日付は「平成33年10月３日」である。また，「変更後の事項　債務者」としてＣの住所氏名を申請書に記載する。

【書式例３‐12】 免責的債務引受を登記原因とする抵当権の変更の登記の登記原因証明情報

登記原因証明情報

１　登記申請情報の要項
　(1)　登 記 の 目 的　　　１番抵当権変更
　(2)　登 記 の 原 因　　　平成33年10月３日免責的債務引受
　(3)　変更後の事項　　　債務者　（住所省略）　Ｃ
　(4)　当　事　者　　　権利者　（住所省略）　Ａ
　　　　　　　　　　　　義務者　（住所省略）　Ｂ
　(5)　不動産の表示　　　（省略）

２　登記の原因となる事実又は法律行為
　(1)　平成33年４月１日，ＡはＢに対し，金100万円を貸し付け，Ａはこれを

第7章　債務引受　*205*

　　被担保債権として本件不動産に抵当権（以下「本件抵当権」という。）を
　　設定した（○法務局○出張所平成33年○月○日受付第○○○号）。
　⑵　平成33年9月1日，Ａは引受人Ｃに対し，本件抵当権をＣがＢに代わっ
　　て免責的に引き受ける債務の担保として移転させる旨の意思表示をした。
　⑶　平成33年9月5日，Ｂは上記⑵の担保の移転を承諾した。（注）
　⑷　平成33年10月1日，ＡとＣは，Ｃが上記⑴の債務の全額を引き受けると
　　ともにＢの債務を免れさせる旨の契約を締結した。
　⑸　平成33年10月3日，Ａは上記⑷の免責的債務引受の合意があった旨をＢ
　　に通知した。
　⑹　よって，平成33年10月3日をもって，本件抵当権の債務者はＢからＣへ
　　と変更された。

平成33年○月○日　　○法務局○出張所　　御中

上記登記原因のとおり相違ありません。

　　　　　　　　　　　　　　　　権利者　　（住所省略）　　Ａ　㊞
　　　　　　　　　　　　　　　　義務者　　（住所省略）　　Ｂ　㊞

（注）　担保の移転に関する設定者の承諾の時期
　　　　債権者による担保移転の意思表示については「あらかじめ又は同時に」し
　　なければならないと定められているのに対して，引受人以外の設定者から得
　　るべき承諾については新法第472条の4第1項の文言上時期的な制約が示さ
　　れていない。しかし，条文の文理解釈としては，設定者の承諾は債権者の意
　　思表示の効力要件と解するのが素直であるから，免責的債務引受の効力発生
　　時までに設定者の承諾が得られなかった場合には，債権者の意思表示が「あ
　　らかじめ又は同時に」行われなかったこととなり，担保の移転の効力は生じ
　　ないものと解される。

　⑷　**乙不動産に関する登記手続**

　　　債権者Ａから引受人Ｃに対する担保移転の意思表示は，「全ての担
　　保」を対象としている。したがって，乙不動産上の抵当権についても，
　　免責的債務引受の成立に先立つ平成33年9月1日に，債権者の単独の
　　意思表示（新法第472条の4第2項）が行われている。
　　　また，乙不動産の所有者は引受人Ｃであるから，担保の移転につい
　　てＣの承諾は不要である（新法第472条の4第1項ただし書）。

206 第3編 債 権

　免責的債務引受の効力発生日は，前述のとおり，債権者Aから債務者Bに対する通知が到達した平成33年10月3日である（新法第472条第2項）。

　以上のことから，乙不動産についても免責的債務引受による1番抵当権の債務者変更の登記の申請をすべきこととなる。登記権利者は抵当権者A，登記義務者は設定者Cである。登記原因及びその日付，変更後の事項の記載は甲不動産に関する登記手続と同じである。

【書式例3‐13】免責的債務引受を登記原因とする抵当権の変更の登記の登記原因証明情報

登記原因証明情報

1　登記申請情報の要項
　(1)　登 記 の 目 的　　1番抵当権変更
　(2)　登 記 の 原 因　　平成33年10月3日免責的債務引受
　(3)　変更後の事項　　債務者　（住所省略）　C
　(4)　当　　事　　者　　権利者　（住所省略）　A
　　　　　　　　　　　　　　義務者　（住所省略）　C
　(5)　不動産の表示　　（省略）

2　登記の原因となる事実又は法律行為
　(1)　平成33年4月1日，AはBに対し，金100万円を貸し付け，Aはこれを被担保債権として本件不動産に抵当権（以下「本件抵当権」という。）を設定した（○法務局○出張所平成33年○月○日受付第○○○号）。
　(2)　平成33年9月1日，Aは引受人Cに対し，本件抵当権をCがBに代わって免責的に引き受ける債務の担保として移転させる旨の意思表示をした。
　(3)　平成33年10月1日，AとCは，Cが上記(1)の債務の全額を引き受けるとともにBの債務を免れさせる旨の契約を締結した。
　(4)　平成33年10月3日，Aは上記(4)の免責的債務引受の合意があった旨をBに通知した。
　(5)　よって，平成33年10月3日をもって，本件抵当権の債務者はBからCへと変更された。

平成33年○月○日　○法務局○出張所　御中

上記登記原因のとおり相違ありません。

権利者　（住所省略）　A　㊞
義務者　（住所省略）　C　㊞

208　第３編　債　権

第 **8** 章　契約上の地位の移転

Q 50　契約上の地位の移転

契約上の地位の移転について新設された規定の内容は原則として，どのようなものか。また，その改正は不動産登記の実務にどのような影響を及ぼすと予想されるか。

Answer

契約上の地位の移転に関する新設規定は，契約全般に共通する総則として設けられたもの（新法第539条の２）と，不動産の賃貸人たる地位の移転に関する特則（新法第605条の２，第605条の３）とに分かれている。総則としての内容及び不動産登記手続への影響は以下のとおりである。

⑴　契約上の地位の移転の明文化

契約上の地位の移転とは，契約当事者の一方（譲渡人）と第三者（譲受人）との間の合意によって，当該契約当事者の契約上の地位を移転させることをいう（講学上は「契約上の地位の譲渡」「契約譲渡」「契約引受」などの呼称もある。）。これについて旧法には規定がなかったが，この法技術には以下のような有用性が認められ，実務上広く用いられていることから，新法では明文の規定が設けられる（中間試案補足説明第21）。

① 契約上の地位の移転は，個々の債権債務のみならず，解除権等の形成権も第三者に移転させることができるという機能を有する。

② 賃貸借などの継続的契約において，当事者の一方の変更にもかかわらず，将来に向かって契約の効力を存続させることができる。

【旧】	【新】
（新設）	第3款　契約上の地位の移転 **第539条の2**　契約の当事者の一方が第三者との間で契約上の地位を譲渡する旨の合意をした場合において，その契約の相手方がその譲渡を承諾したときは，契約上の地位は，その第三者に移転する。

(2)　契約上の地位の移転の要件

ア　相手方当事者の承諾の要否

　一般に契約上の地位の移転は債務引受を伴うことから，契約の相手方の承諾を要するというのが従来の通説的見解であった。新法第539条の2はこの見解を明文化し，契約上の地位の移転の要件として，①契約の当事者の一方が第三者との間で契約上の地位を譲渡する旨の合意をすること，及び，②その契約の相手方が当該譲渡を承諾すること，の二つを定めている（免責的債務引受に関する新法第472条第3項参照）。

　なお，中間試案第21の（注）では「相手方がその承諾を拒絶することに利益を有しない場合には，相手方の承諾を要しない」旨の規定を付け加える案が提示されていたが，以下の理由により明文化は見送られ，相手方の承諾が不要な場合については解釈に委ねられることとなった。

　　①　相手方の承諾が不要な場合の要件を適切に規律することは困難である（中間試案補足説明第21）。

　　②　賃貸借契約における賃貸人たる地位を譲渡する場面のほかに，契約上の地位の移転について契約の相手方の承諾が不要であるとした最高裁判例は存在せず，学説上も異論なく承認されている例は見当たらない（部会資料74A第2）。

イ　承諾の時期

　契約の相手方の承諾の時期については，主に事前の承諾の有効性をめぐって，肯定説と否定説が対立している。肯定説は，契約上の地位の移転についての契約の相手方の承諾は，その相手方の保護のために必要と

されるものであるから，事前の承諾の有効性を否定する必要がないということを根拠とする（この点，債権譲渡の対抗要件としての承諾が債務者にインフォメーション・センターとしての役割を果たさせるものであることから，事前の承諾の有効性が疑問視されるのと異なる。）。これに対して否定説は，特に労働契約上の地位の移転について包括的な事前承諾の有効性が肯定されると労働者の地位が不安定となることを根拠とする。

このような議論の状況を踏まえて，新法第539条の2は契約の相手方の承諾の時期については明記せず，解釈に委ねることとしている（中間試案補足説明第21）。

(3) **契約上の地位の移転の効果**

上記の要件を充足した場合の効果について，新法第539条の2は「契約上の地位は，その第三者に移転する。」と規定している。これは，契約上の地位の移転によって当然に譲渡人が契約から離脱するというこれまでの一般的な理解を明文化するものである。

なお，契約上の地位の移転の効果に関して，譲渡人が当然に免責されるか否かについては従来から争いがあり，譲渡人を免責する旨の相手方の意思表示がされない場合には，譲渡人と譲受人が併存的に責任を負うとする見解もある。しかし新法は，「契約上の地位の移転とは，契約上の地位が同一性を保ったまま譲受人に移転することを表す概念である」という理解を踏まえ，契約上の地位の移転に伴って，譲渡人は免責されるのが原則であるとの見解を前提としている（中間試案補足説明第21）。

【図表３-15】「承諾」における債務引受と契約上の地位の移転との比較

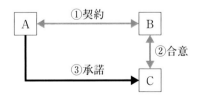

第8章 契約上の地位の移転 *211*

		BC間の合意の内容		
		Bの債務をCが併存的に引き受ける	Bの債務をCが免責的に引き受ける	Bの契約上の地位をCに移転させる
Aの承諾	要 否	必 要	必 要	必 要
	承諾の相手方	引受人C （第470条第3項）	引受人C （第472条第3項）	条文上明示なし （第539条の2）
BC間の合意の 効力発生時期		Aが承諾をした時 （第470条第3項）	条文上明示なし （第472条第3項）	条文上明示なし （第539条の2）

⑷ 不動産登記手続に関する事例問題

《事例》

　平成33年9月9日，AはBとの間で，A所有の甲不動産をBに売却する旨の契約を締結した。この契約には売買代金完済時に所有権が移転する旨の特約が付されていた。

　平成33年10月10日，BはCとの間で，AB間の甲不動産の売買契約上の買主の地位をCに売却する旨の契約を締結した。

　平成33年11月11日，AはB及びCに対して，BからCへの買主の地位の移転を承諾する旨の意思表示をした。

　平成33年12月12日，CはAに対して，甲不動産の売買代金の全額を支払った。

　不動産売買契約の買主の地位が譲渡された場合において，登記原因証明情報にその旨を明示した上でなされた売主から買主の地位の譲受人への直接の所有権移転の登記の申請は受理される旨の先例（平成19年1月12日民二52号通知）の取扱いは，新法の下においても維持されるものと思われる。したがって，現在の登記名義人Aを登記義務者とし，買主の地位の譲受人Cを登記権利者として，AからCへの所有権移転登記をすることが可能である。

212 第3編 債 権

【書式例3‐14】売買を登記原因とする所有権の移転の登記の登記原因証明情報（買主の地位の譲渡）

登記原因証明情報

1　登記申請情報の要項
　(1)　登 記 の 目 的　　所有権移転
　(2)　登 記 の 原 因　　平成33年12月12日売買
　(3)　当　　事　　者　　権利者　（住所省略）　C
　　　　　　　　　　　　　義務者　（住所省略）　A
　　　　　　　　　　　　　買主の地位の譲渡人　（住所省略）　B
　　　　不動産の表示　　（省略）

2　登記の原因となる事実又は法律行為
　(1)　平成33年9月9日，Aは，Bに対し，その所有する上記不動産（以下
　　　「本件不動産」という。）を，代金○万円で売り渡す旨の契約を締結した。
　(2)　(1)の売買契約には，「BからAへの売買代金の支払いが完了した時に本
　　　件不動産の所有権がBに移転する」旨の所有権の移転時期に関する特約が
　　　付されている。
　(3)　平成33年10月10日，Bは，Cとの間で，(1)の売買契約における買主の地
　　　位をCに売買により譲渡する旨を合意した。
　(4)　平成33年11月11日，Aは，(3)の内容について承諾した。
　(5)　平成33年12月12日，Cは，Aに対し，(1)の売買代金全額を支払い，Aは
　　　これを受領した。

平成33年○月○日　○法務局○出張所　御中

上記登記原因のとおり相違ありません。

　　　　　　　　　　　　権利者　　　　　　（住所省略）　C　㊞
　　　　　　　　　　　　義務者　　　　　　（住所省略）　A　㊞
　　　　　　　　　　　　買主の地位の譲渡人　（住所省略）　B　㊞

第 8 章　契約上の地位の移転　*213*

Q 51 不動産の賃貸人たる地位の移転

契約上の地位の移転のうち，不動産の賃貸人たる地位の移転に関する特則はどのようなものか。また，その改正は不動産登記の実務にどのような影響を及ぼすと予想されるか。

Answer

不動産の賃貸人たる地位の移転に関する規定は，契約上の地位の移転の特則（新法第605条の 2，第605条の 3 ）として新設された。内容及び不動産登記手続への影響は以下のとおりである。なお，賃貸借の対抗要件が具備されているか否かを分類し説明していく。

(1) **賃借権の対抗要件が具備されている場合（新法第605条の 2 ）**

　ア　賃貸人たる地位の当然承継

　　(ア)　**新法第605条の 2 第 1 項の趣旨**

　　　　新法第605条の 2 第 1 項は，いわゆる賃貸人たる地位の当然承継を定めたものである。すなわち，不動産賃貸借の対抗要件（新法第605条，借地借家法第10条，第31条）を備えた場合において，その不動産が譲渡されたときは，賃貸人たる地位を移転させる旨の合意や賃借人の承諾がなくても，賃貸人たる地位は譲受人に移転する。契約上の地位を譲渡する旨の合意及び契約の相手方の承諾を要件とする新法第539条の 2 が契約上の地位の移転全般に関する総則規定であるのに対して，新法第605条の 2 第 1 項は賃貸人たる地位の移転に関する特則として位置づけられる。

　　　　判例（最判昭和46年 4 月23日民集25巻 3 号388頁）及び通説によれば，不動産の賃貸人たる地位の譲渡が目的物の所有権と共に行われる限りにおいては，賃借人の承諾は不要である。なぜなら，賃貸人の主な債務は賃貸物を使用収益させることであり，賃貸物の所有権を有していれば履行することができるため，その地位の移転を受ける者が目的物の所有権を譲り受けていれば，賃貸人の地位の移転によって賃借人が

214 第3編 債 権

不利益を被るとはいえないからである。新法はこの考え方を取り入れたものである。

(イ) 対抗要件

賃貸人たる地位の移転は，賃貸物である不動産について所有権の移転の登記をしなければ，賃借人に対抗することができない（新法第605条の2第3項）。これも，判例（最判昭和49年3月19日民集28巻2号325頁）及び通説の見解を明文化したものである（部会資料69A第4-4）。

(ウ) 賃貸人たる地位の移転の効果

賃貸人たる地位が譲受人又はその承継人に移転したときは，賃借人に対する費用償還債務（民法第608条）及び敷金返還債務（新法第622条の2第1項）は，その全額について，譲受人又はその承継人が承継する。

（➡敷金返還債務の承継については Q75(4)参照）

イ 賃貸人たる地位の留保

(ア) 新法第605条の2第2項の趣旨

新法第605条の2第2項は，賃貸不動産の譲渡人及び譲受人の合意により，賃貸人たる地位を譲渡人に留保する仕組みについて規定している。これは，実務の要請に応えるためである。すなわち，賃貸不動産の信託による譲渡等の場面においては，新所有者（信託の受託者）が，不動産賃貸業のノウハウを持たない等の理由から，修繕義務や費用償還義務等の賃貸人としての義務を負わないことを前提とするスキームを構築するニーズがあり，そのニーズは賃貸人たる地位を承継した新所有者の旧所有者に対する賃貸管理委託契約等によっては賄うことができない。そこで，譲渡後も引き続き賃貸人たる地位を譲渡人にとどめておく仕組みが必要となるのである（部会資料69A第4-4）。

(イ) 留保の要件

判例（最判平成11年3月25日集民192号607頁）は，賃貸不動産を譲り受けた新所有者が賃借権の対抗を受けるときは，特段の事情がない限り，賃貸人たる地位は新所有者に当然に承継されることを前提とした

上で，旧所有者と新所有者との間に賃貸人たる地位を留保する旨の合意があるだけでは，特段の事情があるとはいえないとしている。

新法第605条の2第2項は，上記の判例理論を踏まえて，賃貸人たる地位を譲渡人に留保するためには，譲渡人及び譲受人の間で賃貸人たる地位を譲渡人に留保する旨の合意をすることに加え，さらに，その不動産を譲受人が譲渡人に賃貸する旨の合意をすることが必要であると規定している。その理由は以下のとおりである（部会資料69A第4-4）。

① 賃貸人たる地位の留保合意がされる場合には，新所有者から旧所有者に何らかの利用権限が設定されることになるが，その利用権限の内容を明確にしておくことが望ましい。

② 賃貸人たる地位を留保した状態で新所有者が賃貸不動産を更に譲渡したときに生じ得る疑義（その譲渡によって新所有者と旧所有者との間の利用関係及び旧所有者と賃借人との間の利用関係が全て消滅し，新所有者からの譲受人に対して賃借人が自己の賃借権を対抗することができなくなるのではないかとの疑義）を払拭するためには，新所有者と旧所有者との間の利用関係を賃貸借としておくことが望ましい（新法第605条，借地借家法第10条，第31条参照）。

③ 新所有者から旧所有者に設定される利用権限を賃貸借に限定したとしても，それによって新所有者と旧所有者との間の合意のみで賃貸人たる地位の留保が認められるのであるから，従来の判例

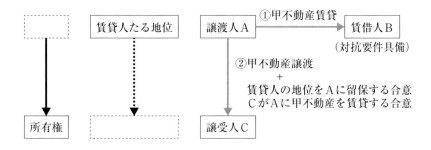

法理の下で賃借人の同意を個別に得ることとしている実務の現状に比べると，旧所有者と新所有者にとって不当な不便が課されるものではない。

(ウ) **留保後に賃貸人たる地位が移転する場合**

賃貸人たる地位を譲渡人に留保するための要件として合意した譲渡人と譲受人又はその承継人との間の賃貸借が終了したときは，賃貸人たる地位は譲受人又はその承継人に移転する（新法第605条の２第２項後段）。

この場合，譲受人又はその承継人は賃貸物である不動産について所有権の移転の登記をしなければ，賃貸人たる地位の移転を賃借人に対

留保された賃貸人の地位の公示方法

コラム　賃貸不動産の所有者が自ら賃貸人となる場合には，当該不動産の所有権の登記名義が賃貸人の地位を公示していることになる。また，地上権者が賃貸人となる場合にも地上権の登記名義が同様の公示機能を果たしている。不動産登記法第81条が「賃貸人の氏名又は名称及び住所」を賃借権の登記の登記事項としていないのは，そのためであろう。

これに対して，賃貸不動産が譲渡され賃貸人の地位が譲渡人に留保される場合には，所有権の登記名義人と賃貸人との同一性が失われるため，例えば，賃借人から賃借権を譲り受けようとしている第三者が登記記録から賃貸人を把握することに支障が生じてしまう。そこで，この場合における賃貸人の地位の公示方法が問題となる。

賃貸不動産について賃借権の設定の登記がされる場合に限られるが，賃貸人の地位を留保した譲渡人は当該不動産を処分する権限を有しないから，不動産登記法第81条第５号の「賃貸人が（中略）財産の処分の権限を有しない者であるとき」に該当するものとして，前所有権登記名義人である譲渡人に賃貸人の地位が留保されていることを公示することが，その方法の一つとして考えられる。

抗することができない（新法第605条の2第3項）。

 ㈔ **賃貸人たる地位のみの移転**

  前述のとおり，実務では賃貸不動産の信託による譲渡等の場面において，新所有者（信託の受託者）が賃貸人としての義務を負わないスキームを構築するニーズがある。このニーズに応えるには，賃貸人たる地位を譲渡人に留保するほかに，新所有者がその取得した所有権を留保したまま賃貸人たる地位のみを旧所有者以外の第三者に移転する方法もあり得る。新法第605条の2第2項が当該スキームの構築方法として賃貸人たる地位の留保だけを規定しているのは，賃貸人たる地位のみの移転を禁止する趣旨ではなく，解釈に委ねることとしたものである（部会資料69A第4‐4）。

(2) 賃借権の対抗要件が具備されていない場合（新法第605条の3）

 ア **合意による移転**

  賃借権の対抗要件が具備されていない場合において，賃貸物である不動産が譲渡されたときは，賃貸人たる地位は譲渡人と譲受人との合意により，譲受人に移転させることができる。この場合，賃貸不動産の譲受人は「売買は賃貸借を破る」という原則（物権の債権に対する優先的効力）により，賃借人に対して不動産の明渡しを請求することもできることから，譲受人が賃貸借の継続を希望する場合に限って賃貸人たる地位を移転させるのが妥当だからである。

  なお，新法第605条の3については，立法作業の過程で表現の簡略化が行われている。当初は「賃貸借を対抗することができない場合であっても」という文言が盛り込まれていたが，要綱仮案の原案の段階で省略された。これは，新法第605条の2が「賃貸借の対抗要件を備えた場合」に関する規定であることを明示していることとの対比から，必要な文言ではないという検討結果によるものであって，内容を変更する趣旨ではない（部会資料81‐3第8）。

 イ **賃借人の承諾不要**

  譲渡人と譲受人との合意によって賃貸人たる地位が移転する場合も賃

218　第３編　債　権

借人の承諾を要しないことについては，新法第605条の３に明記されている。

ウ　対抗要件・移転の効果

　　合意による賃貸人たる地位の移転を賃借人に対抗するためには賃貸不動産について所有権の移転の登記をしなければならないこと，及び，賃借人に対する費用償還債務及び敷金返還債務は譲受人又はその承継人が承継することについては，当然承継の規定が準用されている（新法第605条の３後段，第605条の２第３項・第４項）。

エ　賃貸人たる地位のみの移転

　　新法第605条の３は賃貸物である不動産の譲渡と共に賃貸人たる地位を移転させる場合に関する規定であるが，本条は所有権の譲渡を伴わない賃貸人たる地位のみの譲渡を禁止する趣旨ではなく，解釈に委ねることを前提としている（中間試案補足説明第38‐５）。これも当然承継の場合と同様である。

【旧】	【新】
（新設）	**（不動産の賃貸人たる地位の移転）** **第605条の２**　前条，借地借家法（平成３年法律第90号）第10条又は第31条その他の法令の規定による賃貸借の対抗要件を備えた場合において，その不動産が譲渡されたときは，その不動産の賃貸人たる地位は，その譲受人に移転する。 ２　前項の規定にかかわらず，不動産の譲渡人及び譲受人が，賃貸人たる地位を譲渡人に留保する旨及びその不動産を譲受人が譲渡人に賃貸する旨の合意をしたときは，賃貸人たる地位は，譲受人に移転しない。この場合において，譲渡人と譲受人又はその承継人との間の賃貸借が終了したときは，譲渡人に留保されていた賃貸人たる地位は，譲受人又はその承継人に移転する。 ３　第１項又は前項後段の規定による賃貸人たる地位の移転は，賃貸物である不動

第８章　契約上の地位の移転　*219*

	産について所有権の移転の登記をしなければ，賃借人に対抗することができない。 4　第１項又は第２項後段の規定により賃貸人たる地位が譲受人又はその承継人に移転したときは，第608条の規定による費用の償還に係る債務及び第622条の２第１項の規定による同項に規定する敷金の返還に係る債務は，譲受人又はその承継人が承継する。 **（合意による不動産の賃貸人たる地位の移転）**
（新設）	**第605条の３**　不動産の譲渡人が賃貸人であるときは，その賃貸人たる地位は，賃借人の承諾を要しないで，譲渡人と譲受人との合意により，譲受人に移転させることができる。この場合においては，前条第３項及び第４項の規定を準用する。

【図表3-16】賃貸人たる地位の移転・留保に関するフローチャート

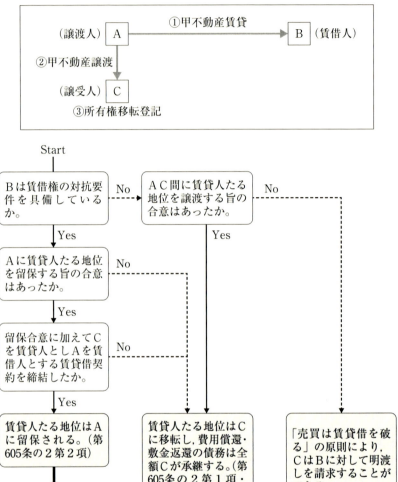

第9章 弁済 *221*

第 9 章 弁 済

Q 52 第三者による弁済

第三者による弁済については，どのような改正がなされるか。

Answer

　旧法においては，利害関係を有しない第三者による債務者の意思に反しない弁済の提供については，債権者は受領を拒絶することができないと一般には考えられていた。このことから，債権者は，債務者の意思に反するかどうかの確認を待たずに，第三者から受領してしまうことがあった。この場合において，債務者の意思に反することが事後的に判明したときは，当該弁済が無効となるため（旧法第474条第2項），債権者は，給付された物を返還しなければならないという不利益を被ることとなり，そこまでして，債権者の犠牲の上に債務者を保護する必要があるか疑問であるとの指摘がされていた。

　そこで，新法においては，弁済をするについて正当な利益を有しない第三者が弁済しようとする場合であっても，債権者は，第三者が債務者の委託を受けて弁済をする場合であって，そのことを債権者が知っていた場合を除き，第三者の弁済の提供を拒絶することができるものとした（新法第474条第3項〔**【図表3-17】**における※2〕）。

　また，新法においては，弁済をするについて正当な利益を有しない第三者が債務者の意思に反して弁済をした場合には，その弁済は，無効となるが（新法第474条第2項本文），債務者の意思に反することを債権者が知らなかった場合には，弁済の提供を受領した善意の債権者を保護するため，その弁済は，有効となるとしている（同項ただし書〔**【図表3-17】**における※1〕）。

　以上の改正の概要を含め，第三者による弁済についてまとめると，**【図表**

222　第3編　債　権

3‑17】 のとおりである。

【図表3‑17】第三者による弁済（新法第474条）
　　○：第三者による弁済をすることができる
　　×：第三者による弁済をすることができない
　ゴシック体：実質的な改正事項

原　　則			○
	弁済をするについて正当な利益を有しない者による弁済	債務者の意思に反する場合	×
		債務者の意思に反することを債権者が知らなかったとき（※1）	○
		債権者の意思に反する場合（※2）	×
		債務者の委託を受けて弁済をする場合において，そのことを債権者が知っていたとき	○
例　　外	債務の性質が第三者の弁済を許さないとき		×
	当事者が第三者の弁済を禁止又は制限する旨の意思表示をしたとき		×

【旧】	【新】
（第三者の弁済） **第474条**　債務の弁済は，第三者もすることができる。ただし，その債務の性質がこれを許さないとき，又は当事者が反対の意思を表示したときは，この限りでない。 2　利害関係を有しない第三者は，債務者の意思に反して弁済をすることができない。 （新設）	（第三者の弁済） **第474条**　債務の弁済は，第三者もすることができる。 2　弁済をするについて正当な利益を有する者でない第三者は，債務者の意思に反して弁済をすることができない。ただし，債務者の意思に反することを債権者が知らなかったときは，この限りでない。 3　前項に規定する第三者は，債権者の意思に反して弁済をすることができない。ただし，その第三者が債務者の委託を受けて弁済をする場合において，そのことを債権者が知っていたときは，この限りでない。

| （新設） | 4 前三項の規定は，その債務の性質が第三者の弁済を許さないとき，又は当事者が第三者の弁済を禁止し，若しくは制限する旨の意思表示をしたときは，適用しない。 |

この改正により，利害関係を有しない第三者から弁済の提供をされた場合には，債権者は，事後的に弁済が無効となるリスクを回避するためには，別途，弁済しようとする第三者と併存的債務引受契約等を締結した上で弁済の提供を受領する等の対応をとらなくても，一律，弁済の提供を拒めば足りることとなる。

224　第3編　債権

Q53　預金又は貯金の口座に対する払込みによる弁済

不動産取引等において，金融機関の預貯金口座への振込みによって売買代金等の金銭債務の決済を行う場合について留意すべき改正に関する事項には，どのようなものがあるか。

Answer

　実務上，不動産取引等における売買代金の決済等，金銭債務の履行（弁済）については，金融機関の預貯金口座への振込みによってする場合が大多数である。しかしながら，旧法においては，明文上，預貯金口座への振込みが弁済に該当すること及び預貯金口座への振込みによる弁済によって金銭債務が消滅する時期等についての規定が存在せず，これらについては，解釈に委ねられていた。

　そこで，新法においては，預貯金口座への振込みによる弁済が許容されていることを前提として，弁済による金銭債務の消滅の時期について，「債権者がその預金又は貯金に係る債権の債務者に対してその払込みに係る金額の払戻しを請求する権利を取得した時」と定められている（新法第477条）。

【旧】	【新】
（新設）	（預金又は貯金の口座に対する払込みによる弁済） **第477条**　債権者の預金又は貯金の口座に対する払込みによってする弁済は，債権者がその預金又は貯金に係る債権の債務者に対してその払込みに係る金額の払戻しを請求する権利を取得した時に，その効力を生ずる。

　上記のとおり，新法においては，預貯金口座への振込みによる弁済については，その効力発生の時期についてのみ規定がされており，それ以外の点については，引き続き，解釈に委ねられることとされている。以下では，これ

第9章 弁済　225

らの点について，実務上の留意点等について，事例を用いて検討することとする。

《事例》
1．A及びBは，平成33年4月1日，売主Aの有する不動産を買主Bに売り渡す旨の売買契約を締結した。
2．上記1の売買契約には，買主Bが売主Aに売買代金の全額を支払った時に，不動産の所有権が売主Aから買主Bに移転する旨の特約が付されている。
3．買主Bは，平成33年5月1日，売主Aに対し，売買代金の全額を支払った。
4．上記3の売買代金の全額の支払は，買主Bの有する乙銀行の預金口座から売主Aの有する甲信用金庫の預金口座への振込みによって行われた。なお，売主Aは，売買代金の全額の支払を売主Aの有する甲信用金庫の預金口座への振込みによって行うことについて，反対の意思を有していなかった。
5．司法書士Xは，売主A及び買主Bから，売買を原因とする所有権の移転の登記の申請の代理を受託し，管轄法務局に対し，当該登記の申請をした。

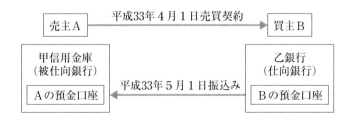

226　第3編　債権

(1)　預貯金口座への振込みによる弁済の要件

　どのような場合において，預貯金口座への振込みによる弁済をすることが
できるか（預貯金口座への振込みによる弁済の要件）については，新法におい
ても明文による規定がない。

　この点については，引き続き，解釈に委ねられることとなるが，最低限，
預貯金口座への振込みによる弁済についても，債権者が預貯金口座への振込
みに反対する意思を示している場合（例えば，明示又は黙示の合意によって，
預貯金口座への振込み以外の方法による債務の履行をするとされた場合）には，
することができないものと考えられる。

　本事例の場合には，売主Aは，売主Aの有する甲信用金庫の預金口座への
振込みによって弁済を受けることについて反対していないため，問題はない
と考えられる。

(2)　「債権者がその預金又は貯金に係る債権の債務者に対してその払込みに係る金額の払戻しを請求する権利を取得した時」（新法第477条）の解釈

　新法第477条の具体的な内容については，新法において規定されていない。
これは，実務上，入金記録のタイミング等については，各金融機関における
取扱いが異なることが想定されることから，ルールとして明文化することが
適当ではないと考えられるからである（部会資料80-3第7-6参照）。した
がって，この点については，引き続き，解釈に委ねられることとなる。なお，
一般的には，預金口座への振込みにおいて，受取人が被仕向銀行に対して振
込みに係る金額の払戻しを請求する権利を取得するのは，被仕向銀行が受取
人の預金口座に入金記録をした時点であるとされている。

　本事例の場合には，仮に，上記の一般的な解釈に従うならば，本件の売買
代金に係る金銭債務が消滅するのは（すなわち，《事例》2の特約に従って，本
件不動産の所有権が売主Aから買主Bに移転するのは），Aの有する甲信用金庫
の預金口座に本件売買代金の全額の入金の記録がされた時点ということとな
る。司法書士Xとしては，旧法における場合と同様に，Aの有する甲信用金
庫の預金口座に係る預金通帳に本件売買代金の全額の入金があった旨が記載
されていること等を確認し，本件不動産の所有権が売主Aから買主Bへ移転

したことを確認する必要があると考えられる。

⑶　預貯金口座への振込みによる弁済に過誤があった場合

　債権者が複数の預貯金口座を有している場合において，どの預貯金口座への振込みによって弁済をすることができるかについては，新法においても明文による規定がないため，引き続き，解釈に委ねられることとなる。

　この点については，例えば，債権者が想定していなかった預貯金口座への振込みがあった場合において，当該振込みが有効な債務の履行とされるかどうかが問題となるが，最低限，債権者が現に振込みがされた預貯金口座への振込みに反対する意思を示している場合には，することができないものと考えられる。

　本事例の場合には，仮に，売買代金の全額の支払を売主Ａの有する丙信用金庫の預金口座への振込みによって行ってしまったときは，売主Ａがそのことに同意をしていれば，売主Ａの有する丙信用金庫の預金口座への振込みをもって，本件売買代金の全額の支払いとすることができると考えられる。ただし，本件不動産に甲信用金庫の抵当権（債務者が売主Ａ）が設定されている場合において，売主Ａ及び甲信用金庫が本件売買代金をもって売主Ａの甲信用金庫への債務の弁済に充当し，抵当権を抹消する旨の合意をしているときは，別途，売主Ａの有する甲信用金庫の預金口座への振込み等が必要となることとなる。司法書士Ｘとしては，併せて，抵当権の抹消の登記の申請の代理を受託している場合には，売主Ａの有する甲信用金庫の預金口座への入金の記録がされていること等を確認することによって，実体上，抵当権が消滅していることを確認する必要があると考えられる。

228　第３編　債　権

被仕向銀行における入金の記録の手続が遅延した場合

コラム

　預貯金口座への振込みによる弁済をする場合において，仮に，仕向銀行における振込みの手続が完了したにもかかわらず，被仕向銀行における受取人の預金口座への入金の記録が何らかの事情により当日中に行われなかったときは，債務の履行は，いつなされたこととなるのであろうか。例えば，前記《事例》において，乙銀行（仕向銀行）における振込みの手続が当日（平成33年５月１日）中に完了したが，甲信用金庫（被仕向銀行）のコンピュータ・システムの障害により，売主Aの預金口座に売買代金全額が入金された旨の記録が完了したのが翌日（平成33年５月２日）であったというような場合である。

　この問題については，部会資料等においては言及されておらず，現時点で断定することは難しいが，前記本文(2)で述べた新法第477条に関する一般的な解釈（「受取人は，被仕向銀行が受取人の預金口座に入金記録をした時に振込みに係る金額の払戻しを請求する権利を取得する」という解釈）を素直に当てはめるならば，上記事例における売買代金債務の履行は，翌日（平成33年５月２日）になされたこととなるであろう。この問題は，このような事例における売買等を登記原因とする所有権の移転の登記の原因の日付にも影響を与えるため，今後の判例及び学説等の動向に注意をする必要がある。

第9章　弁済　*229*

Q 54 代物弁済の諾成契約化

代物弁済について，どのような改正がなされるか。

Answer

旧法においては，代物弁済については，「債務者が，債権者の承諾を得て，その負担した給付に代えて他の給付をしたときは，その給付は，弁済と同一の効力を有する。」と規定されていた（旧法第482条）。このことから，代物弁済については，代物弁済による債権の消滅の効果が現実の代物の給付によって生ずることに着目し，要物契約であると有力に主張されてきた。

他方，実務上，諾成的な代物弁済の合意は，担保目的で広く利用されているという現実がある。また，判例においても，代物弁済により不動産を給付する事例において，不動産の所有権の移転の効果は，原則として，当事者間において代物弁済契約が成立した時に，その意思表示の効果として生ずることを妨げないとしている（最判昭和57年6月4日集民136号39頁）。代物弁済を要物契約であるとすると，代物弁済契約が成立していない時点において，所有権の移転という物権変動を認めることとなり，この判例の結論を説明することが難しくなる。

そこで，新法においては，代物弁済の法律関係を明確化するため，代物弁済が諾成契約であることを明示し，その上で，代物弁済による債権の消滅の効果は，代物の給付をした時点であることを確認する規定が設けられることとなった（新法第482条）。

【旧】	【新】
（代物弁済） **第482条**　債務者が，債権者の承諾を得て，その負担した給付に代えて他の給付をしたときは，その給付は，弁済と同一の効力を有する。	（代物弁済） **第482条**　弁済をすることができる者（以下「弁済者」という。）が，債権者との間で，債務者の負担した給付に代えて他の給付をすることにより債務を消滅させる旨の契約をした場合において，その弁済者が当該他の給付をしたときは，その給付は，弁済と同一の効力を有する。

230 第３編 債 権

Q55 代物弁済を登記原因とする所有権の移転の登記及び抵当権の抹消の登記

代物弁済が諾成契約であることが明文化されることに伴い，代物弁済を登記原因とする所有権の移転の登記及び抵当権の抹消の登記の手続は，従来とはどのように異なるか。

Answer

判例においては，従来より，代物弁済により不動産を給付する事例において，不動産の所有権の移転の効果は，原則として，当事者間において代物弁済契約が成立した時に，その意思表示の効果として生じ，債権の消滅の効果は，原則として，代物弁済を登記原因とする所有権の移転の登記を完了した時に，生ずるものとされてきた（最判昭和57年6月4日集民136号39頁，最判昭和60年12月20日集民146号355頁）。なお，所有権の移転の登記に必要な一切の書類の授受により，代物弁済の効力を発生させる旨の特約があるときは，代物弁済の効果は，書類授受の日に，生じるとされてきた（最判昭和43年11月19日民集22巻12号2712頁）。そして，登記実務上，抵当権者が代物弁済により所有権を取得した場合には，代物弁済を原因とする所有権の移転の登記の登記原因の日付は，代物弁済の合意の日とされ，他方，代物弁済を原因とする抵当権の抹消の登記の登記原因の日付は，代物弁済による所有権の移転の登記の申請の日とされてきた（登記研究270号71頁参照）。

今回の改正の趣旨が代物弁済の法律関係の明確化を図ることにあることから，実務上の取扱いについて，特段の変化はないものと思われる。

例えば，代物弁済の合意の日が平成33年2月1日，代物弁済を登記原因とする所有権の移転の登記（及び抵当権の抹消の登記）の申請の日が平成33年3月1日とすると，所有権の移転の登記の登記原因の日付は，代物弁済の合意の日である平成33年2月1日となり，抵当権の抹消の登記の登記原因の日付は，所有権の移転の登記の申請の日である平成33年3月1日となる。

第9章 弁済 *231*

Q 56 弁済供託

弁済供託について，どのような改正がなされるか。

Answer

⑴ 債権者不確知を原因とする弁済供託における無過失の主張立証責任の転換

旧法においては，債権者不確知を供託原因とする弁済供託について，債権者を確知することができないことについて弁済をすることができる者（弁済者）の無過失が要件とされているところ（旧法第494条後段），この無過失の主張立証責任の所在については，条文構造からすると，弁済者が負っているように解されている。しかしながら，実際上，債権者不確知の原因の多くが債権者側の事情であると考えられることからすると，この主張立証責任の所在については，不当であると考えられる。

そこで，新法においては，（無）過失の主張立証責任については，債権者等，供託の有効性を争う者が負うこととした（新法第494条第2項ただし書）。

【旧】	【新】
（供託） **第494条** 債権者が弁済の受領を拒み，又はこれを受領することができないときは，弁済をすることができる者（以下この目において「弁済者」という。）は，債権者のために弁済の目的物を供託してその債務を免れることができる。弁済者が過失なく債権者を確知することができないときも，同様とする。	（供託） **第494条** 弁済者は，次に掲げる場合には，債権者のために弁済の目的物を供託することができる。この場合においては，弁済者が供託をした時に，その債権は，消滅する。 一 弁済の提供をした場合において，債権者がその受領を拒んだとき。 二 債権者が弁済を受領することができないとき。 2 弁済者が債権者を確知することができないときも，前項と同様とする。ただし，弁済者に過失があるときは，この限りでない。

232 第3編 債 権

この改正により，債権者不確知を原因とする弁済供託の要件が緩和されることとなるため，実務上，債権者不確知を原因とする弁済供託をすることができる場面が増えることが考えられる。

⑵ 目的物を競売に付して供託をすることができる範囲の拡大

旧法においては，弁済者は，①弁済の目的物が供託に適しない場合，②弁済の目的物について滅失若しくは損傷のおそれがある場合，又は③弁済の目的物の保存について過分の費用を要する場合には，裁判所の許可を得て，これを競売に付し，その代金を供託することができるとされていた（旧法第497条〔自助売却〕）。しかしながら，適切な供託所又は保管者を見つけられない場合等，弁済の目的物の性質とは関係なく，供託が困難な場合に，自助売却が認められるかどうかについては，旧法第497条の文言（「弁済の目的物が供託に適しないとき」）からは，明らかではなかった。

そこで，新法においては，旧法第497条の内容（上記①，②及び③）に加えて，「その物を供託することが困難な事情があるとき」にも，自助売却をすることができることとした（新法第497条第4号）。また，上記②については，例えば，「市場での価格の変動が激しく，放置しておけば価値が暴落し得るようなもの」（中間試案補足説明第22-9）についても対応することを可能とするため，商法第524条第2項を参考にして，「その物について滅失，損傷その他の事由による価格の低落のおそれがあるとき」にも，自助売却をすることができることとした（新法第497条第2号）。

【旧】	【新】
（供託に適しない物等）	**（供託に適しない物等）**
第497条　弁済の目的物が供託に適しないとき，又はその物について滅失若しくは損傷のおそれがあるときは，弁済者は，裁判所の許可を得て，これを競売に付し，その代金を供託することができる。その物の保存について過分の費用を要するときも，同様とする。	**第497条**　弁済者は，次に掲げる場合には，裁判所の許可を得て，弁済の目的物を競売に付し，その代金を供託することができる。 一　その物が供託に適しないとき。 二　その物について滅失，損傷その他の事由による価格の低落のおそれがあるとき。 三　その物の保存について過分の費用を

| | 要するとき。
四　前三号に掲げる場合のほか，その物を供託することが困難な事情があるとき。 |

　これらの改正により，実務上，自助売却をすることができる場面が増えることが考えられる。

234 第3編 債 権

Q57 弁済による代位

弁済による代位については，どのような改正がなされるか。

Answer

弁済による代位のうち，主として，(1)弁済による代位の要件，(2)弁済による代位の効果，及び(3)一部弁済による代位について，改正がされている。

(1) 弁済による代位の要件

旧法においては，弁済による代位には，任意代位（旧法第499条）と法定代位（旧法第500条）の制度があり，任意代位の要件として，弁済と同時に「債権者の同意」を得ることが必要であるとされていた。この点については，利害関係のない第三者が債務者の意思に反することなく弁済する場合に，債権者が弁済を受領した上で，代位のみを拒否することができることとなり，このような対応が不当であるため，任意代位の要件として，債権者の承諾を得ることを要求すべきではないとの批判がされていた。

そこで，新法においては，任意代位と法定代位の両制度を存続させた上で，任意代位の要件から，債権者の承諾を削除することとした（新法第499条）。

この改正によって，任意代位と法定代位との唯一の相違点は，任意代位については，債権譲渡の場合（新法第467条）と同様に，債務者への通知又は債務者の承諾がなければ，債務者その他の第三者に代位の事実を対抗することができないことであるとされた（新法第500条，第467条）。

【旧】	【新】
（任意代位） **第499条** 債務者のために弁済をした者は，その弁済と同時に債権者の承諾を得て，債権者に代位することができる。 2 第467条の規定は，前項の場合について準用する。	**（弁済による代位の要件）** **第499条** 債務者のために弁済をした者は，債権者に代位する。 （削除）
（法定代位） **第500条** 弁済をするについて正当な利益	**第500条** 第467条の規定は，前条の場合

第9章 弁 済　　*235*

を有する者は，弁済によって当然に債権者に代位する。	（弁済をするについて正当な利益を有する者が債権者に代位する場合を除く。）について準用する。

　なお，債権者としては，弁済をするについて正当な利益を有する者でない第三者からの代位を許容できない事情等がある場合には，当該第三者からの弁済の受領を拒絶すれば足りることとなる（新法第474条第3項本文）。

⑵　弁済による代位の効果

　旧法においては，保証人は，あらかじめ抵当権の登記に代位の付記登記（代位弁済を原因とする抵当権の移転の登記）をしなければ，不動産の第三取得者に対して，債権者に代位することができないとされている（旧法第501条第1項第1号）。しかしながら，この規定は，債権が消滅したという第三取得者の信頼を保護する趣旨であるとされているが，実際上，抵当権の代位の付記登記（代位弁済を原因とする抵当権の移転の登記）がなくても，抵当権の登記それ自体が抹消されていない状況において，このような第三取得者の信頼が生ずるといえるか疑問であるとの批判がある。また，代位の付記登記を要求することが，抵当権付き債権が譲渡された場合において，付記登記が第三者対抗要件とされていないこととのバランスを失しているとの批判もある。

　そこで，新法においては，法定代位者相互間の関係に関する旧法第501条の規律について，一般的な解釈を取り入れ，整理統合した上で，抵当権の代位の付記登記を要するとの規定を削除することとしている（新法第501条参照）。

【旧】	【新】
（弁済による代位の効果）	（弁済による代位の効果）
第501条　前二条の規定により債権者に代位した者は，自己の権利に基づいて求償をすることができる範囲内において，債権の効力及び担保としてその債権者が有していた一切の権利を行使することができる。この場合においては，次の各号の定めるところに従わなければならない。 　一　保証人は，あらかじめ先取特権，不動産質権又は抵当権の登記にその代位	**第501条**　前二条の規定により債権者に代位した者は，債権の効力及び担保としてその債権者が有していた一切の権利を行使することができる。 ２　前項の規定による権利の行使は，債権者に代位した者が自己の権利に基づいて債務者に対して求償をすることができる範囲内（保証人の一人が他の保証人に対して債権者に代位する場合には，自己の

を付記しなければ，その先取特権，不動産質権又は抵当権の目的である不動産の第三取得者に対して債権者に代位することができない。

二　第三取得者は，保証人に対して債権者に代位しない。

三　第三取得者の一人は，各不動産の価格に応じて，他の第三取得者に対して債権者に代位する。

四　物上保証人の一人は，各財産の価格に応じて，他の物上保証人に対して債権者に代位する。

五　保証人と物上保証人との間においては，その数に応じて，債権者に代位する。ただし，物上保証人が数人あるときは，保証人の負担部分を除いた残額について，各財産の価格に応じて，債権者に代位する。

六　前号の場合において，その財産が不動産であるときは，第1号の規定を準用する。

権利に基づいて当該他の保証人に対して求償をすることができる範囲内）に限り，することができる。

3　第1項の場合には，前項の規定によるほか，次に掲げるところによる。

一　第三取得者（債務者から担保の目的となっている財産を譲り受けた者をいう。以下この項において同じ。）は，保証人及び物上保証人に対して債権者に代位しない。

二　第三取得者の一人は，各財産の価格に応じて，他の第三取得者に対して債権者に代位する。

三　前号の規定は，物上保証人の一人が他の物上保証人に対して債権者に代位する場合について準用する。

四　保証人と物上保証人との間においては，その数に応じて，債権者に代位する。ただし，物上保証人が数人あるときは，保証人の負担部分を除いた残額について，各財産の価格に応じて，債権者に代位する。

五　第三取得者から担保の目的となっている財産を譲り受けた者は，第三取得者とみなして第1号及び第2号の規定を適用し，物上保証人から担保の目的となっている財産を譲り受けた者は，物上保証人とみなして第1号，第3号及び前号の規定を適用する。

　この改正により，抵当権の代位の付記登記がない場合であっても，弁済による代位によって抵当権が移転したことを第三者に対抗することができることとなる。なお，代位の付記登記の位置づけとしては，第三取得者等の第三者に対して債権者に代位することを対抗するための要件ではなく，抵当権を実行する際における承継を証する公文書（民事執行法第181条第3項）となるとされている（中間試案補足説明第22-10）。したがって，代位をする者は，他に承継を証する公文書（例えば，裁判の謄本等）を提出することができれば，抵当権の代位の付記登記が記録された不動産登記の登記事項証明書がなくて

も，抵当権を実行することができることとなる。

⑶ 一部弁済による代位

旧法においては，債権の一部について弁済があった場合には，代位者は，「債権者とともに権利を行使する」とされていた（旧法第502条第1項）。この点について，一部弁済による代位があった場合の権利行使の要件について，代位者が単独で抵当権を行使することができるとしたものがある（大決昭和6年4月7日大民集10巻535頁）。しかしながら，この判例の結論に対しては，代位者が単独で抵当権を実行できるとすると，本来の権利者である債権者が換価時期を選択する利益を奪われることとなり，求償権の保護という代位制度の目的を逸脱して債権者に不利益を与えることになる等の批判がある。

そこで，新法においては，上記の判例を改め，債権の一部について代位弁済があった場合において，代位者が権利行使をするときは，「債権者の同意」を必要とするものとし，抵当権以外の権利行使に一般化することによって，代位者が単独で権利行使をすることができないものとした（新法第502条第1項）。それ以外にも，債権者による権利行使が債権の一部を弁済したにすぎない代位者によって制約されるべきではないという一般的な理解を明文化し，一部弁済による代位が認められる場合であっても，債権者は，単独で権利行使をすることができることとされた（同条第2項）。また，一部弁済による代位の効果について，一部代位弁済があった場合に債権者が行使する権利は，代位債権者が行使する権利に優先することとされた（同条第3項）。これは，抵当権が実行された場合における配当で債権者が代位者に優先するとの判例（最判昭和60年5月23日民集39巻4号940頁，最判昭和62年4月23日金法1169号29頁）を抵当権以外の権利行使にも一般化して明文化したものである。

【旧】	【新】
（一部弁済による代位） **第502条**　債権の一部について代位弁済があったときは，代位者は，その弁済をした価額に応じて，債権者とともにその権利を行使する。	（一部弁済による代位） **第502条**　債権の一部について代位弁済があったときは，代位者は，債権者の同意を得て，その弁済をした価額に応じて，債権者とともにその権利を行使することができる。

238　第3編　債　権

（新設）	2　前項の場合であっても，債権者は，単独でその権利を行使することができる。
（新設）	3　前二項の場合に債権者が行使する権利は，その債権の担保の目的となっている財産の売却代金その他の当該権利の行使によって得られる金銭について，代位者が行使する権利に優先する。
2　前項の場合において，債務の不履行による契約の解除は，債権者のみがすることができる。この場合においては，代位者に対し，その弁済をした価額及びその利息を償還しなければならない。	4　第1項の場合において，債務の不履行による契約の解除は，債権者のみがすることができる。この場合においては，代位者に対し，その弁済をした価額及びその利息を償還しなければならない。

　これらの改正により，実務上，代位者の権利行使について一定の制約が課されることとなるため，一部代位弁済をする場面が減少することが考えられる。

第10章 相 殺

Q 58 相殺に関する主要な改正事項

相殺については，主として，どのような改正がなされるか。

Answer

相殺のうち，主として，(1)相殺禁止の意思表示についての第三者の主観に関する主張立証責任の所在，及び(2)不法行為によって生じた債権の相殺の可否について，改正がされている。

(1) 相殺禁止の意思表示についての第三者の主観に関する主張立証責任の所在

旧法においては，当事者が相殺禁止の意思表示をした場合には，相殺することができないとした上で，その意思表示を善意の第三者に対抗することができないとされていた（旧法第505条第2項）。この点について，相殺禁止の意思表示についての第三者の主観に関する主張立証責任を誰が負うかについて，考え方が分かれていた。

そこで，新法においては，債権譲渡に関する改正と平仄を合わせ，当事者の相殺禁止の意思表示は，悪意の第三者又は重大な過失によって知らなかった第三者に対しては対抗することができ，この第三者の主観に関する主張立証責任は，当事者（債権者又は債務者）が負うこととされた（新法第505条第2項）。

【旧】	【新】
（相殺の要件等） **第505条** 二人が互いに同種の目的を有する債務を負担する場合において，双方の債務が弁済期にあるときは，各債務者は，その対当額について相殺によってその債務を免れることができる。ただし，	（相殺の要件等） **第505条** 二人が互いに同種の目的を有する債務を負担する場合において，双方の債務が弁済期にあるときは，各債務者は，その対当額について相殺によってその債務を免れることができる。ただし，

240 第3編 債 権

債務の性質がこれを許さないときは，この限りでない。 2 　前項の規定は，当事者が反対の意思を表示した場合には，適用しない。ただし，その意思表示は，善意の第三者に対抗することができない。	債務の性質がこれを許さないときは，この限りでない。 2 　前項の規定にかかわらず，当事者が相殺を禁止し，又は制限する旨の意思表示をした場合には，その意思表示は，第三者がこれを知り，又は重大な過失によって知らなかったときに限り，その第三者に対抗することができる。

(2)　不法行為によって生じた債権の相殺の可否

　旧法においては，不法行為によって生じた債権を受働債権とする相殺は禁止されていた（旧法第509条）。この規定の趣旨は，①被害者に現実の給付を得させることによる被害者の保護，及び②不法行為の誘発の防止にあるとされていた。しかしながら，①については，その損害が生命又は身体に関わる重大なものである場合は別として，財産上の損害である場合には，必ずしも妥当せず，また，②については，悪意（損害を加える意図〔破産法第253条第1項第2号参照〕）による不法行為の場合を禁止すれば足りるため，相殺禁止の範囲が広すぎるのではないかと批判されていた。

　そこで，新法においては，②不法行為の誘発の防止に対応するものとして，悪意による不法行為に基づく損害賠償債権を受働債権とする相殺をすることができないものとし（新法第509条第1号），また，①被害者に現実の給付を得させることによる被害者の保護に対応するものとして，人の生命又は身体の侵害による損害賠償債権を受働債権とする相殺をすることができないものとした（新法第509条第2号）。

【旧】	【新】
（不法行為により生じた債権を受働債権とする相殺の禁止） 第509条　債務が不法行為によって生じたときは，その債務者は，相殺をもって債権者に対抗することができない。	（不法行為等により生じた債権を受働債権とする相殺の禁止） 第509条　次に掲げる債務の債務者は，相殺をもって債権者に対抗することができない。ただし，その債権者がその債務に係る債権を他人から譲り受けたときは，この限りでない。

| | 一　悪意による不法行為に基づく損害賠償の債務
二　人の生命又は身体の侵害による損害賠償の債務（前号に掲げるものを除く。） |

　この改正により，旧法と比較した場合には，不法行為によって生じた債権であっても，その性質によっては（すなわち，新法第509条各号に該当しない債権である場合には），受働債権として相殺することが可能となり，相殺をすることができる場面が増えるものと考えられる。
　以下において，事例を用いて，相殺の可否について検討することとする。

《事例》
1．Aの運転する自動車とBの運転する自動車とが衝突する交通事故が発生した。
2．Aは，上記1の交通事故（不法行為）により，Bに対して，金100万円の金銭債権（新法第509条各号に該当しない不法行為に基づく損害賠償債権。以下「甲債権」という。）を取得した。
3．Bは，上記1の交通事故（不法行為）により，Aに対して，金100万円の金銭債権（新法第509条各号に該当しない不法行為に基づく損害賠償債権。以下「乙債権」という。）及び金100万円の金銭債権（新法第509条第2号に該当する債権〔人の生命又は身体の損害による損害賠償債権〕。以下「丙債権」という。）を取得した。

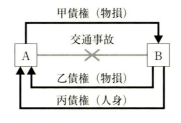

242　第3編　債　権

ア　A（甲債権）による乙債権の相殺の可否

　　旧法においては，乙債権は，不法行為によって生じた債権であるため，Aは，甲債権をもって，乙債権を受働債権とする相殺をすることができなかった（旧法第509条）。一方，新法においては，乙債権は，不法行為によって生じた債権ではあるが，悪意による不法行為に基づき発生した債権ではなく，また，人の生命又は身体への侵害による損害賠償債権でもないため，Aは，甲債権をもって，乙債権を受働債権とする相殺をすることができることとなる（新法第509条）。

イ　A（甲債権）による丙債権の相殺の可否

　　旧法においては，丙債権は，不法行為によって生じた債権であるため，Aは，甲債権をもって，丙債権を受働債権とする相殺をすることができなかった（旧法第509条）。また，新法においても，丙債権は，人の生命又は身体への侵害による損害賠償債権であるため，Aは，甲債権をもって，丙債権を受働債権とする相殺をすることができないこととなる（新法第509条第2号）。

ウ　B（乙債権又は丙債権）による甲債権の相殺の可否

　　上記アについて，甲債権を乙債権又は丙債権と読み替え，乙債権又は丙債権を甲債権と読み替え，また，AをBと読み替え，BをAと読み替えると，同様の結論となる。

第11章 更 改

Q59 **債務者更改と抵当権（担保提供者が旧債務者である場合）**

債権者Aは，債務者Bに対する貸金債権を担保するため，B所有の甲土地に抵当権を設定しているが，Cを新債務者とする内容の更改契約がAC間で締結され，その旨がBに通知された。

① 更改契約の際，AがCに対し，抵当権を更改後の債務に移すことを表示し，Bがこれを了承した。このようなケースにおいて，当事者全員から抵当権に関する登記申請手続の依頼を受けた司法書士は，いかなる登記を申請すべきか。

② 更改契約の際，AがCに対し，抵当権を更改後の債務に移すことを表示したが，Bがこれを了承しなかった。このようなケースにおいて，当事者全員から抵当権に関する登記申請手続の依頼を受けた司法書士は，いかなる登記を申請すべきか。

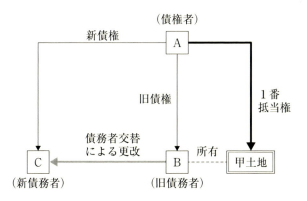

Answer

　本問①のケースでは，登記原因を「年月日債務者更改による新債務担保」として，抵当権の変更登記を申請すべきである。

　本問②のケースでは，登記原因を「年月日抵当権消滅」として，抵当権の抹消登記を申請すべきである。

　更改とは，当事者が債務の要素を変更することにより，旧債務を消滅させ，新債務を成立させる契約である。そのため，更改の効力が実体上生ずる場合，原則として，被担保債権（旧債務）の消滅に伴い，担保権の附従性により抵当権も消滅し，「年月日抵当権消滅」として，抵当権の抹消登記を申請すべきことになる。

　しかし，新法第518条が，旧債務の目的の限度で抵当権を新債務に移すことができるとしているため，要件を満たす場合には「年月日　債務者更改による新債務担保」として，抵当権の変更登記を申請することができる。

　本問①及び②の事例において，いかなる登記を申請すべきかを検討するに当たっては，まず，実体上，債務者更改の効力が生じているかを検討する必要がある。

　この点，旧法下においては，①債権者，旧債務者，新債務者の三者間で債務者を変更する更改契約を締結するか，②債権者及び新債務者の二者間で締結された更改契約が，旧債務者の意思に反していないこと（旧法第514条ただし書参照）を要するとされていた。しかし，新法第514条では，債務者の意思に反しないことという要件を廃止し，債権者から債務者への通知によって更改の効力が生ずるものとしている。

　本問①及び②の事例では，いずれにおいても，債権者A及び新債務者Cの二者間で更改契約が締結されており，債権者Aから旧債務者Bへの通知がなされていることから，実体上，債務者更改の効力が生じているものと判断できる。

　次に，債務者更改の効力が生じることを前提に，旧債務の担保として設定された抵当権が，更改後の債務に移っているかどうかを検討することとなる。

更改後の債務に抵当権が移転するには，債務者の交替による更改にあっては，債権者が，新債務者に対して，あらかじめ又は同時に抵当権の移転の意思表示をする必要がある。旧法と違って，更改契約の当事者が合意する必要はない。

この点に関しては，本問①及び②のいずれの事例においても，債権者Aが更改後の債務者Cに対し，抵当権を更改後の債務に移す旨の意思表示を更改契約と同時にしているため問題ない。

しかし，債務者以外の第三者が担保提供者である場合には，第三者が，旧債務の担保として設定された抵当権が，更改後の債務に移ることを承諾していなければ抵当権の移転の効力は生じない。そして，当該「第三者」には，抵当権を設定していた旧債務者も含まれると解される（部会資料69A第3-3）。

本問①の事例においては，更改契約の締結の際，旧債務者Bが，抵当権が更改後の債務に移ることを承諾しており，抵当権を更改後の債務に移すための要件を満たすことから，抵当権の変更登記を申請すべきである。

これに対し，本問②の事例においては，設定者であるBがこれを承諾しておらず，抵当権を更改後の債務に移すための要件を満たさないことから，原則どおり抵当権の抹消登記を申請すべきである。

【旧】	【新】
（更改） 第513条　当事者が債務の要素を変更する契約をしたときは，その債務は，更改によって消滅する。 2　条件付債務を無条件債務としたとき，無条件債務に条件を付したとき，又は債務の条件を変更したときは，いずれも債務の要素を変更したものとみなす。	（更改） 第513条　当事者が従前の債務に代えて，新たな債務であって次に掲げるものを発生させる契約をしたときは，従前の債務は，更改によって消滅する。 一　従前の給付の内容について重要な変更をするもの 二　従前の債務者が第三者と交替するもの 三　従前の債権者が第三者と交替するもの

※　施行日前に旧法第513条に規定する更改の契約が締結された更改については，なお従前の例によるとする経過措置が設けられている（附則第27条）。

246　第3編　債　権

【旧】	【新】
（債務者の交替による更改） 第514条　債務者の交替による更改は，債権者と更改後に債務者となる者との契約によってすることができる。ただし，更改前の債務者の意思に反するときは，この限りでない。 （新設）	（債務者の交替による更改） 第514条　債務者の交替による更改は，債権者と更改後に債務者となる者との契約によってすることができる。この場合において，更改は，債権者が更改前の債務者に対してその契約をした旨を通知した時に，その効力を生ずる。 2　債務者の交替による更改後の債務者は，更改前の債務者に対して求償権を取得しない。

【旧】	【新】
（更改後の債務への担保の移転） 第518条　更改の当事者は，更改前の債務の目的の限度において，その債務の担保として設定された質権又は抵当権を更改後の債務に移すことができる。ただし，第三者がこれを設定した場合には，その承諾を得なければならない。 （新設）	（更改後の債務への担保の移転） 第518条　債権者（債権者の交替による更改にあっては，更改前の債権者）は，更改前の債務の目的の限度において，その債務の担保として設定された質権又は抵当権を更改後の債務に移すことができる。ただし，第三者がこれを設定した場合には，その承諾を得なければならない。 2　前項の質権又は抵当権の移転は，あらかじめ又は同時に更改の相手方（債権者の交替による更改にあっては，債務者）に対してする意思表示によってしなければならない。

【書式例3‐15】債務者更改による新債務担保を登記原因とする抵当権の変更の登記の登記申請情報（①のケース）

　　　　　　　　　登　記　申　請　情　報

　　登記の目的　　１番抵当権変更
　　原　　　因　　平成○年○月○日債務者更改による新債務担保
　　変更後の事項　債権額　　金○円
　　　　　　　　　利　息　　年○％
　　　　　　　　　損害金　　年○％

第11章　更　改　*247*

```
              債 務 者　　（住所省略）　C
  権 利 者　　（住所省略）　A
  義 務 者　　（住所省略）　B
  添 付 情 報　　登記原因証明情報　登記識別情報
              代理権限証明情報（注）
                                          （以下省略）
```

（注）　本件変更登記は，抵当権の債務者の変更登記において登記義務者の印鑑証
　　　明書の添付省略を認める取扱い（昭和30年5月30日民事甲1123号電報回答）
　　　の対象となる。

【書式例3‐16】債務者更改による新債務担保を登記原因とする抵当権の変更の登記の登記原因証明情報（①のケース）

```
                    登記原因証明情報


1　登記申請情報の要項（省略）

2　登記の原因となる事実又は法律行為
 ⑴　平成○年○月○日，AはBに対して金○円を貸し付け，B所有の本件不
　　動産に抵当権（以下，「本件抵当権」という。）の設定を受け，両者の申請
　　により抵当権設定登記がなされた（○法務局○出張所平成○年○月○日受
　　付第○○○号）。
 ⑵　平成○年○月○日，AとCは，上記⑴のAの貸金債権について，以下の
　　内容で債務者を交替する旨の更改契約（民法第514条）を締結した。
　　　　債権額　　金○円
　　　　利　息　　年○％
　　　　損害金　　年○％
　　　　債務者　　（住所省略）　C
 ⑶　Aは，上記⑵の更改契約と同時に，Cに対して，本件抵当権を更改後の
　　債務の担保として移す旨の意思表示をした。
 ⑷　同日，Bは，本件抵当権を更改後の債務の担保として移すことを承諾し
　　た。
 ⑸　よって，平成○年○月○日，本件抵当権は更改後の債務者Cの債務を担
　　保するものとして変更された。


平成○年○月○日　○法務局○出張所　御中
```

248　第３編　債　権

上記登記原因のとおり相違ありません。

<blockquote>
権利者　（住所省略）　Ａ　㊞
義務者　（住所省略）　Ｂ　㊞
</blockquote>

（注）　更改契約による債務者交替の変更登記の申請には，旧債務者の承諾を証する情報を提供する必要はないとされている（昭和27年９月29日民事甲362号電報回答・登記研究60号28頁）。

【書式例３‐17】抵当権消滅を登記原因とする抵当権の抹消の登記の登記申請情報（②のケース）

<blockquote>

登 記 申 請 情 報

登記の目的　　１番抵当権抹消
原　　　因　　平成○年○月○日抵当権消滅
権 利 者　　（住所省略）　Ｂ
義 務 者　　（住所省略）　Ａ
添 付 情 報　　登記原因証明情報　登記識別情報
　　　　　　　　代理権限証明情報

（以下省略）

</blockquote>

【書式例３‐18】抵当権消滅を登記原因とする抵当権の抹消の登記の登記原因証明情報（②のケース）

<blockquote>

登記原因証明情報

１　登記申請情報の要項（省略）

２　登記の原因となる事実又は法律行為
　(1)　平成○年○月○日，ＡはＢに対して金○円を貸し付け，Ｂ所有の本件不動産に抵当権（以下，「本件抵当権」という。）の設定を受け，両者の申請により抵当権設定登記がなされた（○法務局○出張所平成○年○月○日受付第○○○号）。
　(2)　平成○年○月○日，ＡとＣは，上記(1)のＡの貸金債権について，以下の内容で債務者を交替する旨の更改契約（民法第514条）を締結した。

</blockquote>

　　　　債権額　　金○円
　　　　利　息　　年○%
　　　　損害金　　年○%
　　　　債務者　　（住所省略）　C
　(3)　Aは，上記(2)の更改契約と同時に，Cに対して，本件抵当権を更改後の
　　　債務の担保として移す旨の意思表示をしたが，Bはこれを承諾しなかっ
　　　た。
　(4)　よって，平成○年○月○日，本件抵当権は消滅した。

平成○年○月○日　○法務局○出張所　御中

上記登記原因のとおり相違ありません。

　　　　　　　　　　　　　　　　権利者　　（住所省略）　B　㊞
　　　　　　　　　　　　　　　　義務者　　（住所省略）　A　㊞

"債務者の意思に反しないこと" という要件が廃止されたワケ

　債務者の交替による更改における新法上のポイントは，①債務者の意思に反しないことという要件が廃止されたこと，②債権者から債務者への通知によって更改の効力が生ずるものとしていること，③新債務者の旧債務者に対する求償権を認めないものとしたこと，である。
　旧法では，第514条ただし書において，更改前の債務者の意思に反しないことが要件とされていた。免責的債務引受の場面でも，判例により（大判大正10年5月9日民録27輯899頁等）同様の要件が問題とされている。しかし，債権者による債務免除があったと考えれば，現行法（旧法）の下では債務者の意思を問題とする必要はないとして，債務者の意思に反する場合であっても免責的債務引受をすることができるとする見解が有力に主張されていること等から，免責的債務引受に関する規定を整備するに際し，旧債務者の意思に反しないことは要件としないこととされた。更改においても，これと平仄を合わせ，債務者の意思に反しないことを要件としないこととしている。これに伴い，債権者の債務者に対する通知が要件とされた。債務者が知らないうちに契約関係から離脱することになるのを防止する趣旨である（部会資料67A第3-2参照）。

更改後の債務への担保の移転が債権者の一方的意思表示で良いとされたワケ

　旧法第518条は，更改の当事者の合意によって，質権又は抵当権を更改後の債務に移すことができるとしているが，担保の移転について担保設定者ではない債務者の関与を必要とすることに合理的な理由はない。そのため，新法では，債権者が，あらかじめ又は同時に，更改の相手方に対してする一方的意思表示により，質権又は抵当権を更改後の債務に移すことができるとされている。
　もっとも，新法第518条第1項ただし書において，この意思表示は設定者である第三者の承諾を得ることが効力要件とされている。

第11章 更 改 *251*

Q 60 債務者更改と抵当権（担保提供者が新債務者である場合）

債権者Ａは，債務者Ｂに対する貸金債権を担保するため，Ｃ所有の甲土地に抵当権を設定しているが，Ｃを新債務者とする内容の更改契約がＡＣ間で締結され，その旨がＢに通知された。更改契約の際，ＡはＣに対し，抵当権を更改後の債務に移すことを表示している。このようなケースにおいて，当事者全員から抵当権に関する登記申請手続の依頼を受けた司法書士は，いかなる登記を申請すべきか。

Answer

登記原因を「年月日債務者更改による新債務担保」として，抵当権の変更登記を申請すべきである。

本事例では，債権者Ａ及び新債務者Ｃの二者間で更改契約が締結されており，債権者Ａから旧債務者Ｂへの通知がなされていることから，実体上，債務者更改の効力が生じているものと判断できる。

また，債権者Ａが更改後の債務者Ｃに対し，抵当権を更改後の債務に移す旨の意思表示を更改契約と同時にしているため，旧債務の担保として設定された抵当権は，更改後の債務に移っているものといえる。

したがって，登記原因を「年月日債務者更改による新債務担保」として，抵当権の変更登記を申請すべきである。

なお，債務者以外の第三者が担保提供者である場合には，第三者が，旧債務の担保として設定された抵当権が更改後の債務に移ることを承諾していなければ，抵当権の移転の効力は生じないが，担保提供者が新債務者である場合においては，承諾が不要であると解されている（部会資料69Ａ第3-3）。

Q61 債権者更改と抵当権（更改契約が旧債権者と新債権者との間でなされた場合）

債権者Ａは，債務者Ｂに対する貸金債権を担保するため，Ｂ所有の甲土地に抵当権を設定しているが，Ｃを新債権者とする内容の更改契約がＡＣ間で締結され，その旨がＢに通知された。このようなケースにおいて，当事者全員から抵当権に関する登記申請手続の依頼を受けた司法書士は，どのような登記を申請すべきか。

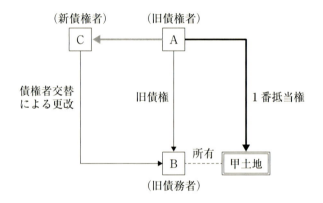

Answer

　実体上，債権者更改の効力が生じないため，登記申請手続の依頼を受けた司法書士は，いかなる登記も申請すべきでない。

　債権者の交替による更改は，旧債権者，新債権者及び債務者の三者間で合意しなければならないとされているため（新法第515条第1項），債務者Ｂが更改契約に参加しておらず，通知を受けたにすぎない本事例においては，実体上，債権者更改の効力が生じないため，いかなる登記も申請することはできない。

【旧】	【新】
（債権者の交替による更改） 第515条　　　　（新設） 　債権者の交替による更改は，確定日付のある証書によってしなければ，第三者に対抗することができない。	（債権者の交替による更改） 第515条　債権者の交替による更改は，更改前の債権者，更改後に債権者となる者及び債務者の契約によってすることができる。 2　債権者の交替による更改は，確定日付のある証書によってしなければ，第三者に対抗することができない。

Q62 債権者更改と抵当権（更改契約が旧債権者，新債権者，及び債務者との間でなされた場合で，担保提供者が第三者である場合）

債権者Aは，債務者Bに対する貸金債権を担保するため，D所有の甲土地に抵当権を設定しているが，Cを新債権者とする内容の更改契約がABC間で締結された。

① 更改契約の際，AがBに対し，抵当権を更改後の債務に移すことを表示しており，また，設定者Dがこれを了承している。このようなケースにおいて，当事者全員から抵当権に関する登記申請手続の依頼を受けた司法書士は，いかなる登記を申請すべきか。

② 更改契約の際，AがBに対し，抵当権を更改後の債務に移すことを表示したが，設定者Dからの了承が得られなかった。このようなケースにおいて，当事者全員から抵当権に関する登記申請手続の依頼を受けた司法書士は，いかなる登記を申請すべきか。

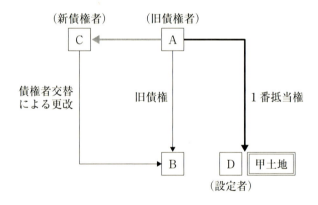

Answer

本問①のケースでは，登記原因を「年月日債権者更改による新債務担保」として抵当権の変更登記を申請すべきである。なお，問題とすべき登記が，抵当権の移転登記ではなく，抵当権の変更登記であること，抵当権変更登記を申請する際には，登記権利者が旧債権者，登記義務者が抵当権設定者とな

第11章　更　改　*255*

ることに注意を要する。

　本問②のケースでは，登記原因を「年月日抵当権消滅」として，抵当権の抹消登記を申請すべきである。

　更改とは，当事者が債務の要素を変更することにより，旧債務を消滅させ，新債務を成立させる契約であるため，更改の効力が実体上生ずる場合，原則として，被担保債権（旧債務）の消滅に伴い，抵当権も消滅する（担保権の附従性）。したがって，原則は「年月日抵当権消滅」として，抵当権の抹消登記を申請すべきことになる。

　しかし，新法第518条が，旧債務の目的の限度で抵当権を新債務に移すことができるとしているため，要件を満たす場合には「年月日債権者更改による新債務担保」として，抵当権の変更登記を申請することができる。

　本問①及び②の事例において，いかなる登記を申請すべきかを検討するに当たっては，まず，実体上，債権者更改の効力が生じているかを検討する必要がある。

　この点，債権者の交替による更改は，旧債権者，新債権者及び債務者の三者間で合意しなければならないとされている（新法第515条第1項）。

　本問①及び②の事例では，いずれにおいても，三者間の合意があることから，実体上，債権者更改の効力が生じているものと判断できる。

　次に，債権者更改の効力が生じることを前提に，旧債務の担保として設定された抵当権が，更改後の債務に移っているかどうかを検討することとなる。

　更改後の債務に抵当権が移転するには，債権者の交替による更改にあっては，更改前の債権者が，債務者に対して，あらかじめ又は同時に抵当権の移転の意思表示をする必要がある。旧法と違って，更改契約の当事者が合意する必要はない。

　この点に関しては，本問①及び②のいずれの事例においても，更改前の債権者Aが債務者Bに対し，抵当権を更改後の債務に移す旨の意思表示を更改契約と同時にしているため，問題ない。

　しかし，債務者以外の第三者が担保提供者である場合には，第三者が，旧債務の担保として設定された抵当権が更改後の債務に移ることを承諾してい

256　第3編　債　権

なければ，抵当権の移転の効力は生じない（新法第518条第1項）。

　本問①の事例においては，更改契約の締結の際，設定者Dが，抵当権が更改後の債務に移ることを承諾しており，抵当権を更改後の債務に移すための要件を満たすことから，抵当権の変更登記を申請すべきである。

　これに対し，本問②の事例においては，設定者Dがこれを承諾しておらず，抵当権を更改後の債務に移すための要件を満たさないことから，原則どおり抵当権の抹消登記を申請すべきである。

　なお，本問①の事例において問題とすべき登記が，抵当権の移転登記ではなく，抵当権の変更登記となるのは，債権者交替による更改契約の法律効果は，旧債権の消滅と新債権の発生であり，抵当権の移転の原因関係となる債権の主体の変更とは異なるからである。

　また，登記権利者が旧債権者，登記義務者が抵当権設定者となるのは，本来利益を受ける新債権者を登記権利者として，登記義務者となる抵当権設定との登記申請を許せば，旧債権者の知らぬ間に事実に反する登記が申請されるおそれが生じ，また，新債権者を登記権利者，旧債権者を登記義務者として登記の申請を許せば，抵当権設定者の知らぬ間に事実に反する登記が申請されるおそれがあるからである。

【書式例3-19】債権者更改による新債務担保を登記原因とする抵当権の変更の登記の登記申請情報（Dの承諾が得られている場合）

登　記　申　請　情　報

登記の目的　　　１番抵当権変更
原　　　因　　　平成○年○月○日債権者更改による新債務担保
変更後の事項　　債権額　　金○円
　　　　　　　　利　息　　年○％
　　　　　　　　損害金　　年○％
　　　　　　　　抵当権者　（住所省略）　C
権　利　者　　　（住所省略）　A
義　務　者　　　（住所省略）　D
添　付　情　報　　登記原因証明情報　登記識別情報

第11章　更　改　*257*

印鑑証明書　代理権限証明情報（注）

（以下省略）

（注）　本件変更登記は，抵当権の債務者の変更登記ではないため，所有権の登記名義人が登記義務者になる場合として，印鑑証明書を添付しなければならない（不動産登記規則第16条第2項，不動産登記令第48条第1項第5号）。

【書式例3-20】債権者更改による新債務担保を登記原因とする抵当権の変更の登記の登記原因証明情報（Dの承諾が得られている場合）

登記原因証明情報

1　登記申請情報の要項（省略）

2　登記の原因となる事実又は法律行為
(1)　平成○年○月○日，AはBに対して金○円を貸し付け，B所有の本件不動産に抵当権（以下，「本件抵当権」という。）の設定を受け，両者の申請により抵当権設定登記がなされた（○法務局○出張所平成○年○月○日受付第○○○号）。
(2)　平成○年○月○日，AB及びCは，上記(1)のAの貸金債権について，以下の内容で債権者を交替する旨の更改契約（民法第515条）を締結した。
　　　　　債権額　　金○円
　　　　　利　息　　年○%
　　　　　損害金　　年○%
　　　　　債権者　　（住所省略）C
(3)　Aは，上記(2)の更改契約と同時に，Dに対して，本件抵当権を更改後の債務の担保として移す旨の意思表示をした。
(4)　同日，Dは，上記(3)の意思表示を受領すると同時に，これを承諾した。
(5)　よって，平成○年○月○日，本件抵当権は更改後の債権者Cの債務を担保するものとして変更された。

平成○年○月○日　○法務局○出張所　御中

上記登記原因のとおり相違ありません。

　　　　　　　　　　　権利者　　（住所省略）　A　㊞
　　　　　　　　　　　義務者　　（住所省略）　B　㊞

258　第３編　債　権

【書式例３‐21】抵当権消滅を登記原因とする抵当権の抹消の登記の登記申請情報（Ｄの承諾が得られていない場合）

登 記 申 請 情 報

　　登記の目的　　１番抵当権抹消
　　原　　　因　　平成○年○月○日抵当権消滅
　　権 利 者　　（住所省略）　Ｄ
　　義 務 者　　（住所省略）　Ａ
　　添 付 情 報　　登記原因証明情報　登記識別情報
　　　　　　　　　代理権限証明情報

（以下省略）

【書式例３‐22】抵当権消滅を登記原因とする抵当権の抹消の登記の登記原因証明情報（Ｄの承諾が得られていない場合）

登記原因証明情報

1　登記申請情報の要項（省略）

2　登記の原因となる事実又は法律行為
（1）　平成○年○月○日，ＡはＢに対して金○円を貸し付け，Ｂ所有の本件不動産に抵当権（以下，「本件抵当権」という。）の設定を受け，両者の申請により抵当権設定登記がなされた（○法務局○出張所平成○年○月○日受付第○○○号）。
（2）　平成○年○月○日，ＡＢ及びＣは，上記(1)のＡの貸金債権について，以下の内容で債権者を交替する旨の更改契約（民法第515条）を締結した。
　　　　債権額　　金○円
　　　　利　息　　年○％
　　　　損害金　　年○％
　　　　債権者　　（住所省略）Ｃ
（3）　Ａは，上記(2)の更改契約と同時に，Ｄに対して，本件抵当権を更改後の債務の担保として移す旨の意思表示をしたが，Ｄはこれを承諾しなかった。
（4）　よって，平成○年○月○日，本件抵当権は消滅した。

平成○年○月○日　○法務局○出張所　御中

上記登記原因のとおり相違ありません。

権利者　　（住所省略）　D　㊞

義務者　　（住所省略）　A　㊞

260　第3編　債　権

Q 63　債権者更改と抵当権（更改契約が旧債権者，新債権者，及び債務者との間でなされた場合で，担保提供者が債務者である場合）

　債権者Aは，債務者Bに対する貸金債権を担保するため，B所有の甲土地に抵当権を設定しているが，Cを新債権者とする内容の更改契約がABC間で締結された。その際，Aは債務者Bに対し，抵当権を更改後の債務に移す旨の意思表示をしている。このようなケースにおいて，当事者全員から抵当権に関する登記申請手続の依頼を受けた司法書士は，どのような登記を申請すべきか。

Answer

　抵当権設定者が債務者Bであることから，旧債務の担保として設定された抵当権が，更改後の債務に移ることをBが承諾しているか否かにかかわらず，登記原因を「年月日債権者更改による新債務担保」として抵当権の変更登記を申請すべきである。

　まず，本事例においては，三者間の合意があることから，実体上，債権者更改の効力が生じているといえる。

　次に，債権者更改の効力が生じることを前提に，旧債務の担保として設定された抵当権が，更改後の債務に移っているかどうかを検討することとなる。

　更改後の債務に抵当権が移転するには，債権者の交替による更改にあっては，更改前の債権者が，債務者に対して，あらかじめ又は同時に抵当権の移転の意思表示をする必要がある。旧法と違って，更改契約の当事者が合意する必要はない。

　この点に関しては，本事例では，更改前の債権者Aが債務者Bに対し，抵当権を更改後の債務に移す旨の意思表示を更改契約と同時にしているため，問題ない。

　そして，債務者が担保提供者である場合には，第三者が担保提供者である場合と違って，承諾の有無は問題とならない（新法第518条第1項ただし書参照）。

第11章　更　改　*261*

　したがって，本事例においては，登記原因を「年月日債権者更改による新債務担保」として抵当権の変更登記を申請すべきこととなる。

【書式例3‒23】債権者更改による新債務担保を登記原因とする抵当権の変更の登記の登記原因証明情報

登記原因証明情報

1　登記申請情報の要項（省略）

2　登記の原因となる事実又は法律行為
　⑴　平成○年○月○日，AはBに対して金○円を貸し付け，B所有の本件不動産に抵当権（以下，「本件抵当権」という。）の設定を受け，両者の申請により抵当権設定登記がなされた（○法務局○出張所平成○年○月○日受付第○○○号）。
　⑵　平成○年○月○日，AB及びCは，上記⑴のAの貸金債権について，以下の内容で債権者を交替する旨の更改契約（民法第515条）を締結した。
　　　　債権額　　金○円
　　　　利　息　　年○%
　　　　損害金　　年○%
　　　　債権者　　（住所省略）　C
　⑶　Aは，上記⑵の更改契約と同時に，Bに対して，本件抵当権を更改後の債務の担保として移す旨の意思表示をした。
　⑷　よって，平成○年○月○日，本件抵当権は更改後の債権者Cの債務を担保するものとして変更された。

平成○年○月○日　○法務局○出張所　御中

上記登記原因のとおり相違ありません。

　　　　　　　　　　　　　　　権利者　　（住所省略）　A　㊞
　　　　　　　　　　　　　　　義務者　　（住所省略）　B　㊞

Q64 債権目的の更改と抵当権

債権者Aは，債務者Bに対する売買代金債権を担保するため，B所有の甲土地に順位1番の抵当権を設定している。A及びBは，1番抵当権の被担保債権の目的を金銭消費貸借とする更改契約を締結した。その際，AはBに対し，抵当権を更改後の債務に移す意思表示をしている。このようなケースにおいて，当事者全員から抵当権に関する登記申請手続の依頼を受けた司法書士は，いかなる登記を申請すべきか。

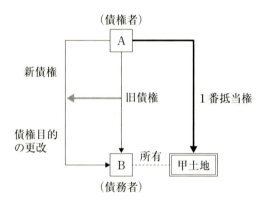

Answer

登記原因を「年月日金銭消費貸借への債権目的の更改による新債務担保」として抵当権の変更登記を申請すべきである。

本事例では，債権者A及び債務者Bの二者間で，1番抵当権の被担保債権の目的を金銭消費貸借とする更改契約が締結されており，いわゆる債権目的の更改契約が問題となっている。

新法によれば，債権目的の更改契約が成立するには，債権者及び債務者の二者間で契約が締結されており，その内容が「従前の給付の内容について重要な変更をするもの」に該当することを要する（新法第513条第1号）。

判例によれば，給付の内容を変更した場合であっても，別個のものと評価されない場合には，更改の成立が否定されると考えられていることから（大

判大正 5 年 2 月24日民録22輯329頁，大判明治34年 4 月26日民録 7 輯 4 巻87頁），「重要な変更をするもの」であることが要件とされている（部会資料83- 2 第25- 1 ）。

　本事例における更改契約は，売買代金債権を金銭消費貸借とする内容であり，「従前の給付の内容について重要な変更をするもの」に該当するため，実体上，債権目的の更改の効力は有効に生ずるものと判断できる。

　そして，債権者Ａが債務者Ｂに対し，抵当権を更改後の債務に移す旨の意思表示を更改契約と同時にしているため，旧債務の担保として設定された抵当権は，更改後の債務に移っているものといえる。旧法と異なり，更改契約の当事者が合意する必要はない。

　債務者以外の第三者が担保提供者である場合には，第三者が，旧債務の担保として設定された抵当権が更改後の債務に移ることを承諾していなければ，抵当権の移転の効力は生じないが，担保提供者が債務者である本事例においては，承諾は問題とならない。

　したがって，登記原因を「年月日金銭消費貸借への債権目的の更改による新債務担保」として，抵当権の変更登記を申請すべきである。

　ところで，「債権目的の更改」という用語は，旧法において用いられていた用語ではない。旧法第513条では，「債務の要素を変更する契約」をすることを更改の要件として示しているだけであったため，この「債務の要素を変更する」とは，債権者の交替，債務者の交替及び債務の目的の変更を意味するといわれていたにすぎない。

　今般の改正においては，債務の目的の変更とは，具体的には給付内容の変更を意味するとされていることから，この点を明確化すべく，「従前の給付の内容について重要な変更をするもの」と表現するものとされた（中間試案補足説明第24- 1 ）。

　そうだとすれば，登記原因における表現も，「債権目的の更改」という表現を改め，「年月日金銭消費貸借への給付内容の更改による新債務担保」といった表現をするのが相当と思われる。

　この点については，平成21年 2 月20日民二500号通達の不動産登記記録例

の407において「平成何年何月何日金銭消費貸借への債権目的の更改による新債務担保」との表現が採られているため，今後，登記先例が変更されるか注目すべき点であるといえる。

【書式例3‐24】 債権目的の更改による新債務担保を登記原因とする抵当権の変更の登記の登記申請情報

登 記 申 請 情 報

登記の目的　　　１番抵当権変更

原　　　　因　　　平成○年○月○日金銭消費貸借への債権目的の更改による新債務担保

変更後の事項　　債権額　　金○円

　　　　　　　　利　息　　年○％

　　　　　　　　損害金　　年○％

権　利　者　　（住所省略）　A

義　務　者　　（住所省略）　D

添　付　情　報　　登記原因証明情報　登記識別情報

　　　　　　　　印鑑証明書(注)　代理権限証明情報

（以下省略）

（注）　本件変更登記は，抵当権の債務者の変更登記ではないため，所有権の登記名義人が登記義務者になる場合として，印鑑証明書を添付しなければならない（不動産登記規則第16条第2項，不動産登記令第48条第1項第5号）。

【書式例3‐25】 債権目的の更改による新債務担保を登記原因とする抵当権の変更の登記の登記原因証明情報

登記原因証明情報

1　登記申請情報の要項（省略）

2　登記の原因となる事実又は法律行為

　(1)　平成○年○月○日，AはBとの間で，平成○年○月○日売買代金債権を担保するため，B所有の本件不動産に抵当権（以下，「本件抵当権」という。）の設定を受け，両者の申請により抵当権設定登記がなされた（○法

第11章　更　改　*265*

　　務局○出張所平成○年○月○日受付第○○○号）。
　(2)　平成○年○月○日，A及びBは，上記(1)のAの売買代金債権について，
　　これに替えて以下の内容の金銭消費貸借とする更改契約を締結した。
　　　　　債権額　　金○円
　　　　　利　息　　年○％
　　　　　損害金　　年○％
　　　　　債務者　　（住所省略）　B
　(3)　Aは，上記(2)の更改契約と同時に，Bに対して，本件抵当権を更改後の
　　債務の担保として移す旨の意思表示をした。
　(4)　よって，平成○年○月○日，本件抵当権は更改後の債務を担保するもの
　　として変更された。

平成○年○月○日　　○法務局○出張所　御中

上記登記原因のとおり相違ありません。
　　　　　　　　　　　　　　　　　権利者　　（住所省略）　A　㊞
　　　　　　　　　　　　　　　　　義務者　　（住所省略）　B　㊞

第12章 第三者のためにする契約

Q65 第三者のためにする契約に関する改正の概要

第三者のためにする契約に関する改正内容はどのようなものか。また，不動産登記実務にはどのような影響があるのか。

Answer

旧法第537条，第538条の規定内容を維持したまま，新たな規定を追加する改正がなされている。詳細は以下のとおりである。なお，一般に定着した用語法に従い，第三者のためにする契約によって給付義務を負う者（下図のB）を「諾約者」，第三者のためにする契約の相手方（下図のA）を「要約者」，第三者のためにする契約によって利益を受ける第三者（下図のC）を「受益者」と，それぞれ呼ぶことにする。

(1) 第三者のためにする契約に関する改正概要

　ア　第三者のためにする契約の成立等（新法第537条関係）

　　旧法では，第三者のためにする契約の要件として，受益者である第三者が契約の当時に現存又は特定されている必要があるかどうかについての規定が存在しなかったため，解釈に委ねられていた。

第12章　第三者のためにする契約　　*267*

　この点につき判例は，第三者のためにする契約の締結時に受益者が現存している必要はなく，胎児や設立中の法人のように将来出現することが予期された者を受益者として契約を締結することができるとし（設立中の法人を受益者とする第三者のためにする契約を有効としたものとして，最判昭和37年6月26日民集16巻7号1397頁），さらに，契約締結時には受益者が特定されていなくてもよいとしている（大判大正7年11月5日民録24輯2131頁）。

　そこで，新法では，この判例法理を明文化することにより，第三者のためにする契約の要件に関する疑義を解消している（新法第537条第2項）。

【旧】	【新】
（第三者のためにする契約） **第537条**　契約により当事者の一方が第三者に対してある給付をすることを約したときは，その第三者は，債務者に対して直接にその給付を請求する権利を有する。 　　　　　　　（新設）	（第三者のためにする契約） **第537条**　契約により当事者の一方が第三者に対してある給付をすることを約したときは，その第三者は，債務者に対して直接にその給付を請求する権利を有する。 2　前項の契約は，その成立の時に第三者が現に存しない場合又は第三者が特定していない場合であっても，そのためにその効力を妨げられない。
2　前項の場合において，第三者の権利は，その第三者が債務者に対して同項の契約の利益を享受する意思を表示した時に発生する。	3　第1項の場合において，第三者の権利は，その第三者が債務者に対して同項の契約の利益を享受する意思を表示した時に発生する。

イ　要約者による解除権の行使（新法第538条関係）

　旧法では，第三者のためにする契約に基づく債務について不履行があった場合における要約者による解除権の行使に関する規定が存在しなかったため，要約者が当該第三者のためにする契約を解除するために，受益者の承諾を必要とするか否かについて，学説が分かれていた。この点につき，旧法第538条の趣旨に照らし，受益者の諾約者に対する履行請求権を受益者に無断で奪うことは妥当ではないという観点から，受益

268　第3編　債　権

者の承諾を必要とするという見解が通説である。新法では，この通説の
解釈を明文化することにより，解釈上の疑義を解消している（新法第
538条第2項）。

【旧】	【新】
（第三者の権利の確定） **第538条**　前条の規定により第三者の権利が発生した後は，当事者は，これを変更し，又は消滅させることができない。 （新設）	（第三者の権利の確定） **第538条**　前条の規定により第三者の権利が発生した後は，当事者は，これを変更し，又は消滅させることができない。 2　前条の規定により第三者の権利が発生した後に，債務者がその第三者に対する債務を履行しない場合には，同条第1項の契約の相手方は，その第三者の承諾を得なければ，契約を解除することができない。

(2) 不動産登記実務への影響について

上記のとおり，第三者のためにする契約に関する改正内容は，旧法の規定
内容を維持したまま，新たな規定を追加するものであり，追加された規定も
判例法理や通説的な解釈の明文化であるため，改正によって不動産登記実務
に及ぼす影響はないものと思われる。

なお，当初は，受益者の受益の意思表示を不要とする改正案も検討されて
いたことから，不動産登記実務に影響を与えることも考えられたが，結局採
用が見送られたため，第三者のためにする契約を利用した直接移転登記にお
ける登記原因証明情報の記載にも変更はないものと思われる。

第13章　売　買　*269*

第13章　売　買

Q 66　売買で問題となり得る事項の重要な改正点

売買の際に問題となり得る事項で，重要な改正点には，どのようなものがあるか。

Answer

①隔地者間の契約の成立時期について発信主義を定める旧法第526条第1項が削除され，到達主義の原則が適用されることとなる，②原始的不能であることのみを理由に契約が無効となることはないという考え方が採用された，③債務の履行が契約成立時に不能であった場合でも債務不履行による損害賠償請求が可能となる，④契約解除の要件として，債務不履行が債務者の責めに帰すべき事由によるものであることは要求されていない，⑤売主には登記などの対抗要件を具備するのに必要な行為をすべき義務があることを定める規定の新設，⑥売主は売買契約の内容に適合した権利又はものを買主に提供する義務を負う，⑦民法第483条が売買契約においては適用されなくなった，⑧瑕疵担保責任が債務不履行責任へ吸収され，買主の救済手段として履行の追完請求，代金減額請求，債務不履行の一般原則に基づく損害賠償及び解除が認められた，⑨危険負担につき定める民法第534条及び第535条の削除と，売買における危険の移転に関する規定の新設，⑩預貯金口座への振込みによる弁済は，債権者がその預金又は貯金に係る債権の債務者に対して払戻しを請求する権利を取得した時にその効力を生ずるとする規定の新設，などが挙げられる。

(1)　発信主義を定める旧法第526条第1項の削除

民法は，意思表示の効力発生時点に関して到達主義（民法第97条第1項）

を原則としている。しかし，契約の成立を欲する取引当事者間においては承諾の発信があればその到達を待たないで直ちに契約が成立することが取引の円滑と迅速に資すると考えられたことから，同項の例外を定め，隔地者間の契約の成立時期について発信主義を採っていた（旧法第526条第1項）。ところが，通信手段が発達した現代においては，当事者が発信から到達までの時間の短縮を望めば様々な手段が提供されており，到達主義の原則に対する例外を設ける必要性が乏しい。そこで，新法では旧法第526条第1項が削除される。

　なお，施行日前に申込みがされた場合におけるその申込み及びこれに対する承諾については，なお従前の例によるとする経過措置が設けられている（附則第29条第1項）。

⑵　原始的不能であることのみを理由に契約が無効となることはないという考え方の採用

　新設された新法第412条の2第1項は，債務の履行が不能であるときは，債権者はその債務の履行を請求することができない旨を定めている。債務の履行が不能であるときに，債権者がその債務の履行を請求することができないこと（債務者がその債務を免れること）は，最も基本的な規律でありながら民法上に規定が置かれていなかったことから新設された規定である。

　ところで，当該規定中の「不能であるとき」という表現は，原始的不能と後発的不能とを区別しない考え方（原始的不能であることのみを理由として契約が無効となることはないという考え方）を前提としている（部会資料68A第1－2参照）。

　伝統的には，原始的に履行することが不可能な債務を発生させることを目的とする契約は無効であるという見解が学説上有力であり，また，判例にも一般論としてこの見解に従ったもの（最判昭和25年10月26日民集4巻10号497頁等）があった。しかし，新法の取扱いはこれとは異なることから注意を要する。

　もっとも，新法においても，原始的不能の給付を目的とする契約を常に有効とするわけではなく，「給付が原始的に不能であるならば契約は無効とす

る」旨の合意があった場合や，対象の不存在を理由とする錯誤取消し（新法第95条第1項）が行われた場合等には，契約の効力は否定される（詳解Ⅱ37～38頁）。

（➡Q15⑸ア参照）

【旧】	【新】
（新設）	（履行不能） 第412条の2　債務の履行が契約その他の債務の発生原因及び取引上の社会通念に照らして不能であるときは，債権者は，その債務の履行を請求することができない。 2　契約に基づく債務の履行がその契約の成立の時に不能であったことは，第415条の規定によりその履行の不能によって生じた損害の賠償を請求することを妨げない。

⑶　債務の履行が契約成立時に不能であった場合の損害賠償請求

新法では，原始的不能であることのみを理由として契約が無効となることはないという考え方を採用し，新設された新法第412条の2第2項において，その債務の履行が不能であることによって生じた損害の賠償を請求することを妨げないことが規定された。

（➡Q15⑶参照）

⑷　契約解除の要件

伝統的に債務の不履行が債務者の責めに帰することができない事由によるものであるときは，解除をすることができないとされてきたが，そもそも，債務不履行による解除の制度は，債務不履行による損害賠償の制度のように債務者に対して債務不履行の責任を追及するための制度ではなく，債権者に対して当該契約の拘束力からの解放を認めるための制度であるとの考えから，新法では解除の要件から債務者の責めに帰すべき事由を不要とした。

（➡Q15⑵参照）

272　第3編　債　権

⑸　売主の登記などの対抗要件を具備するのに必要な行為をすべき義務

　新法第560条では，対抗要件制度があれば売主は買主に対抗要件を具備させる義務があるとする判例通説を明文化している。対抗要件を具備させる義務は，売主の基本的な義務であることから明文化された。

【旧】	【新】
（新設）	（権利移転の対抗要件に係る売主の義務） **第560条**　売主は，買主に対し，登記，登録その他の売買の目的である権利の移転についての対抗要件を備えさせる義務を負う。

賃借権設定登記請求権

コラム

　今般の改正では，売主には対抗要件を具備するのに必要な行為をすべき義務があることが明文化された。売買に関する規律は，民法第559条により，売買以外の有償契約について準用される。では，賃貸借契約において，新法第560条は準用されるのであろうか（＝賃貸人は，賃借人に対し，登記を備えさせる義務を負うであろうか。）。従来の判例は，原則として賃借人の登記請求権を否定しており（大判大正10年7月11日民録27輯1378頁），この点で，契約により物権的な登記請求権が当然に発生する売買とは根本的に異なる。物権を取得した場合と異なり，賃借権は債権であることから，当然には登記請求権が発生せず，賃借権者と設定者との間で登記をする特別の合意をした場合に限って登記請求権が発生するのである。新法第560条の義務は，契約により物権的な登記請求権が当然に発生する売買だからこそ規定されたのだとすると，登記請求権の発生に合意を要する賃貸借契約には準用されないのではなかろうか。

⑹　売買契約の内容に適合した権利又はものを買主に提供する義務

　要綱仮案の原案の段階までは，契約責任説の立場から，売主には契約の内容に適合したものや権利の移転義務があることを明示する次の規定を置く事

が予定されていた（部会資料81‐1第5‐2(1)(2)）。

> (1) 売主は，契約の内容（他人の地上権，抵当権その他の権利の設定の有
>   無を含む。）に適合した権利を買主に移転する義務を負う。
> (2) 売買の目的が物であるときは，売主は，種類，品質及び数量に関し
>   て，契約の内容に適合するものを買主に引き渡す義務を負う。

　法定責任説を否定し，売主が契約の内容に適合したものや権利を移転しな
かった場合の売主の責任が債務不履行責任となることを明らかにするもので
ある。
　しかし，売主の追完義務を定めた新法第562条において，特定物売買だと
しても，引き渡された目的物が種類，品質又は数量に関して契約の内容に適
合しないものであるときは，売主には修補義務があること等を明記しており，
また，移転した権利が契約の内容に適合しない場合における売主の担保責任
を定めた新法第565条がこれを準用していることから，上記規定はこれらと
重複するため，別個の条文としては取り上げないこととされた。

(7) 民法第483条の売買契約への不適用

　かつては，旧法第483条によって，債務者は履行期の現状で特定物を引き
渡せばその履行義務を尽くしたことになるとした上で，善管注意義務違反が
ある場合にはこれによって損害賠償責任を負うことになるという見解が通説
であった。これは，特定物の引渡債務については，修補や代替物の給付が想
定されない以上，その特定物を引き渡すほかないという観念を前提とするも
のであり，当該特定物に原始的な瑕疵が存在する場合についても，その物を
引き渡せば完全な履行になるという考え方（いわゆる特定物ドグマ）と通底
する考え方である。このため，本条は，売買の瑕疵担保責任に関する法定責
任説を支える規定として援用されることがあった。
　しかし，現在では，いわゆる特定物ドグマに対しては強い批判が向けられ
ており，特定物であっても，瑕疵のあるものを引き渡せば，債務不履行にな
り得ると捉える考え方が一般的になっている。

274　第３編　債権

　そして，今般の改正では，特定物についても，売買における売主の責任の有無を契約の内容に照らして規範的に判断する考え方が採用されており，これを前提とすれば，引き渡すべき目的物の品質が債務の内容を構成せず引渡しをすべき時の現状で引き渡せば一切の責任を負わないという事態は想定し難い。そこで，部会の審議では旧法第483条を削除することを前提としてきた。

　しかし，これは，専ら特定物の売買を念頭に置いた議論であり，民法第483条は債権総則に置かれている規定であるのだから，例えば，売買以外の契約に基づき特定物の引渡しをしなければならない場合や，不当利得返還請求権に基づき特定物の引渡しをしなければならない場合には，同条の適用の余地があるとの指摘を踏まえ，改正案の段階において，同条を削除するという従前の案を改め，上記の問題に対応する形で条文を残すこととされた。

【旧】	【新】
（特定物の現状による引渡し） 第483条　債権の目的が特定物の引渡しであるときは，弁済をする者は，その引渡しをすべき時の現状でその物を引き渡さなければならない。	（特定物の現状による引渡し） 第483条　債権の目的が特定物の引渡しである場合において，契約その他の債権の発生原因及び取引上の社会通念に照らしてその引渡しをすべき時の品質を定めることができないときは，弁済をする者は，その引渡しをすべき時の現状でその物を引き渡さなければならない。

　もっとも，売買契約の場合，引き渡すべき特定物の品質（契約の内容に適合した品質）について当事者間の合意の内容を認定することができるのであるから，常にこれに合致する物を引き渡さなければならないのであり，新法第483条が適用される余地はない（部会資料83-２第23-６参照）。
（➡Q15(4)参照）

(8)　瑕疵担保責任の債務不履行責任への吸収と買主救済手段の充実

　今般の改正では，担保責任の内容が契約責任説の立場から全面的に見直され，買主の救済手段の充実が図られている。

　具体的には，目的物が種類物か特定物かによって救済の体系を峻別し，種

第13章　売買　*275*

類物である場合には一般原則によるとして買主の追完請求権や損害賠償請求権や契約の解除権を肯定しつつ，特定物である場合には旧法第570条によるとして売主の追完義務を一律に否定するという，典型的な法定責任説の考え方を否定し，売主が買主に引き渡すべき目的物は，それが種類物か特定物であるかを問わず，種類，品質及び数量に関して，当該売買契約の内容に適合したものでなければならず，これに違反する場合には，売主は債務不履行責任を負い，買主は売主に対し，目的物の修補，代替物の引渡し又は不足分の引渡しによる履行の追完を請求できるものとした（新法第562条）。

　さらに，代金減額請求についても規律が設けられたことにより（新法第563条），不完全な履行を受けた買主は，解除，損害賠償請求の他に，履行の追完請求（代物請求・修補請求・不足分の引渡請求），代金減額請求の手段が取れるようになった。

　以下，新法の条文とその説明を加える。

　ア　履行の追完請求

【新】

（買主の追完請求権）
第562条　引き渡された目的物が種類，品質又は数量に関して契約の内容に適合しないものであるときは，買主は，売主に対し，目的物の修補，代替物の引渡し又は不足分の引渡しによる履行の追完を請求することができる。ただし，売主は，買主に不相当な負担を課するものでないときは，買主が請求した方法と異なる方法による履行の追完をすることができる。
2　前項の不適合が買主の責めに帰すべき事由によるものであるときは，買主は，同項の規定による履行の追完の請求をすることができない。

　従来の法定責任説の考え方では，特定物売買の場合は履行の追完請求ができないとされていたが，今般の改正では契約責任説を採用したことで，特定物売買の場合であっても履行の追完請求が可能となった。

　履行の追完につき修補による対応と代替物等の引渡しによる対応等のいずれもが想定される場合に，いずれを請求するかは買主の選択に委ねることを前提とした規定となっている。適切な追完がされることに最も強い利害を有するのは買主であるから，買主に第一次的な選択権を与え

276 第3編 債 権

るのが相当であることによる（部会資料75A第3‐3）。

　もっとも，買主に追完方法の第一次的な選択権を与えつつも，買主に不相当な負担を課すものでない場合には，売主の提供する追完方法が優先することとされている（新法第562条第1項ただし書）。契約不適合の目的物を引き渡した売主に対する非難可能性は様々であって，買主による追完方法の選択を常に甘受すべきであるとはいえないことを考慮した規定である（部会資料75A第3‐3）。

　また，新法第562条第2項では，契約不適合が「買主の責めに帰すべき事由」によるものであるときは，履行の追完請求が認められないことが定められている。同様の制約が解除（新法第543条）や代金減額請求（新法第563条第3項）にもあるが，これとの平仄を合わせたものである。

　さらに，債務の履行が不能である場合の規律（新法第412条の2）が追完請求権にも適用されることが想定されているため（部会資料75A第3‐3），履行の追完が契約及び取引上の社会通念に照らして不能であるときは追完請求が認められないこととなる。

イ　代金減額請求

【新】
（買主の代金減額請求権） **第563条**　前条第1項本文に規定する場合において，買主が相当の期間を定めて履行の追完の催告をし，その期間内に履行の追完がないときは，買主は，その不適合の程度に応じて代金の減額を請求することができる。 2　前項の規定にかかわらず，次に掲げる場合には，買主は，同項の催告をすることなく，直ちに代金の減額を請求することができる。 　一　履行の追完が不能であるとき。 　二　売主が履行の追完を拒絶する意思を明確に表示したとき。 　三　契約の性質又は当事者の意思表示により，特定の日時又は一定の期間内に履行をしなければ契約をした目的を達することができない場合において，売主が履行の追完をしないでその時期を経過したとき。 　四　前三号に掲げる場合のほか，買主が前項の催告をしても履行の追完を受ける見込みがないことが明らかであるとき。 3　第1項の不適合が買主の責めに帰すべき事由によるものであるときは，買主は，前二項の規定による代金の減額の請求をすることができない。

第13章　売買　*277*

　新法第563条において，買主の代金減額請求権に関する規定が置かれ
たが，旧法第563条第1項及び第565条を改めるものである。旧法とは違
い，代金減額請求ができる場面を権利の一部移転不能や数量不足の場合
に限定せず，引き渡された目的物が種類，品質に関して契約の内容に適
合しないものである場合にも認めており，量的な不適合の場面に限定さ
れていた請求権が質的な不適合の場面にも拡張されている（部会資料75
A第3‐4）。移転した権利が契約不適合である場合も，新法第565条に
より準用されている。

　代金減額請求は，契約の一部解除と同じ機能を有していることから，
新法第563条第1項は契約の解除における催告解除の原則と同様の枠組
みによる規律となっている（新法第541条本文参照）。催告により，売主
の追完の利益を保証しているのである。また，新法第563条第2項にお
ける，催告をすることなく代金減額請求をすることができる場合の要件
についても，契約の解除の場合と同じ規律となっている（新法第542条参
照）。

　なお，代金減額請求権は，履行の追完を請求する権利につき履行が不
能である場合や，債務不履行による損害賠償につき免責事由がある場合
であっても行使することができる点に存在意義があるとされる（部会資
料75A第3‐4）。免責事由がある場合であっても行使することができる
のは，代金減額請求が，売買目的物の価値が対価と不均衡をきたしてい
ることから認められるものであり，売主を免責する理由がないからであ
る。

ウ　買主の損害賠償請求及び解除

【新】
（買主の損害賠償請求及び解除権の行使） **第564条**　前二条の規定は，第415条の規定による損害賠償の請求並びに第541条及び第542条の規定による解除権の行使を妨げない。

　新法第564条は，契約責任説の立場から，売主が引き渡した目的物が
種類，品質又は数量に関して契約の内容に適合しないものであるときは

売主の債務不履行となり，買主は，売主に対して，債務不履行一般の規定による損害賠償請求や解除をすることができる旨を定めている（部会資料75A第3‐5参照）。

旧法第565条及び第570条では，それぞれ第563条や第566条を準用し，買主の救済手段として損害賠償請求や解除が認められることを定めていたが，この損害賠償等と債務不履行一般におけるそれとの関係については，瑕疵担保責任の法的性質論として論じられており，従来の法定責任説の立場からは，旧法第570条による損害賠償責任は無過失責任である（免責が認められない）と解する一方，損害賠償の範囲については，信頼利益にとどまり履行利益までは認められないとの理解が示されていた（もとよりこの点は法定責任説に分類される学説の間でも一様でない。）。

今般の改正により債務不履行の一般原則に従って損害賠償が認められることとなったことに伴い，帰責事由がない場合の免責を認める点，損害賠償の範囲が履行利益にも及び得る点で注意を要する。なお，新法第415条において，免責を認めるべきか否かの判断基準が明確化されているが，そこでは過失責任主義が否定されていることにも注意を要する（➡Q15⑴参照）。

損害賠償責任につき免責事由がある場合には，買主は代金減額請求権（新法第563条）を行使することになろう。

解除については，旧法下においては，その要件として，瑕疵が「契約をした目的を達することができない」程度のものであることを要すると規定されていた（旧法第570条，第566条）。しかし，今般の改正により債務不履行の一般原則に従って解除が認められることとなったことに伴い，「契約をした目的を達することができないとき」はもとより，催告解除も可能となった。なお，今般の改正では，解除一般の要件として債務者の帰責事由の有無を問わないとされていることから（➡Q15⑵参照），帰責事由の要否との関係で解除が可能とされる範囲は特段変わらないこととなる。

第13章　売　買　*279*

エ　移転した権利が契約の内容に適合しない場合における売主の担保責任

【新】
（移転した権利が契約の内容に適合しない場合における売主の担保責任） **第565条**　前三条の規定は，売主が買主に移転した権利が契約の内容に適合しないものである場合（権利の一部が他人に属する場合においてその権利の一部を移転しないときを含む。）について準用する。

　　新法第565条において，売主が権利移転義務を履行しない場合にも，目的物が契約の内容に適合しない場合と同様の規定の整備を図るものとされた。すなわち，売主は買主に契約の内容に適合する権利を移転する義務を負っており，これに違反する場合は債務不履行として，買主の追完請求，代金減額請求，債務不履行の一般原則に基づく損害賠償請求及び解除が認められる。

オ　目的物の性状に関する担保責任の期間制限

【新】
（目的物の種類又は品質に関する担保責任の期間の制限） **第566条**　売主が種類又は品質に関して契約の内容に適合しない目的物を買主に引き渡した場合において，買主がその不適合を知った時から1年以内にその旨を売主に通知しないときは，買主は，その不適合を理由として，履行の追完の請求，代金の減額の請求，損害賠償の請求及び契約の解除をすることができない。ただし，売主が引渡しの時にその不適合を知り，又は重大な過失によって知らなかったときは，この限りでない。

　　新法第566条では，特に目的物の性状に関する担保責任につき，期間制限を設けている。このような規定が設けられた経緯は次のとおりである。

　　まず，権利移転義務の不履行があった場合の担保責任の権利行使につき，旧法第564条は「事実を知った時から1年以内」という期間制限を設けていた。しかし，権利移転義務の不履行については，目的物の性状に関する不履行の場合と違って，売主が契約の趣旨に適合した権利を移転したという期待を生ずることは想定し難く，短期間で契約不適合の判断が困難になるともいい難い。そこで，目的物の性状に関する契約不適

合について論じられるような，消滅時効の一般原則と異なる短期の期間制限を必要とする趣旨が妥当しない。そこで，同法第564条は削除される（部会資料75A第3‐7）。

また，同様の趣旨から旧法第566条第3項も削除される。

これにより，権利移転義務の不履行があった場合には，専ら債権の消滅時効に関する一般原則（主観的起算点から5年，客観的起算点から10年）によって処理されることとなった。

そうすると，旧法第566条第3項は，同法第570条において準用されていたため，売買の目的物に契約不適合がある場合の権利行使は，いかなる期間制限を受けるかが問題となる。

そこで特に，新法第566条において規定されることとなったのである。

ここでは，一般の債務不履行と同様とはせず，旧法の期間制限の趣旨を維持する形で「1年」の期間制限を設けている。

期間制限の趣旨は，①目的物の引渡し後は履行が終了したとの期待が売主に生ずることから，このような売主の期待を保護する必要があること，②物の瑕疵の有無は目的物の使用や時間経過による劣化等により比較的短期間で判断が困難となるから，短期の期間制限を設けることにより法律関係を早期に安定化する必要があるなどと説明されているが，契約責任説の立場から担保責任を再構成したとしても，売買の目的物が契約不適合である場面に変わりはない以上，維持するのが相当だからである。

もっとも，旧法上は，期間制限内に「請求……しなければならない」として，権利行使を要求していたが，新法では「通知」を問題としており，買主に有利な方向で改正されている。1年以内に権利保存のための行為をしなければ失権してしまうのでは，買主に酷であるとの批判を踏まえたものである。

制限期間内の通知によって保存された買主の権利の存続期間は，債権に関する消滅時効の一般原則によることになる（部会資料75A第3‐7）。

なお，数量に関する契約不適合の場合は，新法第566条から除外され

第13章 売買　*281*

ているため，権利移転義務の不履行があった場合と同様，債権の消滅時効に関する一般原則によって処理されることに注意を要する。

カ　競売における担保責任

【旧】	【新】
（強制競売における担保責任） **第568条**　強制競売における買受人は，第561条から前条までの規定により，債務者に対し，契約の解除をし，又は代金の減額を請求することができる。	（競売における担保責任等） **第568条**　民事執行法その他の法律の規定に基づく競売（以下この条において単に「競売」という。）における買受人は，第541条及び第542条の規定並びに第563条（第565条において準用する場合を含む。）の規定により，債務者に対し，契約の解除をし，又は代金の減額を請求することができる。
2　前項の場合において，債務者が無資力であるときは，買受人は，代金の配当を受けた債権者に対し，その代金の全部又は一部の返還を請求することができる。 3　前二項の場合において，債務者が物若しくは権利の不存在を知りながら申し出なかったとき，又は債権者がこれを知りながら競売を請求したときは，買受人は，これらの者に対し，損害賠償の請求をすることができる。	2　前項の場合において，債務者が無資力であるときは，買受人は，代金の配当を受けた債権者に対し，その代金の全部又は一部の返還を請求することができる。 3　前二項の場合において，債務者が物若しくは権利の不存在を知りながら申し出なかったとき，又は債権者がこれを知りながら競売を請求したときは，買受人は，これらの者に対し，損害賠償の請求をすることができる。 4　前三項の規定は，競売の目的物の種類又は品質に関する不適合については，適用しない。

新法第568条第1項は，競売の買受人は，同法第541条及び第542条の規定並びに第563条（第565条において準用する場合を含む。）の規定により，契約の解除，又は代金の減額請求をすることができるとする。これにより，買受人は，旧法第568条第1項で認められていた契約の解除及び代金減額の請求のほか，移転した権利に契約不適合がある場合（旧法第566条参照）にも代金減額の請求をすることができることになる。

なお，今般の改正で新設された履行の追完の請求に関する規律（新法第562条）は競売には及ぼさないこととしている。競売においては，その性質上，請求債権の債務者による履行の追完を観念することができな

282　第３編　債　権

いからである（部会資料75Ａ第３-８）。

　新法第568条第２項及び第３項の規律内容は，旧法における同条同項と同様である。

　新法第568条第４項では，競売における担保責任の規律内容は，目的物の種類又は品質に関する不適合には及ばないものとされている。旧法第570条ただし書を実質的に維持するものである。

　中間試案の段階においては，第570条ただし書を改め，競売においても物の瑕疵について担保責任の規律を及ぼすことが提案されていたが（中間試案第35-９），これに対しては，競売手続の結果が覆される機会が増大するので，配当受領者の地位が不安定になる等の批判がなされたことから，従来の規律を実質的に維持することとされた。

　買受人の権利行使の期間制限については，旧法では，第564条及び第566条第３項で規律されていたが，これらの規定は削除されることから，消滅時効の一般原則によることになる。

(9)　民法第534条，第535条の削除と売買における危険の移転に関する規定の新設

　旧法第534条第１項は，「特定物に関する物権の設定又は移転」を目的とする双務契約における危険負担について，いわゆる債権者主義を採用する旨を定めていた。

　債権者主義が規定された趣旨は，起草者によれば，売買契約の締結後に目的物の価額が騰貴した場合には買主がその利益を享受するのであるから，目的物の価額が下落した場合や目的物が滅失した場合にも買主がその不利益を負担すべきであるというものであり，当事者の通常の意思を推測したものであると説明されている。

　しかし，現在では，債権者（買主）が目的物に対する何らかの支配（引渡しなど）を得る前に目的物が滅失した場合，債権者（買主）は売買代金を支払う必要はないというのが，当事者の通常の意思であるとされており，不動産売買取引の際に目にする売買契約書の中には，債権者主義を排除する特約が盛り込まれていることが多い。

第13章 売 買　*283*

　そこで，特定物に関する物権の設定又は移転を目的とする双務契約におい
て，目的物が債権者に引き渡される前に滅失又は損傷した場合には，債権者
は反対給付の債務を負わないという内容の規律に改めるべく，民法第534条
を削除した上で，債権者が反対給付の債務を負わないという上記の帰結を契
約の解除のみによって実現することとした。

　さらに，危険の移転時期が最も典型的に問題となるのが売買契約であるこ
とから，売買のパートに危険の移転時期に関するルールが新設された。

【新】

（目的物の滅失等についての危険の移転）
第567条　売主が買主に目的物（売買の目的として特定したものに限る。以下この条に
　おいて同じ。）を引き渡した場合において，その引渡しがあった時以後にその目的物
　が当事者双方の責めに帰することができない事由によって滅失し，又は損傷したとき
　は，買主は，その滅失又は損傷を理由として，履行の追完の請求，代金の減額の請
　求，損害賠償の請求及び契約の解除をすることができない。この場合において，買主
　は，代金の支払を拒むことができない。
2　売主が契約の内容に適合する目的物をもって，その引渡しの債務の履行を提供した
　にもかかわらず，買主がその履行を受けることを拒み，又は受けることができない場
　合において，その履行の提供があった時以後に当事者双方の責めに帰することができ
　ない事由によってその目的物が滅失し，又は損傷したときも，前項と同様とする。

　新法第567条第1項では，目的物の滅失又は損傷の危険が買主に移転する
基準時を引渡し時として明文化している。同条第2項は，目的物の引渡しが
なかったとしても，受領遅滞があれば目的物の滅失又は損傷の危険が移転す
ることを明らかにしている。

（➡Q15(3)参照）

(10)　預貯金口座への振込みによる弁済

　不動産取引の現場では，売買代金の支払いは預貯金口座への払込みにより
なされるのが一般的であるが，明治29年に制定された民法には振込み等に関
する規定が置かれていなかったため，預金口座への振込みによる金銭債務の
消滅時期がいつかという点などの基本的な法律関係が必ずしも明らかではな
いと指摘されていた。

　この問題について，中間試案では，債権者の預金口座に金銭を振り込む方

284　第3編　債　権

法によって債務を履行するときは，債権者の預金口座において当該振込額の
入金が記録される時に，弁済の効力が生ずる旨の規律を設ける考え方が取り
上げられていた。

　ところが，入金記帳の時点で弁済の効力が生ずる旨が明記されることに
よって，厳密な入金記帳時点の管理を求められる可能性がある上に，入金記
帳のタイミングは金融機関によって異なっているので，この時点をルールと
して明示することが適当でないといった指摘がなされた。

　そこで，新法では，払い込んだ金銭の額について，債権者がその預金又は
貯金に係る債権の債務者に対して払戻しを請求する権利を取得した時を振込
みによる弁済の効力発生時期としている（新法第477条）。この「権利を取得
した時」の具体的内容については，解釈に委ねるものであり，銀行等の取引
の実情に応じて定まることとなるとされている（部会資料80‑3第7‑6参照）。
（➡Q53参照）

第13章 売 買 *285*

Q 67 買戻特約の登記事項

平成33年４月１日，Ａは自己所有の甲土地を1,000万円でＢに売った。ＡとＢは，売買契約と同時に，契約締結から10年間は，ＡがＢに1,200万円と，契約費用としてかかった100万円を支払えば当該契約を解除できる旨を合意した。関係当事者全員から所有権移転登記及び買戻特約の登記の登記申請手続の依頼を受けた司法書士は，どのような点に留意すべきか。

Answer

　本事例では，買主が支払った売買代金以上の金額が，買戻権の行使に際して売主が返還すべき金額として約定されているが，新法の下ではこのような買戻特約も実体上有効に成立し得る。旧法第579条は買戻権の行使に際して売主が返還すべき金額を強行的に規定しており，買主が支払った売買代金を当事者の合意により修正することはできなかったが，新法第579条では売主が返還すべき金額を当事者の合意により修正できることを想定している。

　買戻しの特約の登記申請に際しては，①売買による所有権移転登記と同時に申請する必要があること，②買主が支払った代金（新法第579条の別段の合意をした場合にあっては，その合意により定めた金額）及び契約の費用が絶対的登記事項であること，③権利内容として約定があれば買戻期間を任意的登記事項として登記すべきこと，④登記義務者の登記識別情報，及び印鑑証明書の提供を要しないこと，等に留意すべきである。

【旧】	【新】
（買戻しの特約）	（買戻しの特約）
第579条　不動産の売主は，売買契約と同時にした買戻しの特約により，買主が支払った代金及び契約の費用を返還して，売買の解除をすることができる。この場合において，当事者が別段の意思を表示しなかったときは，不動産の果実と代金	**第579条**　不動産の売主は，売買契約と同時にした買戻しの特約により，買主が支払った代金（別段の合意をした場合にあっては，その合意により定めた金額。第583条第１項において同じ。）及び契約の費用を返還して，売買の解除をするこ

286　第3編　債　権

【旧不動産登記法】	【新不動産登記法】
の利息とは相殺したものとみなす。	とができる。この場合において，当事者が別段の意思を表示しなかったときは，不動産の果実と代金の利息とは相殺したものとみなす。

　返還しなければならない金銭の範囲については，任意規定とし，当事者の合意で定めることができることとされた（部会資料75Ａ第3-13）。

　これに伴い，不動産登記法第96条も次のとおり改められる。

【旧不動産登記法】	【新不動産登記法】
（買戻しの特約の登記の登記事項） 第96条　買戻しの特約の登記の登記事項は，第59条各号に掲げるもののほか，買主が支払った代金及び契約の費用並びに買戻しの期間の定めがあるときはその定めとする。	（買戻しの特約の登記の登記事項） 第96条　買戻しの特約の登記の登記事項は，第59条各号に掲げるもののほか，買主が支払った代金（民法第579条の別段の合意をした場合にあっては，その合意により定めた金額）及び契約の費用並びに買戻しの期間の定めがあるときはその定めとする。

（➡Q77⒂参照）

【書式例3-26】買戻特約の登記の登記申請情報

登　記　申　請　情　報

　　　　登記の目的　　　買戻特約
　　　　原　　　因　　　平成33年4月1日特約
　　　　売買代金　　　金1,200万円
　　　　契約費用　　　金100万円
　　　　買戻期間　　　平成33年4月1日から10年間
　　　　権　利　者　　　（住所省略）　Ａ
　　　　義　務　者　　　（住所省略）　Ｂ
　　　　添付書類
　　　　　登記原因証明情報　代理権限証明情報

　　　　　　　　　　　　　　　　　　　　　　　　　　（以下省略）

第13章　売　買　*287*

Q 68　買戻特約の登記

　平成33年4月1日，Aは自己所有の甲土地をBに売った。当該売買契約には，Aが将来，甲土地を買い戻すことを予定して買戻特約が付されている。関係当事者全員から所有権移転登記のみの登記申請手続の依頼を受けた司法書士は，どのような点に留意すべきか。

Answer

　今般の改正では，買戻しの制度を使いやすくする観点から，売買契約に基づく所有権移転登記の後であっても，買戻しの特約を登記することが可能となるよう，「売買契約と同時に」という文言を削ることが検討されていたが（部会資料75A第3‒13），最終的には見送られている。そのため，従前と同様に，買戻しの特約の登記は売買による所有権移転登記と同時に申請する必要があることに留意すべきである。

【旧】	【新】
（買戻しの特約の対抗力） **第581条**　売買契約と同時に買戻しの特約を登記したときは，買戻しは，第三者に対しても，その効力を生ずる。 2　登記をした賃借人の権利は，その残存期間中1年を超えない期間に限り，売主に対抗することができる。ただし，売主を害する目的で賃貸借をしたときは，この限りでない。	（買戻しの特約の対抗力） **第581条**　売買契約と同時に買戻しの特約を登記したときは，買戻しは，第三者に対抗することができる。 2　前項の登記がされた後に第605条の2第1項に規定する対抗要件を備えた賃借人の権利は，その残存期間中1年を超えない期間に限り，売主に対抗することができる。ただし，売主を害する目的で賃貸借をしたときは，この限りでない。

288　第3編　債　権

第14章　消費貸借

Q69　消費貸借における要物性

　消費貸借（金銭消費貸借）の要物性について，どのような改正がなされるか。

Answer

　旧法においては，「消費貸借は，当事者の一方が種類，品質及び数量の同じ物をもって返還をすることを約して相手方から金銭その他の物を受け取ることによって，その効力を生ずる。」とされ，物（金銭）の引渡しがあって初めて成立する要物契約であるとされていた（旧法第587条）。

　他方，実務上，諾成的な消費貸借も広く用いられており，判例上も，無名契約としての諾成的な消費貸借も認められてきていた（最判昭和48年3月16日金法683号25頁）。そこで，今回の法改正において，従来からの要物的な消費貸借に加えて，諾成的な消費貸借も明文化され，許容されることとなった。

　ただし，要物的な消費貸借と諾成的な消費貸借とが併存することとなると，仮に，当事者間の合意があるが，物の引渡しがない場合に，その合意が，要物的な消費貸借の前提としての合意であるのか，諾成的な消費貸借を成立させる合意であるのかが判然としないこととなる。また，当事者の合意のみによって諾成的な消費貸借が成立するとなると，安易に契約を締結してしまった当事者（例えば，消費者金融における借主）に酷な結果となることもあり得る。

　したがって，新法においては，要物的な消費貸借については，従来どおり，物の引渡しがあったときに，契約が成立するものとし（新法第587条），諾成的な消費貸借については，書面（又は電磁的記録。以下同じ。）によらなけれ

ばならないものとし，書面による契約締結時に，契約が成立するものとした（新法第587条の2）。この点については，後の設問において，金銭消費貸借契約に基づき発生する債権を被担保債権とする抵当権の設定の登記との関係で，登記実務に与える影響について検討することとする（➡Q72）。

【旧】	【新】
（消費貸借） **第587条** 消費貸借は，当事者の一方が種類，品質及び数量の同じ物をもって返還をすることを約して相手方から金銭その他の物を受け取ることによって，その効力を生ずる。	（消費貸借） **第587条** 消費貸借は，当事者の一方が種類，品質及び数量の同じ物をもって返還をすることを約して相手方から金銭その他の物を受け取ることによって，その効力を生ずる。
（新設）	（**書面でする消費貸借等**） **第587条の2** 前条の規定にかかわらず，書面でする消費貸借は，当事者の一方が金銭その他の物を引き渡すことを約し，相手方がその受け取った物と種類，品質及び数量の同じ物をもって返還をすることを約することによって，その効力を生ずる。 2 書面でする消費貸借の借主は，貸主から金銭その他の物を受け取るまで，契約の解除をすることができる。この場合において，貸主は，その契約の解除によって損害を受けたときは，借主に対し，その賠償を請求することができる。 3 書面でする消費貸借は，借主が貸主から金銭その他の物を受け取る前に当事者の一方が破産手続開始の決定を受けたときは，その効力を失う。 4 消費貸借がその内容を記録した電磁的記録によってされたときは，その消費貸借は，書面によってされたものとみなして，前三項の規定を適用する。

290 第３編 債 権

【図表３‐18】 要物的な消費貸借と諾成的な消費貸借との二分化

	書面による消費貸借 （新設の規定）	書面によらない消費貸借 （従来からの規定）
契約の性質	諾成契約	要物契約
契約の成立時期	消費貸借の合意を内容 とする書面の成立時	目的物の交付時
目的物交付前における借主の解除権	あり	なし
目的物交付前における貸主又は借主の破産による契約の失効	あり	なし

第14章　消費貸借　*291*

Q 諾成的な消費貸借における書面性
70

明文化される諾成的な消費貸借における「書面」とは，どのような意味であるか。

Answer

新法において明文化された諾成的な消費貸借においては，書面により契約することが必要とされているところ，この「書面」については，どのような意味であるかが問題となる。

検討は，(1)諾成的な消費貸借において書面が要求される趣旨，(2)民法上の他の規定（保証契約及び贈与契約）における「書面性」，及び(3)考察の順番で行っていく。

(1) 諾成的な消費貸借において書面が要求される趣旨

新法において諾成的な消費貸借について書面によることが必要であるとされた趣旨（の一つ）は，当事者の合意のみによって契約上の義務が生ずるとすると，例えば，安易に金銭を借りる（又は貸す）約束をしてしまった借主（又は貸主）に酷な結果となる場合が生じかねないとの指摘を踏まえ，安易に消費貸借の合意をすることを防ぐことにあるとされている。

(2) 民法上の他の規定（保証契約及び贈与契約）における「書面性」

ア　保証契約

保証契約は，書面でしなければ，その効力を生じないとされている（民法第446条第2項）。つまり，保証契約においては，書面による要式性が要求されている。そして，裁判例（東京高判平成24年1月19日金法1969号100頁）によれば，その趣旨は，保証契約が無償で情義に基づいて行われることが多いことや，保証人において自己の責任を十分に認識していない場合が少なくないこと等から，保証を慎重にさせることにあるとされている。したがって，保証人となろうとする者が書面の作成に主体的に関与した場合その他その者が保証債務の内容を了知した上で債権者に対して書面で明確に保証意思を表示した場合に限り，その効力を生ず

292 第3編 債 権

ることとするものであるとされている。

イ 贈与契約

　書面によらない贈与は，各当事者が解除（旧法においては，撤回）することができる（新法第550条本文）。そして，判例（最判昭和60年11月29日民集39巻7号1719頁）によれば，その趣旨は，贈与者が軽率に贈与することを予防し，かつ，贈与の意思を明確にすることを期するためであるとされており，「書面」は，保証契約における「書面」と比較すると，緩やかに認定されている。したがって，贈与が書面によってされたといえるためには，書面に贈与がされたことを確実に看取し得る程度の記載があれば足りるものとされている。なお，本判例においては，贈与者が贈与の目的である土地について前所有者から所有権の移転の登記を受けていないという事例において，前所有者に宛てて送付した内容証明郵便（当該土地については，受贈者に譲渡したため，直接，前所有者から受贈者への所有権の移転の登記をするように求めたもの）が旧法第550条本文における「書面」に該当するものとされた。つまり，必ずしも契約書の体裁が必要であるわけではなく，また，贈与者から受贈者への直接の書面である必要もないこととなる。

(3) 考 察

　諾成的な消費貸借における書面性は，贈与契約における書面性と保証契約における書面性のどちらに近いといえるであろうか。この問題は，規定の文言の近似性と規定の趣旨の近似性の両面から検討する必要がある。

　文言の近似性については，要綱仮案の段階まで「書面による消費貸借」とされていたものが，要綱案以降，「書面でする消費貸借」へと変更された点に注意する必要がある。これにより，変更前は贈与契約に近かった文言（新法第550条本文の「書面によらない」参照）が，変更後は保証契約に近づいたといえる（新法第446条第2項の「書面でしなければ」参照）。

　趣旨の近似性については，(1)で確認したように，諾成的な消費貸借における書面性が契約当事者の保護に力点を置いていることからすると，贈与契約における書面性（贈与者の贈与の意思が確実に示されている書面であれば足り

る。）よりも，保証契約における書面性（保証債務の内容を了知した上で債権者に対して明確に保証意思を表示した書面である必要がある。）に近いと捉える方が妥当であると考えることができる。

以上の考察から，諾成的な消費貸借における書面性は，保証契約における書面性に近いもの（各当事者が消費貸借の内容を了知した上で相手方に対して明確に賃借の意思を表示した書面であることを要する。）と解釈される可能性が高いであろう。

なお，諾成的な消費貸借における「書面」に該当する具体的な書面としては，典型的には，借主及び貸主の双方が署名又は記名押印した契約書を挙げることができると考えられる。また，借主からの差入れ形式の契約書については，今回の改正が実務上の慣行等を否定するものではないことから，例えば，実務上安定的に用いられている銀行等の金融機関の定型的な書式による書面も諾成的な消費貸借における書面に該当するものと考えられるが，なお，今後の動向を注視していく必要があると思われる。

294　第３編　債　権

Q 71　金銭消費貸借により生ずる債権の発生年月日

　諾成的な消費貸借が明文化されることに伴い，抵当権の設定の登記の登記原因の日付における被担保債権（金銭消費貸借契約に基づき発生する債権）の発生の年月日は，従来とはどのように異なるか。

Answer

　金銭消費貸借契約に基づき発生した債権を被担保債権とする抵当権の設定の登記においては，登記原因及びその日付として，抵当権の設定の契約の日に加えて，抵当権の被担保債権の発生の日を記載する（例えば，「平成33年２月１日金銭消費貸借平成33年３月１日設定」）。改正後においては，要物的な消費貸借と諾成的な消費貸借とが併存することとなるため，それぞれの場合において，被担保債権の発生の日が異なることとなる。

　以下の事例においては，当事者の合意の日を平成33年２月１日とし，金銭の引渡しの日を平成33年３月１日とする。また，抵当権の設定の契約は，被担保債権の発生の日と同日に締結するものとする。

(1)　要物的な消費貸借の場合

　金銭の引渡しがあって初めて金銭消費貸借契約が成立するため，当事者の合意が平成33年２月１日にあったとしても，金銭の引渡しのあった平成33年３月１日に金銭消費貸借契約が成立することとなる。

　この場合には，抵当権の設定の契約の日は，金銭の引渡しのあった平成33年３月１日以降の日であることとなり，「平成33年３月１日」となる。

(2)　諾成的な消費貸借の場合

　書面による合意のみによって金銭消費貸借契約が成立するため，金銭の引渡しの前であったとしても，当事者の合意があった平成33年２月１日に金銭消費貸借契約が成立することとなる。

　この場合には，抵当権の設定の契約の日は，当事者の合意があった平成33年２月１日以降であれば，金銭の引渡しのあった平成33年３月１日以前であっても差し支えないこととなり，「平成33年２月１日」となる。

第14章　消費貸借　*295*

Q 72　抵当権の設定の登記の登記原因証明情報の記載

諾成的な消費貸借が明文化されることに伴い，抵当権の設定の登記の登記原因証明情報における「登記の原因となる事実又は法律行為」の記載は，従来とはどのように異なるか。

Answer

抵当権の設定の登記を申請する場合には，申請情報と併せて，登記原因証明情報を提供しなければならない（不動産登記法第61条）。そして，登記原因証明情報には，その一部として，登記の原因となる事実又は法律行為を記載することとなる。改正後においては，要物的な消費貸借と諾成的な消費貸借とが併存することとなるため，それぞれの場合において，登記の原因となる事実又は法律行為の記載内容が異なることとなる。

以下の事例においては，当事者の合意の日を平成33年2月1日とし，金銭の引渡しの日を平成33年3月1日とする。また，抵当権の設定の契約は，被担保債権の発生の日と同日に締結し，抵当権の設定の登記の申請は，抵当権の設定の契約の日と同日にするものとする。

(1)　要物的な消費貸借の場合

金銭の引渡しがあって初めて金銭消費貸借契約が成立するため，金銭の引渡しに相当する内容を記載する必要がある。一方，諾成的な消費貸借の場合とは異なり，必ずしも金銭消費貸借契約を書面によってする必要はないため，書面によって契約を締結した旨を記載する必要はない。

具体的には，次のようになる（下線部分は，(2)諾成的な消費貸借の場合と異なる部分である。）。

296　第3編　債　権

【書式例3‐27】抵当権の設定の登記の登記原因証明情報（要物的な消費貸借の場合）

登記原因証明情報

1　登記申請情報の要項
　(1)　登記の目的　　抵当権設定
　(2)　登記の原因　　<u>平成33年3月1日金銭消費貸借</u>
　　　　　　　　　　<u>平成33年3月1日設定</u>
　(3)　当　事　者　　抵当権者　（住所省略）　甲
　　　　　　　　　　設　定　者　（住所省略）　乙

2　登記の原因となる事実又は法律行為
　(1)　被担保債権
　　　　甲（貸主・抵当権者）及び乙（借主・抵当権設定者）は，平成33年2月
　　　1日，下記の内容の金銭消費貸借契約を締結した。
　　　（省略）
　(2)　<u>金銭の引渡し</u>
　　　　<u>甲は，平成33年3月1日，乙に対し，(1)記載の金銭消費貸借契約に基づ</u>
　　　<u>く金銭の全額を貸し渡した。</u>
　(3)　抵当権の設定
　　　　甲及び乙は，平成33年3月1日，乙が有する本件不動産に対し，(1)の契
　　　約に基づく債権を被担保債権とする抵当権を設定する旨を約した。
　　　　　　　　　　　　　　　　　　　　　　　　　　　　　　（以下省略）

<u>平成33年3月1日</u>　○法務局○出張所　御中

上記登記原因のとおり相違ありません。

　　　　　　　　　　　　　　　　　　抵当権者　　（住所省略）　甲　㊞
　　　　　　　　　　　　　　　　　　設　定　者　　（住所省略）　乙　㊞

---

(2)　諾成的な消費貸借の場合

　金銭の引渡しがなくても金銭消費貸借契約が成立するため，金銭の引渡し
に相当する内容を記載する必要はない。一方，要物的な消費貸借の場合とは
異なり，必ず金銭消費貸借契約を書面によってしなければならないため，書

第14章　消費貸借　*297*

面によって契約を締結した旨を記載する必要がある。

　具体的には，次のようになる（下線部分は，⑴要物的な消費貸借の場合と異なる部分である。）。

【書式例3‒28】抵当権の設定の登記の登記原因証明情報（諾成的な消費貸借の場合）

登記原因証明情報

1　登記申請情報の要項
　⑴　登記の目的　　抵当権設定
　⑵　登記の原因　　平成33年2月1日金銭消費貸借
　　　　　　　　　　平成33年2月1日設定
　⑶　当　事　者　　抵当権者　（住所省略）　甲
　　　　　　　　　　設 定 者　（住所省略）　乙

2　登記の原因となる事実又は法律行為
　⑴　被担保債権
　　　　甲（貸主・抵当権者）及び乙（借主・抵当権設定者）は，平成33年2月1日，書面によって，下記の内容の金銭消費貸借契約を締結した。
　　　（省略）
　⑵　抵当権の設定
　　　　甲及び乙は，平成33年2月1日，乙が有する本件不動産に対し，⑴の契約に基づく債権を被担保債権とする抵当権を設定する旨を約した。

　　　　　　　　　　　　　　　　　　　　　　　　　　　　（以下省略）

平成33年2月1日　○法務局○出張所　御中

上記登記原因のとおり相違ありません。

　　　　　　　　　　　　　　　抵当権者　　（住所省略）　甲　㊞
　　　　　　　　　　　　　　　設 定 者　　（住所省略）　乙　㊞

---

298 第3編 債 権

Q73 消費貸借の利息及び損害金に関する改正の概要

消費貸借の利息及び損害金について，どのような内容の改正がされるか。また，司法書士の業務にどのような影響を及ぼすと予想されるか。

Answer

利息については，無利息の原則及び利息の発生時期に関する判例理論が明文化され，損害金については，変動制法定利率が採用されている。

(1) 無利息の原則の明文化

旧法においても，消費貸借は無利息が原則であり，約定のある場合に限って利息が発生することについては異論がないが，明文の規定がなく，旧法第587条の「数量の同じ物」という文言からかろうじて読み取れる程度であった。新法においては，消費貸借における無利息の原則が明文化されている（新法第589条第1項）。

(2) 利息の発生時期

利息の発生時期についても旧法には規定がなく，判例（最判昭和33年6月6日民集12巻9号1373頁）は，消費貸借成立の日に借主の利息支払義務が発生する旨の見解を示していた。利息は元本利用の対価であることを根拠とするものである。新法においては，この判例理論に基づき，要物契約・諾成契約どちらの消費貸借にも共通する規律として，「借主が金銭その他の物を受け取った日」を利息の発生時期とする規律が設けられた（新法第589条第2項）。なお，諾成的な消費貸借の場合，利息の発生時期は，必ずしも契約成立日と一致するとは限らないので，注意を要する。

【旧】	【新】
第589条　削除	（利息） 第589条　貸主は，特約がなければ，借主に対して利息を請求することができない。

第14章 消費貸借 *299*

> 2 前項の特約があるときは，貸主は，借主が金銭その他の物を受け取った日以後の利息を請求することができる。

⑶ 損害金に関する変動制法定利率の採用

　金銭消費貸借の借主の債務など金銭債務の不履行による損害賠償に関する旧民法及び利息制限法の規定の内容は，次のとおりであった。

① 　金銭債務の不履行について債権者は損害を証明することを要せず（旧法第419条第2項），債務者は不可抗力をもって抗弁とすることができない（旧法第419条第3項）。したがって，債務者は常に損害賠償責任を負わなければならない。

② 　金銭債務の不履行による損害賠償の額は，原則として，法定利率によって定める（旧法第419条第1項本文）。つまり，法定利率を超える実損害が発生しても，原則として債務者は賠償責任を負わない。例外は次の二つである。

　　　第一に，約定利率が法定利率を超えるときは約定利率による（旧法第419条第1項ただし書）。

　　　第二に，法定利率を超える実損害の発生を債権者が証明したときは，その損害額について債務者に賠償責任を負わせる旨の特則が定められている（旧法第647条，第665条，第669条，第701条）。

③ 　法定利率は年5％の固定制である（旧法第404条）。

④ 　金銭消費貸借の借主の債務の不履行による損害賠償額の予定は，利息制限法第1条各号所定の制限利率の1.46倍を上限として効力が認められる（同法第4条第1項）。

　上記①〜④のうち，今回の改正の対象となったのは②と③である。すなわち，新法においては，法定利率を3年ごとに見直す変動制に移行することとし（新法第404条），併せて金銭債務の不履行による損害賠償の額の算定に適用される法定利率の基準時を「債務者が遅滞の責任を負った最初の時点」とすることとされた（新法第419条第1項本文）。

300　第3編　債　権

【旧】	【新】
（法定利率）	（法定利率）
第404条　利息を生ずべき債権について別段の意思表示がないときは，その利率は，年５分とする。	**第404条**　利息を生ずべき債権について別段の意思表示がないときは，その利率は，その利息が生じた最初の時点における法定利率による。
（新設）	２　法定利率は，年３パーセントとする。
（新設）	３　前項の規定にかかわらず，法定利率は，法務省令で定めるところにより，３年を１期とし，１期ごとに，次項の規定により変動するものとする。
（新設）	４　各期における法定利率は，この項の規定により法定利率に変動があった期のうち直近のもの（以下この項において「直近変動期」という。）における基準割合と当期における基準割合との差に相当する割合（その割合に１パーセント未満の端数があるときは，これを切り捨てる。）を直近変動期における法定利率に加算し，又は減算した割合とする。
（新設）	５　前項に規定する「基準割合」とは，法務省令で定めるところにより，各期の初日の属する年の６年前の年の１月から前々年の12月までの各月における短期貸付けの平均利率（当該各月において銀行が新たに行った貸付け（貸付期間が１年未満のものに限る。）に係る利率の平均をいう。）の合計を60で除して計算した割合（その割合に0.1パーセント未満の端数があるときは，これを切り捨てる。）として法務大臣が告示するものをいう。
（金銭債務の特則）	（金銭債務の特則）
第419条　金銭の給付を目的とする債務の不履行については，その損害賠償の額は，法定利率によって定める。ただし，約定利率が法定利率を超えるときは，約定利率による。	**第419条**　金銭の給付を目的とする債務の不履行については，その損害賠償の額は，債務者が遅滞の責任を負った最初の時点における法定利率によって定める。ただし，約定利率が法定利率を超えるときは，約定利率による。
２～３　（略）	２～３　（略）

　上記の改正点について，貸金返還請求事件の裁判事務の依頼などを受けた

司法書士は，損害金の算定に適用すべき利率の判断に注意をする必要がある。

《事例》
　貸主Ａと借主Ｂの間で金銭消費貸借契約が締結され，年3.5パーセントの割合で利息を支払う旨の約定がなされた。損害金に関する約定はなされなかった。契約締結時の法定利率は年３パーセントであった。Ｂは弁済期が過ぎても元利金をまったく弁済していない。なお，弁済期が経過した時の法定利率は年４パーセントに変動していた。
　ＢがＡに支払うべき損害金の額は，年何パーセントで計算すべきか。

「債務者が遅滞の責任を負った時の法定利率」は年４パーセントであり，約定利率年3.5パーセントはこれを超えていない。したがって，民法第419条第１項ただし書の適用はなく，損害賠償の額は法定利率年４パーセントによって定められる。

302　第３編　債　権

第15章　賃貸借

Q 74 　賃貸借の存続期間

賃貸借の存続期間について，どのような改正がなされるか。

Answer

新法では，賃貸借の存続期間の上限が旧法の20年から50年に改められた。

【旧】	【新】
（賃貸借の存続期間） 第604条　賃貸借の存続期間は，20年を超えることができない。契約でこれより長い期間を定めたときであっても，その期間は，20年とする。 2　賃貸借の存続期間は，更新することができる。ただし，その期間は，更新の時から20年を超えることができない。	（賃貸借の存続期間） 第604条　賃貸借の存続期間は，50年を超えることができない。契約でこれより長い期間を定めたときであっても，その期間は，50年とする。 2　賃貸借の存続期間は，更新することができる。ただし，その期間は，更新の時から50年を超えることができない。

(1)　存続期間の上限引き上げ

旧法第604条では，賃貸借の存続期間の上限を20年と規定しているが，現代社会においては，大型プロジェクトにおける重機やプラントなど，地上権や永小作権を利用することができない目的物について，20年を超える賃貸借契約を締結するニーズが生じている。また，地上権や永小作権を利用することができる場合であっても，実際には賃貸借が多く用いられており，ゴルフ場の敷地や太陽光発電パネル設置のための敷地などの，借地借家法等の特別法の適用を受けない賃貸借であっても，20年を超える賃貸借のニーズは少なくない（部会資料69A第４−３）。

第15章 賃貸借　*303*

　そこで，当初の改正案では，旧法第604条を削除し存続期間の上限を廃止する方向で議論がされていた。

　しかし，一方では，あまりにも長期にわたる賃貸借を一般的に認めることは，賃借物の損傷や劣化が顧みられない状況が生じかねないことや，目的物の所有者にとって過度な負担になる等の弊害もあるため，何らかの存続期間の上限を設けるのが相当であると考えられた。

　そこで，新法では，民法第278条が永小作権の存続期間の上限を50年と規定していること等を参照して，賃貸借の存続期間の上限を20年から50年に改めるものとした（部会資料83- 2 第33）。

⑵　**不動産登記実務への影響**

　新法では，存続期間を50年とする賃借権の設定登記をすることが可能となる。また，現在存続期間を20年としている賃貸借については，存続期間を50年に延長する変更登記が可能となる。

304 第3編 債 権

Q 75 敷 金

敷金について，新法ではどのような規定が設けられるか。

Answer

旧法には，敷金に言及する規定（旧法第316条，第619条第2項）はあるものの，敷金の定義や敷金に関する法律関係について定める規定がなかった。そこで，新法では，敷金の定義その他の基本的な規定が設けられた。具体的には，以下のとおりである。いずれも判例法理で既に認められているものを明文化するものである。

【旧】	【新】
（新設）	**第622条の2** 賃貸人は，敷金（いかなる名目によるかを問わず，賃料債務その他の賃貸借に基づいて生ずる賃借人の賃貸人に対する金銭の給付を目的とする債務を担保する目的で，賃借人が賃貸人に交付する金銭をいう。以下この条において同じ。）を受け取っている場合において，次に掲げるときは，賃借人に対し，その受け取った敷金の額から賃貸借に基づいて生じた賃借人の賃貸人に対する金銭の給付を目的とする債務の額を控除した残額を返還しなければならない。 　一　賃貸借が終了し，かつ，賃貸物の返還を受けたとき。 　二　賃借人が適法に賃借権を譲り渡したとき。 2　賃貸人は，賃借人が賃貸借に基づいて生じた金銭の給付を目的とする債務を履行しないときは，敷金をその債務の弁済に充てることができる。この場合において，賃借人は，賃貸人に対し，敷金をその債務の弁済に充てることを請求することができない。

(1) 敷金の定義

新法では，判例（大判大正15年7月12日大民集5巻616頁）や一般的な理解を踏まえて，敷金とは，「いかなる名目によるかを問わず，賃料債務その他の賃貸借に基づいて生ずる賃借人の賃貸人に対する金銭の給付を目的とする債務を担保する目的で，賃借人が賃貸人に交付する金銭をいう。」と定義している（新法第622条の2第1項）。

(2) 敷金返還債務の発生時期

新法では，敷金返還債務の発生時期について，判例法理に従い，①賃貸借が終了し，かつ，賃貸人が賃貸物の返還を受けたとき（最判昭和48年2月2日民集27条1号80頁），又は，②賃借人が適法に賃借権を譲渡したとき（最判昭和53年12月22日民集32巻9号1768頁）に敷金返還債務が発生することを規定している（新法第622条の2第1項）。

(3) 敷金の充当関係

新法では，敷金の充当についての判例法理（前掲昭和48年最判）に従い，賃貸物の返還時又は賃借権の適法な譲渡時において，その受け取った敷金の額から賃貸借に基づく賃借人の賃貸人に対する金銭債務（未払い賃料など）の額を控除した残額を返還しなければならない旨を規定している（新法第622条の2第1項）。

また，敷金返還債務が生ずる前に，賃借人の賃貸人に対する債務の不履行が生じた場合において，賃貸人の意思表示によって敷金をその債務の弁済に充てることができるとする規定も設けられた（新法第622条の2第2項）。なお，このような場合でも，賃借人の意思表示によって敷金を当該債務の弁済に充当することはできない。

(4) 賃貸人たる地位の移転があった場合の敷金返還債務の承継

賃貸人の地位の移転における敷金返還債務の移転については，旧法には明文規定がなかった。この点，判例（最判昭和44年7月17日民集23巻8号1610頁）は，旧所有者の下で生じた延滞賃料等の弁済に敷金が充当された後の残額についてのみ敷金返還債務が新所有者に移転するとしているが，実務では，そのような充当をしないで全額の返還債務を新所有者に移転させることも多い。

306　第3編　債　権

　そこで，新法では，上記判例法理のうち，敷金返還債務が新所有者に当然
に移転するという点のみを明文化し，充当の関係については，解釈・運用に
委ねている（中間試案補足説明第38-4）。

（➡賃貸人たる地位の移転全般についてはQ51参照）

【旧】	【新】
（新設）	（不動産の賃貸人たる地位の移転） 第605条の2　（省略） 4　第1項又は第2項後段の規定により賃貸人たる地位が譲受人又はその承継人に移転したときは，第608条の規定による費用の償還に係る債務及び第622条の2第1項の規定による同項に規定する敷金の返還に係る債務は，譲受人又はその承継人が承継する。

(5)　不動産登記実務への影響

　改正により，敷金の性質を有しているものであれば，「いかなる名目によ
るかを問わず」敷金として扱われることになるため（新法第622条の2第1項），
名目が保証金等であったとしても，敷金として登記しなければならないよう
なケースが生じ得ることになる。

　この点については，事例ごとに判断しなければならないことではあるが，
無用な混乱を避けるためにも，賃貸借契約書や登記原因証明情報には「敷
金」と明記し，賃貸借契約書には「敷金」の内容を明確に記載すべきである。

第15章　賃貸借　*307*

Q 76　賃借物の一部滅失等による賃料の減額等

賃借物の一部滅失による賃料の減額請求等を定めた旧法第611条の規定については，どのような改正がなされるか。

Answer

主な変更点として，①賃借物の一部滅失に限らず，賃借物の一部が使用収益できなくなった場合一般でも，賃料の減額が認められるようになること，②賃借人からの請求を待たずに当然に賃料が減額されること，③一部滅失等により賃借人が目的を達せられなくなった場合，賃借人に帰責事由があるときであっても，賃借人の解除権が認められるようになったことを挙げることができる。

詳細は以下のとおりである。

【旧】	【新】
（賃借物の一部滅失による賃料の減額請求等）	（賃借物の一部滅失等による賃料の減額等）
第611条　賃借物の一部が賃借人の過失によらないで滅失したときは，賃借人は，その滅失した部分の割合に応じて，賃料の減額を請求することができる。	**第611条**　賃借物の一部が滅失その他の事由により使用及び収益をすることができなくなった場合において，それが賃借人の責めに帰することができない事由によるものであるときは，賃料は，その使用及び収益をすることができなくなった部分の割合に応じて，減額される。
2　前項の場合において，残存する部分のみでは賃借人が賃借をした目的を達することができないときは，賃借人は，契約の解除をすることができる。	2　賃借物の一部が滅失その他の事由により使用及び収益をすることができなくなった場合において，残存する部分のみでは賃借人が賃借をした目的を達することができないときは，賃借人は，契約の解除をすることができる。

⑴　賃借物の一部滅失等による賃料の減額

旧法第611条第1項は，賃借物の一部が「賃借人の過失によらないで」「滅失」したときは，その滅失した部分の割合に応じて，賃料の減額を「請求す

308 第3編 債 権

ることができる」と規定している。

もっとも，賃料は，賃借物が賃借人の使用収益可能な状態に置かれたことの対価として日々発生するものであるから，一部滅失に限らず，賃借物の一部を使用収益できなくなった場合には，その対価としての賃料も当然にその部分の割合に応じて発生しないものと考えるべきである。

そこで，新法では，賃借物の一部が滅失その他の事由により使用収益できなくなった場合には，賃借人からの請求を待たずに当然に賃料が減額されるものとする改正がなされた（新法第611条第1項）。

なお，賃借人に帰責事由がある場合にまで賃料の減額を認めるのは不相当であることから，その場合には賃料の減額を認めるべきではない。その点については，旧法第611条第1項の規定内容が維持されている。

(2) 賃借人の解除権

旧法第611条第2項は，賃借物の一部が「賃借人の過失によらないで」「滅失」したことによって，残存する部分のみでは賃借人が賃借をした目的を達することができないときに，賃借人の解除権を認める規定である。

新法では，この規定の一部を改め，上記賃料の減額の場合と同様に，賃借物の一部滅失に限らず，賃借物の一部の使用収益をすることができなくなった場合一般を対象として賃借人の解除権を認めるとともに，賃借人に帰責事由がある場合であっても賃借人の解除権を認めることとする改正がなされた（新法第611条第2項）。これは，賃借人が賃借の目的を達することができない以上，「賃借人の過失によらない」場合かどうかを問わず，賃借人による解除を認めるのが相当であると考えられるからである。この場合，賃貸人としては，賃借人に対する損害賠償請求等によって対処することになる（部会資料69A第4-10）。

第16章　整備法の概要　*309*

第16章　整備法の概要

Q 77　整備法による関係法律の改正の概要

　　民法（債権関係）の改正に伴って民法以外の法律はどのように改正されるか。

Answer

　整備法（民法の一部を改正する法律の施行に伴う関係法律の整備等に関する法律）によって改正される法令の数は200を超える。そのうち，商法，会社法など主な法律の改正の要点は以下のとおりである。

⑴　**民法第93条（心裡留保），第95条（錯誤）の改正に伴う改正**

　ア　会社法第51条（整備法第46条）

【旧会社法】	【新会社法】
（引受けの無効又は取消しの制限） **第51条**　民法（明治29年法律第89号）第93条ただし書及び第94条第1項の規定は，設立時発行株式の引受けに係る意思表示については，適用しない。 2　発起人は，株式会社の成立後は，錯誤を理由として設立時発行株式の引受けの無効を主張し，又は詐欺若しくは強迫を理由として設立時発行株式の引受けの取消しをすることができない。	（引受けの無効又は取消しの制限） **第51条**　民法（明治29年法律第89号）第93条第1項ただし書及び第94条第1項の規定は，設立時発行株式の引受けに係る意思表示については，適用しない。 2　発起人は，株式会社の成立後は，錯誤，詐欺又は強迫を理由として設立時発行株式の引受けの取消しをすることができない。

　　第1項の改正は心裡留保の第三者保護規定（新法第93条第2項）が新設されることに伴うものであり，第2項の改正は錯誤の効果が「無効」から「取消し」に変更されることに伴うものである。施行日前にされた意思表示に係る設立時発行株式の引受けについては，経過措置により旧

310　第３編　債　権

法が適用される（整備法第47条第２項）。

　なお，会社法第51条と同様の改正が行われる条文として，同法第102条，第211条，一般法人法第140条等がある（整備法第46条，第47条第４項，第49条，第50条第２項）。

イ　電子記録債権法第12条（整備法第53条）

【旧電子記録債権法】	【新電子記録債権法】
（意思表示の無効又は取消しの特則） 第12条　電子記録の請求における相手方に対する意思表示についての民法93条ただし書若しくは第95条の規定による無効又は同法第96条第１項若しくは第２項の規定による取消しは，善意でかつ重大な過失がない第三者（同条第１項及び第２項の規定による取消しにあっては，取消し後の第三者に限る。）に対抗することができない。 ２　前項の規定は，次に掲げる場合には，適用しない。 　一　（略） 　二　前項の意思表示の無効又は取消しを対抗しようとする者が個人（当該電子記録において個人事業者（消費者契約法（平成12年法律第61号）第２条第２項に規定する事業者である個人をいう。以下同じ。）である旨の記録がされている者を除く。）である場合	（意思表示の取消しの特則） 第12条　電子記録の請求における相手方に対する意思表示についての民法95条第１項又は第96条第１項若しくは第２項の規定による取消しは，善意でかつ重大な過失がない第三者（同条第１項の規定による強迫による意思表示の取消しにあっては，取消し後の第三者に限る。）に対抗することができない。 ２　前項の規定は，次に掲げる場合には，適用しない。 　一　（略） 　二　前項の意思表示の取消しを対抗しようとする者が個人（当該電子記録において個人事業者（消費者契約法（平成12年法律第61号）第２条第２項に規定する事業者である個人をいう。以下同じ。）である旨の記録がされている者を除く。）である場合

　心裡留保の第三者保護規定（新法第93条第２項）が新設されること及び錯誤の効果が「無効」から「取消し」に変更されることに伴い，心裡留保による無効を特則の対象から除外するとともに，錯誤取消しについて特則を維持するための改正である。施行日前に電子記録の請求における相手方にされた意思表示については，経過措置により旧法が適用される（整備法第54条第１項）。

ウ　特定商取引法第９条の３（整備法第94条）

【旧特定商取引法】	【新特定商取引法】
（訪問販売における契約の申込み又はその承諾の意思表示の取消し） **第９条の３**　（省略） ２　前項の規定による訪問販売に係る売買契約若しくは役務提供契約の申込み又はその承諾の意思表示の取消しは，これをもって善意の第三者に対抗することができない。 ３・４　（略）	（訪問販売における契約の申込み又はその承諾の意思表示の取消し） **第９条の３**　（省略） ２　前項の規定による訪問販売に係る売買契約若しくは役務提供契約の申込み又はその承諾の意思表示の取消しは，これをもって善意でかつ過失がない第三者に対抗することができない。 ３・４　（略）

　　民法に新設される錯誤の第三者保護規定（新法第95条第４項）の要件に平仄を合わせるための改正である。施行日前にされた意思表示については，経過措置により旧法が適用される（整備法第95条）。

　　なお，消費者契約法第４条第５項及び割賦販売法第35条の３の13第５項についても同様の改正が行われている（整備法第98条，第99条第１項，第286条，第287条）。

⑵　民法第147条第１項（時効の完成猶予）の改正に伴う改正

民事訴訟法第49条，第147条（整備法第27条）

【旧民事訴訟法】	【新民事訴訟法】
（権利承継人の訴訟参加の場合における時効の中断等） **第49条**　訴訟の係属中その訴訟の目的である権利の全部又は一部を譲り受けたことを主張して，第47条第１項の規定により訴訟参加をしたときは，その参加は，訴訟の係属の初めにさかのぼって時効の中断又は法律上の期間の遵守の効力を生ずる。 　　　　　　　　　　（新設）	（権利承継人の訴訟参加の場合における時効の完成猶予等） **第49条**　訴訟の係属中その訴訟の目的である権利の全部又は一部を譲り受けたことを主張する者が，第47条第１項の規定により訴訟参加をしたときは，時効の完成猶予に関しては，当該訴訟の係属の初めに，裁判上の請求があったものとみなす。 ２　前項に規定する場合には，その参加は，訴訟の係属の初めに遡って法律上の期間の遵守の効力を生ずる。
（時効中断等の効力発生の時期） **第147条**　時効の中断又は法律上の期間の遵守のために必要な裁判上の請求は，訴	（裁判上の請求による時効の完成猶予等） **第147条**　訴えが提起されたとき，又は第143条第２項（第144条第３項及び第145

| えを提起した時又は第143条第2項（第144条第3項及び第145条第4項において準用する場合を含む。）の書面を裁判所に提出した時に，その効力を生ずる。 | 条第4項において準用する場合を含む。）の書面が裁判所に提出されたときは，その時に時効の完成猶予又は法律上の期間の遵守のために必要な裁判上の請求があったものとする。 |

　民法において「時効の中断」が「時効の完成猶予」と「時効の更新」に再構成されることに伴う改正である。施行日前に時効の中断の事由が生じた場合におけるその事由の効力については，経過措置により旧法が適用される（整備法第28条）。

(3)　民法第166条第1項（債権の消滅時効）の改正に伴う改正

　ア　商法第522条（整備法第3条）

【旧商法】	【新商法】
（商事消滅時効） 第522条　商行為によって生じた債権は，この法律に別段の定めがある場合を除き，5年間行使しないときは，時効によって消滅する。ただし，他の法令に5年間より短い時効期間の定めがあるときは，その定めるところによる。	第522条及び第523条　削除

　　　民法第166条第1項第1号で5年の消滅時効期間が採用されることに伴い，商行為によって生じた債権の消滅時効についても，原則として，民法が適用されることとなる。施行日前にされた商行為によって生じた債権に係る消滅時効の期間については，経過措置により旧法が適用される（整備法第4条第7項）。

　イ　商法第567条（整備法第3条）

【旧商法】	【新商法】
第567条　運送取扱人ノ委託者又ハ荷受人ニ対スル債権ハ1年ヲ経過シタルトキハ時効ニ因リテ消滅ス	第567条　運送取扱人ノ委託者又ハ荷受人ニ対スル債権ハ之ヲ行使スルコトヲ得ル時ヨリ1年ヲ経過シタルトキハ時効ニ因リテ消滅ス

第16章　整備法の概要　　*313*

　　民法第166条第１項の特則として短期消滅時効制度を維持するととも
　に，消滅時効の起算点を明示する文言を付加している。

⑷　**民法第404条（法定利率）の改正に伴う改正**
　ア　商法第513条第１項，第514条（整備法第３条）

【旧商法】	【新商法】
（利息請求権） **第513条**　商人間において金銭の消費貸借 　をしたときは，貸主は，法定利息（次条 　の法定利率による利息をいう。以下同 　じ。）を請求することができる。 2　（略） （商事法定利率） **第514条**　商行為によって生じた債務に関 　しては，法定利率は，年６分とする。	（利息請求権） **第513条**　商人間において金銭の消費貸借 　をしたときは，貸主は，法定利息を請求 　することができる。 2　（略） **第514条**　削除

　　変動利率制（民法第404条）が採用されることに伴い，商人間における
　金銭消費貸借の貸主が請求することができる法定利息についても民法が
　適用されることとなる。施行日前に商事法定利率による利息が生じた場
　合におけるその利息を生ずべき債権（商行為によって生じたものに限る。）
　については，経過措置により旧法が適用される（整備法第４条第３項前
　段）。施行日前に債務者が遅滞の責任を負った場合における遅延損害金
　を生ずべき債権（商行為によって生じたものに限る。）についても同様で
　ある（整備法第４条第３項後段）。

　イ　会社法第117条（整備法第46条）

【旧会社法】	【新会社法】
（株式の価格の決定等） **第117条**　（略） 2・3　（略） 4　株式会社は，裁判所の決定した価格に 　対する第１項の期間の満了の日後の年６ 　分の利率により算定した利息をも支払わ 　なければならない。	（株式の価格の決定等） **第117条**　（略） 2・3　（略） 4　株式会社は，裁判所の決定した価格に 　対する第１項の期間の満了の日後の法定 　利率による利息をも支払わなければなら 　ない。

314　第3編　債　権

| 5～7　（略） | 5～7　（略） |

　変動利率制（民法第404条）の採用に伴い，上記の会社法の規定における法定利息についても民法が適用されることとなる。施行日前に会社法第116条第1項各号の行為に係る決議をするための株主総会の招集手続が開始された場合（株主総会の決議を要しない場合にあっては，当該行為に係る取締役会の決議又は取締役若しくは執行役の決定が行われたとき）におけるその行為に係る株式買取請求について裁判所が決定した価格に対する利息については，経過措置により旧法が適用される（整備法第47条第3項第1号）。

　なお，会社法第117条第4項と同様の改正が行われる条文として，同法第119条第4項，第172条第4項，第179条の8第2項，第182条の5第4項，第470条第4項，第611条第6項，第778条第4項，第786条第4項，第788条第4項，第798条第4項，第807条第4項，第809条第4項がある（整備法第46条）。

(5)　民法第414条（履行の強制）の改正に伴う改正

民事執行法第171条（整備法第23条）

【旧民事執行法】	【新民事執行法】
（代替執行） 第171条　民法第414条第2項本文又は第3項に規定する請求に係る強制執行は，執行裁判所が民法の規定に従い決定をする方法により行う。	（代替執行） 第171条　次の各号に掲げる強制執行は，執行裁判所がそれぞれ当該各号に定める旨を命ずる方法により行う。 一　作為を目的とする債務についての強制執行　債務者の費用で第三者に当該作為をさせること。 二　不作為を目的とする債務についての強制執行　債務者の費用で，債務者がした行為の結果を除去し，又は将来のため適当な処分をすべきこと。
2　前項の執行裁判所は，第33条第2項第1号又は第6号に掲げる債務名義の区分に応じ，それぞれ当該各号に定める裁判所とする。	2　（略）

3　執行裁判所は，第1項の決定をする場合には，債務者を審尋しなければならない。	3　執行裁判所は，第1項の規定による決定をする場合には，債務者を審尋しなければならない。
4　執行裁判所は，第1項の決定をする場合には，申立てにより，債務者に対し，その決定に掲げる行為をするために必要な費用をあらかじめ債権者に支払うべき旨を命ずることができる。	4　執行裁判所は，第1項の規定による決定をする場合には，申立てにより，債務者に対し，その決定に掲げる行為をするために必要な費用をあらかじめ債権者に支払うべき旨を命ずることができる。
5　第1項の強制執行の申立て又は前項の申立てについての裁判に対しては，執行抗告をすることができる。	5　（略）
6　第6条第2項の規定は，第1項の決定を執行する場合について準用する。	6　第6条第2項の規定は，第1項の規定による決定を執行する場合について準用する。

　実体法と手続法の役割分担を図る趣旨から新法第414条が履行の強制の具体的方法を民事執行法等に委ねることを受けた改正である。

(6)　**民法第424条，第426条（詐害行為取消権）の改正に伴う改正**

　ア　商法第18条の2（整備法第3条）

【旧商法】	【新商法】
（詐害営業譲渡に係る譲受人に対する債務の履行の請求）	（詐害営業譲渡に係る譲受人に対する債務の履行の請求）
第18条の2　譲渡人が譲受人に承継されない債務の債権者（以下この条において「残存債権者」という。）を害することを知って営業を譲渡した場合には，残存債権者は，その譲受人に対して，承継した財産の価額を限度として，当該債務の履行を請求することができる。ただし，その譲受人が営業の譲渡の効力が生じた時において残存債権者を害すべき事実を知らなかったときは，この限りでない。	第18条の2　譲渡人が譲受人に承継されない債務の債権者（以下この条において「残存債権者」という。）を害することを知って営業を譲渡した場合には，残存債権者は，その譲受人に対して，承継した財産の価額を限度として，当該債務の履行を請求することができる。ただし，その譲受人が営業の譲渡の効力が生じた時において残存債権者を害することを知らなかったときは，この限りでない。
2　譲受人が前項の規定により同項の債務を履行する責任を負う場合には，当該責任は，譲渡人が残存債権者を害することを知って営業を譲渡したことを知った時から2年以内に請求又は請求の予告をしない残存債権者に対しては，その期間を	2　譲受人が前項の規定により同項の債務を履行する責任を負う場合には，当該責任は，譲渡人が残存債権者を害することを知って営業を譲渡したことを知った時から2年以内に請求又は請求の予告をしない残存債権者に対しては，その期間を

316　第3編　債　権

経過した時に消滅する。営業の譲渡の効力が生じた日から20年を経過したときも，同様とする。 3　（略）	経過した時に消滅する。営業の譲渡の効力が生じた日から10年を経過したときも，同様とする。 3　（略）

　第1項ただし書の改正は詐害行為取消権の要件（民法第424条）の改正に平仄を合わせたものであり，第2項の改正は詐害行為取消権の期間制限（民法第426条）の改正に平仄を合わせたものである。施行日前に商人の他の商人に対する営業の譲渡に係る契約が締結された場合におけるその営業譲渡については，経過措置により旧法が適用される（整備法第4条第1項）。

　イ　会社法第23条の2等（整備法第46条）

【旧会社法】	【新会社法】
（詐害事業譲渡に係る譲受会社に対する債務の履行の請求） **第23条の2**　譲渡会社が譲受会社に承継されない債務の債権者（以下この条において「残存債権者」という。）を害することを知って事業を譲渡した場合には，残存債権者は，その譲受会社に対して，承継した財産の価額を限度として，当該債務の履行を請求することができる。ただし，その譲受会社が事業の譲渡の効力が生じた時において残存債権者を害すべき事実を知らなかったときは，この限りでない。 2　譲受会社が前項の規定により同項の債務を履行する責任を負う場合には，当該責任は，譲渡会社が残存債権者を害することを知って事業を譲渡したことを知った時から2年以内に請求又は請求の予告をしない残存債権者に対しては，その期間を経過した時に消滅する。事業の譲渡の効力が生じた日から20年を経過したときも，同様とする。 3　（略）	**（詐害事業譲渡に係る譲受会社に対する債務の履行の請求）** **第23条の2**　譲渡会社が譲受会社に承継されない債務の債権者（以下この条において「残存債権者」という。）を害することを知って事業を譲渡した場合には，残存債権者は，その譲受会社に対して，承継した財産の価額を限度として，当該債務の履行を請求することができる。ただし，その譲受会社が事業の譲渡の効力が生じた時において残存債権者を害することを知らなかったときは，この限りでない。 2　譲受会社が前項の規定により同項の債務を履行する責任を負う場合には，当該責任は，譲渡会社が残存債権者を害することを知って事業を譲渡したことを知った時から2年以内に請求又は請求の予告をしない残存債権者に対しては，その期間を経過した時に消滅する。事業の譲渡の効力が生じた日から10年を経過したときも，同様とする。 3　（略）

第16章　整備法の概要　*317*

　第1項ただし書の改正は詐害行為取消権の要件（民法第424条）の改正に平仄を合わせたものであり，第2項の改正は詐害行為取消権の期間制限（民法第426条）の改正に平仄を合わせたものである。施行日前に会社の他の会社に対する事業の譲渡に係る契約が締結された場合におけるその事業譲渡については，経過措置により旧法が適用される（整備法第47条第1項）。

　なお，会社法第759条第4項ただし書及び第6項（株式会社に権利義務を承継させる吸収分割），同法第761条第4項ただし書及び第6項（持分会社に権利義務を承継させる吸収分割）についても同様の改正がなされている。また，同法第764条第6項（株式会社を設立する新設分割）及び同法第766条第6項（持分会社を設立する新設分割）について長期の期間制限を20年から10年に短縮する改正がなされる（整備法第46条）。

ウ　破産法第176条（整備法第41条）

【旧破産法】	【新破産法】
（否認権行使の期間） 第176条　否認権は，破産手続開始の日から2年を経過したときは，行使することができない。否認しようとする行為の日から20年を経過したときも，同様とする。	（否認権行使の期間） 第176条　否認権は，破産手続開始の日から2年を経過したときは，行使することができない。否認しようとする行為の日から10年を経過したときも，同様とする。

　詐害行為取消権の期間制限（新法第426条）の改正に平仄を合わせたものである。施行日前に破産手続開始の申立て又は施行日前に職権でされた破産手続開始の決定に係る破産事件における否認及び施行日前にされた行為の破産事件における否認については，経過措置により旧法が適用される（整備法第42条第2項）。

　なお，民事再生法第139条及び会社更生法第98条の否認権行使の期間についても同様の改正がなされる（整備法第33条，第34条第2項，第37条，第38条第1項）。

318　第３編　債　権

⑺　民法第424条の５（転得者に対する詐害行為取消請求）の新設に伴う改正
　　破産法第170条（整備法第41条）

【旧破産法】	【新破産法】
（転得者に対する否認権） 第170条　次に掲げる場合には，否認権は，転得者に対しても，行使することができる。	（転得者に対する否認権） 第170条　次の各号に掲げる場合において，否認しようとする行為の相手方に対して否認の原因があるときは，否認権は，当該各号に規定する転得者に対しても，行使することができる。ただし，当該転得者が他の転得者から転得した者である場合においては，当該転得者の前に転得した全ての転得者に対しても否認の原因あるときに限る。
一　転得者が転得の当時，それぞれその前者に対する否認の原因のあることを知っていたとき。 二　転得者が第161条第２項各号に掲げる者のいずれかであるとき。ただし，転得の当時，それぞれその前者に対する否認の原因のあることを知らなかったときは，この限りでない。 三　転得者が無償行為又はこれと同視すべき有償行為によって転得した場合において，それぞれその前者に対して否認の原因があるとき。 2　（略）	一　転得者が転得の当時，破産者がした行為が破産債権者を害することを知っていたとき。 二　転得者が第161条第２項各号に掲げる者のいずれかであるとき。ただし，転得の当時，破産者がした行為が破産債権者を害することを知らなかったときは，この限りでない。 三　転得者が無償行為又はこれと同視すべき有償行為によって転得した者であるとき。 2　（略）

　旧破産法は「それぞれその前者に対する否認の原因のあることを知っていたとき」を要件としていたため，前者の悪意に対する転得者の悪意（いわゆる「二重の悪意」）を要求する結果となるとして批判されていた。新破産法は，転得者に対する詐害行為取消権の行使（民法第425条の５）の要件に平仄を合わせたものである。施行日前に破産手続開始の申立て又は施行日前に職権でされた破産手続開始の決定に係る破産事件における否認及び施行日前にされた行為の破産事件における否認については，経過措置により旧法が適用される（整備法第42条第２項）。

　なお，民事再生法第134条及び会社更生法第93条についても同様の改正が

なされる（整備法第33条，第34条第2項，第37条，第38条第1項）。

(8)　民法第432条〜第435条の2（連帯債権）の新設に伴う改正
電子記録債権法第16条（整備法第53条）

【旧電子記録債権法】	【新電子記録債権法】
（発生記録） 第16条　発生記録においては，次に掲げる事項を記録しなければならない。 　一〜三　（略） 　四　債権者が二人以上ある場合において，その債権が不可分債権であるときはその旨，可分債権であるときは債権者ごとの債権の金額 　五〜八　（略） 2　（省略）	（発生記録） 第16条　発生記録においては，次に掲げる事項を記録しなければならない。 　一〜三　（略） 　四　債権者が二人以上ある場合において，その債権が不可分債権又は連帯債権であるときはその旨，可分債権であるときは債権者ごとの債権の金額 　五〜八　（略） 2　（省略）

　連帯債権に関する規定が民法に新設されることに伴い，電子記録債権の発生記録の記録事項に「連帯債権であるときはその旨」を加える改正である。

(9)　民法第457条（主たる債務者について生じた事由の効力）の改正に伴う改正
電子記録債権法第34条（整備法第53条）

【旧電子記録債権法】	【新電子記録債権法】
（民法等の適用除外） 第34条　（略） 2　前項の規定にかかわらず，電子記録保証人が個人（個人事業者である旨の記録がされている者を除く。）である場合には，当該電子記録保証人は，主たる債務者の債権による相殺をもって債権者に対抗することができる。 　　　　　（新設）	（民法等の適用除外） 第34条　（略） 2　前項の規定にかかわらず，電子記録保証人が個人（個人事業者である旨の記録がされている者を除く。）である場合には，当該電子記録保証人は，主たる債務者が主張することができる抗弁をもって債権者に対抗することができる。 3　第1項の規定にかかわらず，前項に規定する場合において，主たる債務者が債権者に対して相殺権，取消権又は解除権を有するときは，これらの権利の行使によって主たる債務者がその債務を免れるべき限度において，当該電子記録保証人は，債権者に対して債務の履行を拒むことができる。

320　第3編　債　権

　主たる債務者の有する相殺権等について保証人の「援用権」を「履行拒絶権」という構成に変更する改正が民法においてなされることに伴う改正である。施行日前にされた電子記録保証については，経過措置により旧法が適用される（整備法第54条第3項）。

⑽　民法第484条第2項（弁済の場所及び時間）の改正に伴う改正
　　商法第520条（整備法第3条）

【旧商法】	【新商法】
（取引時間） 第520条　法令又は慣習により商人の取引時間の定めがあるときは，その取引時間内に限り，債務の履行をし，又はその履行の請求をすることができる。	第520条　削除

　弁済の場所及び時間に関する規定が民法に新設されることに伴い，商人の債務の履行についても民法が適用されることとなる。施行日前にされた商行為によって生じた債務に係る取引時間については，経過措置により旧法が適用される（整備法第4条第6項）。

⑾　民法第525条第3項（対話者間における契約の申込み）の改正に伴う改正
　　商法第507条（整備法第3条）

【旧商法】	【新商法】
（対話者間における契約の申込み） 第507条　商人である対話者の間において契約の申込みを受けた者が直ちに承諾をしなかったときは，その申込みは，その効力を失う。	第507条　削除

　対話者間における契約の申込みに関する規定が民法に新設されることに伴い，商人間における契約の申込みについても民法が適用されることとなる。施行日前にされた契約の申込みについては，経過措置により旧法が適用される（整備法第4条第2項）。

第16章　整備法の概要　*321*

⑿　**民法第526条（隔地者間の契約の成立時期に関する発信主義）の改正に伴う改正**

電子契約法第1条〜第3条（整備法第298条）

【旧電子契約法】	【新電子契約法】
電子消費者契約及び電子承諾通知に関する民法の特例に関する法律 （趣旨） 第1条　この法律は，消費者が行う電子消費者契約の要素に特定の錯誤があった場合及び隔地者間の契約において電子承諾通知を発する場合に関し民法（明治29年法律第89号）の特例を定めるものとする。 （定義） 第2条　（略） 2・3　（略） 4　この法律において「電子承諾通知」とは，契約の申込みに対する承諾の通知であって，電磁的方法のうち契約の申込みに対する承諾をしようとする者が使用する電子計算機等（電子計算機，ファクシミリ装置，テレックス又は電話機をいう。以下同じ。）と当該契約の申込みをした者が使用する電子計算機等とを接続する電気通信回線を通じて送信する方法により行うものをいう。 （電子消費者契約に関する民法の特例） 第3条　民法第95条ただし書の規定は，消費者が行う電子消費者契約の申込み又はその承諾の意思表示について，その電子消費者契約の要素に錯誤があった場合であって，当該錯誤が次のいずれかに該当するときは，適用しない。ただし，当該電子消費者契約の相手方である事業者（その委託を受けた者を含む。以下同じ。）が，当該申込み又はその承諾の意思表示に際して，電磁的方法によりその映像面を介して，その消費者の申込み若しくはその承諾の意思表示を行う意思の有無について確認を求める措置を講じた場合又	電子消費者契約に関する民法の特例に関する法律 （趣旨） 第1条　この法律は，消費者が行う電子消費者契約の申込み又はその承諾の意思表示について特定の錯誤があった場合に関し民法（明治29年法律第89号）の特例を定めるものとする。 （定義） 第2条　（略） 2・3　（略） 削る （電子消費者契約に関する民法の特例） 第3条　民法第95条第3項の規定は，消費者が行う電子消費者契約の申込み又はその承諾の意思表示について，その意思表示が同条第1項第1号に掲げる錯誤に基づくものであって，その錯誤が法律行為の目的及び取引上の社会通念に照らして重要なものであり，かつ，次のいずれかに該当するときは，適用しない。ただし，当該電子消費者契約の相手方である事業者（その委託を受けた者を含む。以下同じ。）が，当該申込み又はその承諾の意思表示に際して，電磁的方法によりその映像面を介して，その消費者の申込

322　第3編　債　権

はその消費者から当該事業者に対して当該措置を講ずる必要がない旨の意思の表明があった場合は，この限りでない。 一　（略） 二　（略） （電子承諾通知に関する民法の特例） **第4条**　民法第526条第1項及び第527条の規定は，隔地者間の契約において電子承諾通知を発する場合については，適用しない。	み若しくはその承諾の意思表示を行う意思の有無について確認を求める措置を講じた場合又はその消費者から当該事業者に対して当該措置を講ずる必要がない旨の意思の表明があった場合は，この限りでない。 一　（略） 二　（略） **第4条**　削除

　民法が隔地者間における契約の成立時期に関する発信主義を廃止することに伴って，法律の題名を「電子消費者契約に関する民法の特例に関する法律」に変更するとともに，第1条の「及び隔地者間の契約において電子承諾通知を発する場合」という文言，第2条第4項及び第4条が削除される。また，錯誤に関する民法の規定が整備されることに伴い，第1条及び第3条が改正される。施行日前にされた電子消費者契約の申込み又はその承諾の意思表示については，経過措置により旧法が適用される（整備法第299条第1項）。また，施行日前に契約の申込みがされた場合におけるその申込みに係る電子承諾通知に関する民法の特例については，経過措置により旧法が適用される（整備法第299条第2項）。

⒀　**民法第557条第1項（手付）の改正に伴う改正**

　宅地建物取引業法第39条（整備法第316条）

【旧宅地建物取引業法】	【新宅地建物取引業法】
（手附の額の制限等） **第39条**　宅地建物取引業者は，みずから売主となる宅地又は建物の売買契約の締結に際して，代金の額の10分の2をこえる額の手附を受領することができない。 2　宅地建物取引業者が，みずから売主となる宅地又は建物の売買契約の締結に際して手附を受領したときは，その手附が	（手付の額の制限等） **第39条**　宅地建物取引業者は，自ら売主となる宅地又は建物の売買契約の締結に際して，代金の額の10分の2を超える額の手付を受領することができない。 2　宅地建物取引業者が，自ら売主となる宅地又は建物の売買契約の締結に際して手付を受領したときは，その手付がいか

いかなる性質のものであつても，当事者の一方が契約の履行に着手するまでは，買主はその手附を放棄して，当該宅地建物取引業者はその倍額を償還して，契約の解除をすることができる。	なる性質のものであつても，買主はその手付を放棄して，当該宅地建物取引業者はその倍額を現実に提供して，契約の解除をすることができる。ただし，その相手方が契約の履行に着手した後は，この限りでない。
3　（省略）	3　（省略）

　第39条第2項の改正は，手付の放棄・倍戻しによる解除に関する民法の規律内容が判例理論を採り入れたものとなること（新法第557条第1項）に伴うものである。施行日前に宅地建物取引業者が自ら売主となる宅地又は建物の売買契約が締結された場合におけるその契約の解除については，経過措置により旧法が適用される（整備法第317条第2項）。

(14)　民法第566条（売主の担保責任）の改正に伴う改正

　ア　商法第526条第2項・第3項（整備法第3条）

【旧商法】	【新商法】
（買主による目的物の検査及び通知） 第526条　（略） 2　前項に規定する場合において，買主は，同項の規定による検査により売買の目的物に瑕疵があること又はその数量に不足があることを発見したときは，直ちに売主に対してその旨の通知を発しなければ，その瑕疵又は数量の不足を理由として契約の解除又は代金減額若しくは損害賠償の請求をすることができない。売買の目的物に直ちに発見することのできない瑕疵がある場合において，買主が6箇月以内にその瑕疵を発見したときも，同様とする。 3　前項の規定は，売主がその瑕疵又は数量の不足につき悪意であつた場合には，適用しない。	（買主による目的物の検査及び通知） 第526条　（略） 2　前項に規定する場合において，買主は，同項の規定による検査により売買の目的物が種類，品質又は数量に関して契約の内容に適合しないことを発見したときは，直ちに売主に対してその旨の通知を発しなければ，その不適合を理由とする履行の追完の請求，代金の減額の請求，損害賠償の請求及び契約の解除をすることができない。売買の目的物が種類又は品質に関して契約の内容に適合しないことを直ちに発見することができない場合において，買主が6箇月以内にその不適合を発見したときも，同様とする。 3　前項の規定は，売買の目的物が種類，品質又は数量に関して契約の内容に適合しないことにつき売主が悪意であつた場合には，適用しない。

　売主の担保責任の対象が目的物の「瑕疵」から「契約不適合」に変更

324　第３編　債　権

されること（新法第566条）に伴う改正である。施行日前に締結された売買契約に係る買主による目的物の検査及び通知については，経過措置により旧法が適用される（整備法第４条第８項）。

　なお，宅地建物取引業法第35条第１項第13号，第37条第１項第11号，第40条についても同様の改正がなされる（整備法第316条，第317条第３項）。

イ　住宅の品質確保の促進等に関する法律（整備法第341条）

【旧住宅品質確保促進法】	【新住宅品質確保促進法】
（目次） 第１章〜第６章　（略） 第７章　瑕疵担保責任の特例（第94条–第97条） 第８章・第９章　（略） **（定義）** **第２条**　（略） ２〜４　（略） （新設）	（目次） 第１章〜第６章　（略） 第７章　瑕疵担保責任（第94条–第97条） 第８章・第９章　（略） **（定義）** **第２条**　（略） ２〜４　（略） ５　この法律において「瑕疵」とは，種類又は品質に関して契約の内容に適合しない状態をいう。
第７章　瑕疵担保責任の特例 **（住宅の新築工事の請負人の瑕疵担保責任の特例）** **第94条**　住宅を新築する建設工事の請負契約（以下「住宅新築請負契約」という。）においては，請負人は，注文者に引き渡した時から10年間，住宅のうち構造耐力上主要な部分又は雨水の浸入を防止する部分として政令で定めるもの（次条において「住宅の構造耐力上主要な部分等」という。）の瑕疵（構造耐力又は雨水の浸入に影響のないものを除く。次条において同じ。）について，民法（明治29年法律第89号）第634条第１項及び第２項前段に規定する担保の責任を負う。	第７章　瑕疵担保責任 **（住宅の新築工事の請負人の瑕疵担保責任）** **第94条**　住宅を新築する建設工事の請負契約（以下「住宅新築請負契約」という。）においては，請負人は，注文者に引き渡した時から10年間，住宅のうち構造耐力上主要な部分又は雨水の浸入を防止する部分として政令で定めるもの（次条において「住宅の構造耐力上主要な部分等」という。）の瑕疵（構造耐力又は雨水の浸入に影響のないものを除く。次条において同じ。）について，民法（明治29年法律第89号）第415条，第541条及び第542条並びに同法第559条において準用する同法第562条及び第563条に規定する担保の責任を負う。
２　（略） ３　第１項の場合における民法第638条第２項の規定の適用については，同項中「前項」とあるのは，「住宅の品質確保の	２　（略） ３　第１項の場合における民法第637条の規定の適用については，同条第１項中「前条本文に規定する」とあるのは，「請

促進等に関する法律第94条第1項」とする。

（新築住宅の売主の瑕疵担保責任の特例）

第95条 新築住宅の売買契約においては，売主は，買主に引き渡した時（当該新築住宅が住宅新築請負契約に基づき請負人から当該売主に引き渡されたものである場合にあっては，その引渡しの時）から10年間，住宅の構造耐力上主要な部分等の隠れた瑕疵について，民法第570条において準用する同法第566条第1項並びに同法第634条第1項及び第2項前段に規定する担保の責任を負う。この場合において，同条第1項及び第2項前段中「注文者」とあるのは「買主」と，同条第1項中「請負人」とあるのは「売主」とする。

2 （略）

3 第1項の場合における民法第566条第3項の規定の適用については，同項中「前2項」とあるのは「住宅の品質確保の促進等に関する法律第95条第1項」と，「又は」とあるのは「，瑕疵修補又は」とする。

（瑕疵担保責任の期間の伸長等の特例）

第97条 住宅新築請負契約又は新築住宅の売買契約においては，請負人が第94条第1項に規定する瑕疵その他の住宅の瑕疵について同項に規定する担保の責任を負うべき期間又は売主が第95条第1項に規定する瑕疵その他の住宅の隠れた瑕疵について同項に規定する担保の責任を負うべき期間は，注文者又は買主に引き渡した時から20年以内とすることができる。

負人が住宅の品質確保の促進等に関する法律（平成11年法律第81号）第94条第1項に規定する瑕疵がある目的物を注文者に引き渡した」と，同項及び同条第2項中「不適合」とあるのは「瑕疵」とする。

（新築住宅の売主の瑕疵担保責任）

第95条 新築住宅の売買契約においては，売主は，買主に引き渡した時（当該新築住宅が住宅新築請負契約に基づき請負人から当該売主に引き渡されたものである場合にあっては，その引渡しの時）から10年間，住宅の構造耐力上主要な部分等の瑕疵について，民法第415条，第541条，第542条，第562条及び第563条に規定する担保の責任を負う。

（後段を削る。）

2 （略）

3 第1項の場合における民法第566条の規定の適用については，同条中「種類又は品質に関して契約の内容に適合しない」とあるのは「住宅の品質確保の促進等に関する法律（平成11年法律第81号）第95条第1項に規定する瑕疵がある」と，「不適合」とあるのは「瑕疵」とする。

（瑕疵担保責任の期間の伸長等）

第97条 住宅新築請負契約又は新築住宅の売買契約においては，請負人が第94条第1項に規定する瑕疵その他の住宅の瑕疵について同項に規定する担保の責任を負うべき期間又は売主が第95条第1項に規定する瑕疵その他の住宅の瑕疵について同項に規定する担保の責任を負うべき期間は，注文者又は買主に引き渡した時から20年以内とすることができる。

民法では「瑕疵担保責任」という文言が用いられなくなることに伴う

326　第3編　債権

改正である。施行日前に住宅新築請負契約又は新築住宅の売買契約が締結された場合におけるその契約に係る担保の責任については，経過措置により旧法が適用される（整備法第342条）。

　　ウ　借地借家法第10条（整備法第25条）

【旧借地借家法】	【新借地借家法】
（借地権の対抗力等） 第10条　（略） 2　（略） 3　民法（明治29年法律第89号）第566条第1項及び第3項の規定は，前2項の規定により第三者に対抗することができる借地権の目的である土地が売買の目的物である場合に準用する。 4　民法第533条の規定は，前項の場合に準用する。	（借地権の対抗力） 第10条　（略） 2　（略） （削る） （削る）

　　売買の目的物である土地が対抗力のある用益権の目的である場合における売主の責任が担保責任から債務不履行責任に変更されることに伴う改正である。施行日前に旧借地借家法第10条第1項又は第2項の規定により第三者に対抗することができる借地権の目的である土地の売買契約が締結された場合におけるその契約に係る契約の解除及び損害賠償の請求については，経過措置により旧法が適用される（整備法第26条第1項）。

　　なお，借地借家法第31条，農地法第16条第2項及び第3項についても同様の改正がなされている（整備法第25条，第26条第2項，第253条，第254条第2項）。

(15)　民法第579条（買戻しの特約）の改正に伴う改正

　　不動産登記法第96条（整備法第43条）

【旧不動産登記法】	【新不動産登記法】
（買戻しの特約の登記の登記事項） 第96条　買戻しの特約の登記の登記事項は，第59条各号に掲げるもののほか，買主が支払った代金及び契約の費用並びに買戻しの期間の定めがあるときはその定	（買戻しの特約の登記の登記事項） 第96条　買戻しの特約の登記の登記事項は，第59条各号に掲げるもののほか，買主が支払った代金（民法第579条の別段の合意をした場合にあっては，その合意

第16章 整備法の概要　*327*

	により定めた金額）及び契約の費用並びに買戻しの期間の定めがあるときはその定めとする。
めとする。	

　不動産の売主（買戻権者）が買戻権を行使する際に返還すべき金銭として買主が支払った代金に代えて当事者が合意により定めた金額でもよいとされること（新法第579条）に伴い，その金額を買戻しの特約の登記の登記事項とする改正である。

⒃　民法第636条（請負人の担保責任）の改正に伴う改正

消費者契約法第8条（整備法第98条）

【旧消費者契約法】	【新消費者契約法】
（事業者の損害賠償の責任を免除する条項の無効） 第8条　次に掲げる消費者契約の条項は，無効とする。 　一～四　（略） 　五　消費者契約が有償契約である場合において，当該消費者契約の目的物に隠れた瑕疵があるとき（当該消費者契約が請負契約である場合には，当該消費者契約の仕事の目的物に瑕疵があるとき。次項において同じ。）に，当該瑕疵により消費者に生じた損害を賠償する事業者の責任の全部を免除する条項 2　前項第5号に掲げる条項については，次に掲げる場合に該当するときは，同項の規定は，適用しない。	（事業者の損害賠償の責任を免除する条項の無効） 第8条　次に掲げる消費者契約の条項は，無効とする。 　一～四　（略） 　（削る） 2　前項第1号又は第2号に掲げる条項のうち，消費者契約が有償契約である場合において，引き渡された目的物が種類又は品質に関して契約の内容に適合しないとき（当該消費者契約が請負契約である場合には，請負人が種類又は品質に関して契約の内容に適合しない仕事の目的物を注文者に引き渡したとき（その引渡しを要しない場合には，仕事が終了した時に仕事の目的物が種類又は品質に関して契約の内容に適合しないとき。）。以下この項において同じ。）に，これにより消費者に生じた損害を賠償する事業者の責任を免除するものについては，次に掲げ

	る場合に該当するときは，同項の規定は，適用しない。
一　当該消費者契約において，当該消費者契約の目的物に隠れた瑕疵があるときに，当該事業者が瑕疵のない物をもってこれに代える責任又は当該瑕疵を修補する責任を負うこととされている場合	一　当該消費者契約において，引き渡された目的物が種類又は品質に関して契約の内容に適合しないときに，当該事業者が履行の追完をする責任又は不適合の程度に応じた代金若しくは報酬の減額をする責任を負うこととされている場合
二　当該消費者と当該事業者の委託を受けた他の事業者との間の契約又は当該事業者と他の事業者との間の当該消費者のためにする契約で，当該消費者契約の締結に先立って又はこれと同時に締結されたものにおいて，当該消費者契約の目的物に隠れた瑕疵があるときに，当該他の事業者が，当該瑕疵により当該消費者に生じた損害を賠償する責任の全部若しくは一部を負い，瑕疵のない物をもってこれに代える責任を負い，又は当該瑕疵を修補する責任を負うこととされている場合	二　当該消費者と当該事業者の委託を受けた他の事業者との間の契約又は当該事業者と他の事業者との間の当該消費者のためにする契約で，当該消費者契約の締結に先立って又はこれと同時に締結されたものにおいて，引き渡された目的物が種類又は品質に関して契約の内容に適合しないときに，当該他の事業者が，その目的物が種類又は品質に関して契約の内容に適合しないことにより当該消費者に生じた損害を賠償する責任の全部若しくは一部を負い，又は履行の追完をする責任を負うこととされている場合

　請負人の担保責任の対象が目的物の「瑕疵」から「契約不適合」に変更されること（新法第636条）に伴う改正である。施行日前に締結された消費者契約の条項については，経過措置により旧法が適用される（整備法第99条第2項）。

(17)　民法第724条，第724条の2（不法行為による損害賠償請求権の消滅時効）の改正に伴う改正

　ア　製造物責任法第5条（整備法第96条）

【旧製造物責任法】	【新製造物責任法】
（期間の制限） 第5条　第3条に規定する損害賠償の請求権は，被害者又はその法定代理人が損害及び賠償義務者を知った時から3年間行わないときは，時効によって消滅する。	（消滅時効） 第5条　第3条に規定する損害賠償の請求権は，次に掲げる場合には，時効によって消滅する。 一　被害者又はその法定代理人が損害及

第16章　整備法の概要　　*329*

その製造業者等が当該製造物を引き渡した時から10年を経過したときも，同様とする。 2　前項後段の期間は，身体に蓄積した場合に人の健康を害することとなる物質による損害又は一定の潜伏期間が経過した後に症状が現れる損害については，その損害が生じた時から起算する。	び賠償義務者を知った時から3年間行使しないとき。 二　その製造業者等が当該製造物を引き渡した時から10年を経過したとき。 2　人の生命又は身体を侵害した場合における損害賠償の請求権の消滅時効についての前項第1号の規定の適用については，同号中「3年間」とあるのは，「5年間」とする。 3　第1項第2号の期間は，身体に蓄積した場合に人の健康を害することとなる物質による損害又は一定の潜伏期間が経過した後に症状が現れる損害については，その損害が生じた時から起算する。

　　不法行為による損害賠償請求権の期間制限の法的性質が長期・短期いずれも消滅時効であるとされること（新法第724条），及び生命・身体の侵害について短期の時効期間が伸長されたこと（新法第724条の2）に平仄を合わせた改正である。旧法第5条第1項後段に規定する期間（10年）が整備法施行の際既に経過していた場合におけるその期間の制限については，経過措置により旧法が適用される（整備法第97条第1項）。

　イ　不正競争防止法第15条（整備法第294条）

【旧不正競争防止法】	【新不正競争防止法】
（消滅時効） **第15条**　第2条第1項第4号から第9号までに掲げる不正競争のうち，営業秘密を使用する行為に対する第3条第1項の規定による侵害の停止又は予防を請求する権利は，その行為を行う者がその行為を継続する場合において，その行為により営業上の利益を侵害され，又は侵害されるおそれがある保有者がその事実及びその行為を行う者を知った時から3年間行わないときは，時効によって消滅する。その行為の開始の時から20年を経過したときも，同様とする。	（消滅時効） **第15条**　第2条第1項第4号から第9号までに掲げる不正競争のうち，営業秘密を使用する行為に対する第3条第1項の規定による侵害の停止又は予防を請求する権利は，次に掲げる場合には，時効によって消滅する。 一　その行為を行う者がその行為を継続する場合において，その行為により営業上の利益を侵害され，又は侵害されるおそれがある保有者がその事実及びその行為を行う者を知った時から3年間行わないとき。 二　その行為の開始の時から20年を経過

330　第3編　債　権

| | したとき。 |

　不法行為による損害賠償請求権の期間制限の法的性質が長期・短期いずれも消滅時効であるとされること（新法第724条）に平仄を合わせた改正である。旧法第15条後段に規定する期間（20年）が整備法施行の際既に経過していた場合におけるその期間の制限については，経過措置により旧法が適用される（整備法第295条）。

事 項 索 引

【あ】

悪意 ……………… 3, 96, 102, 168, 170,
　　　　　　　172, 179, 239, 240, 242
安全配慮義務違反 ………………… 31, 35

【い】

異議をとどめない承諾 ………………… 175
意思表示 ……………………………… 1
委託を受けた保証人 …………… 147, 149
一部弁済による代位 ………………… 237
逸失利益 ……………………………… 61
逸出財産 ……………………… 103, 105
一身専属権 …………………………… 78
インフォメーション・センター ……… 210

【う】

訴えの客観的併合 …………………… 103

【え】

永小作権 ……………………………… 303
援用（時効の）……………………… 45

【か】

解除条件説（時効援用の法的性質に
　関する）…………………………… 46
買戻しの特約（買戻特約）…… 285, 287, 326
隔地者 ………………………… 269, 321
確定効果説（時効援用の法的性質に
　関する）…………………………… 46
貸金等債務 …………………… 153, 158
貸金等根保証契約 …………………… 166
瑕疵担保責任
　……… 57, 67, 269, 273, 274, 278, 325
過失責任主義 ………………… 57, 278
過失相殺 ……………………………… 69
株主代表訴訟 ………………………… 85

【き】

仮差押え ……………………………… 38
仮処分 ………………………………… 38
仮処分解放金 ………………………… 108
元本確定期日 ………………………… 166

危険の移転（売主から買主への）
　………………………… 66, 74, 282
危険負担 ……………… 65, 73, 269, 282
起算点 ………………… 30, 110, 313
客観的起算点 ………………………… 31
求償権 …………… 147, 150, 151, 197, 237
求償債権 ……………………… 153, 158
給付保持力 …………………………… 46
共益費用の一般先取特権 …………… 88
協議を行う旨の合意による時効の完
　成猶予 ………………………… 38, 41
強制執行 ………………………… 38, 79
供託 ………………………………… 177
共同親権行使 ………………………… 8
強迫 …………………………… 5, 161
極度額 ……………………………… 166

【け】

競売 ………………………………… 281
契約（の）解除 ……………… 61, 72, 271
契約上の地位の移転 ………………… 208
契約責任説（瑕疵担保責任の法的性
　質に関する）……… 68, 272, 274, 277, 280
契約締結上の過失 …………………… 64
契約の拘束力 ………………………… 58
検査義務 ……………………………… 69
原始的不能 ……… 57, 64, 71, 269, 270, 271
原始的不能のドグマ ………………… 64
原状回復義務 ………………………… 26
権利移転義務 ………………… 279, 280

【こ】

行為能力······································ 8
更改··························· 133, 138, 243
後見開始の審判···························· 8
後見登記等ファイル······················· 9
公序良俗違反························· 182
公正証書······················· 153, 158
後発的不能················· 57, 64, 270
抗弁権····························· 188
抗弁権説······················· 143, 146
抗弁の切断···················· 54, 175
個人根保証契約······················ 166
固有必要的共同訴訟················· 104
混同··························· 133, 138

【さ】

債権質······························ 50
債権執行··························· 107
債権者更改による新債務担保··· 254, 260
債権者主義··················· 65, 282
債権者代位権······················· 77
債権者代位訴訟················· 84, 85
債権者の交替による更改····· 252, 255, 260
債権者平等の原則··················· 98
債権者不確知······················ 231
債権者保護手続（会社分割におけ
　る）···························· 114
債権譲渡··················· 51, 93, 168
債権譲渡登記······················ 184
債権譲渡の対抗要件················· 184
債権目的の更改による新債務担保····· 262
債権持分譲渡······················ 130
債権持分放棄······················ 123
催告··························· 38, 47
財産開示手続······················· 38
裁判上の請求······················· 48
裁判上の代位······················· 79
債務者更改による新債務担保··· 244, 251
債務者主義··················· 65, 73

債務者の交替による更改··········· 250
債務者の責めに帰すべき事由
　························· 57, 62, 72, 271
債務者の責めに帰することができな
　い事由·················· 59, 61, 65
債務引受··················· 186, 209
債務不履行························· 11
債務免除········ 133, 134, 136, 139, 141, 193
詐害行為取消権········ 51, 93, 315, 317, 318
詐欺····················· 2, 5, 161
錯誤·········· 1, 6, 71, 271, 309, 310, 311
差押え························· 38, 78
指図債権··························· 50
指図証券··························· 50
残存債権者··················· 114, 117
三面契約··················· 186, 193

【し】

敷金······························ 50, 304
敷金の充当························· 305
敷金返還債務··················· 214, 305
事業用定期借地権················· 159
時効障害事由······················· 41
時効の完成猶予··· 36, 38, 49, 110, 138, 312
時効の更新······· 36, 38, 49, 110, 138, 312
時効の中断··················· 36, 49
時効の利益の放棄··················· 138
自己契約··························· 15
自己の財産に対するのと同一の注意····· 75
自助売却··························· 232
自然債務··················· 79, 95
事前通知義務··········· 147, 149, 152
質権······························ 56
実体法説（時効援用の法的性質に関
　する）···························· 46
自働債権··················· 82, 143, 145
支払不能··························· 98
事務管理··························· 197
仕向銀行··················· 225, 228
指名債権··························· 51

事項索引　　333

重過失（重大な過失）
　　　　　　……… 1, 168, 170, 172, 179, 239
受益者 ………… 45, 93, 104, 105, 112, 266
受益の意思表示 ………………… 187, 268
主観的起算点 ………………………… 30
主（たる）債務者 ……… 145, 150, 151, 319
受働債権 ………………… 81, 240, 242
取得時効 …………………………… 46
受領遅滞 …………………… 75, 283
種類物売買 ……………………… 68
譲渡禁止特約 …………………… 168
譲渡制限の意思表示
　　　　………… 168, 170, 171, 174, 177, 179, 181
譲渡担保 …………………………… 98
承認 ……………………………… 38, 93
消費貸借 ………………………… 288
情報提供義務 ………… 153, 158, 162
消滅時効 ………… 30, 110, 142, 280, 312, 328
将来債権 ………………… 51, 181, 184
職業別の短期消滅時効 ……………… 30, 32
除斥期間 ……………………… 34, 110
処分権説 ………………… 143, 146
書面 …………………… 41, 288, 291
書面によらない贈与 ……………… 292
親権者 …………………… 8, 21, 23, 27
真正な登記名義の回復 ……………… 13
信頼利益の賠償 ………………… 64
心裡留保 ………………… 15, 309, 310

【す】

随伴性 ……………………………… 130

【せ】

制限行為能力者 ……………… 5, 8, 27
成年後見登記 ……………………… 9
成年後見人 ……………………… 23, 27
成年被後見人 …………………… 23, 27
整備法 ……………………………… 309
生命・身体の侵害による損害賠償請
　求権 ……………………… 35, 240

絶対的効力（絶対効）
　　　　……… 121, 125, 132, 133, 136, 138, 139
善意 ………………… 6, 102, 151, 221, 239
善意取得 …………………………… 54
善管注意義務 …………………… 87, 273
善良な管理者の注意 ……………… 72, 75

【そ】

相殺
　… 81, 82, 106, 133, 138, 143, 145, 239, 240
相殺禁止の意思表示 ……………… 239
相対的効力（相対効）
　　　　………………… 123, 125, 133, 138, 139
相当価格処分行為 ………………… 95
双方代理 …………………………… 15
双務契約 ……………………… 65, 73
訴訟告知 ……… 85, 104, 107, 112, 116
訴訟法説（時効援用の法的性質に関
　する）……………………………… 46

【た】

代位原因を証する情報 ……………… 90
代位の付記登記 …………………… 235
代位弁済 ……………………… 150, 151
代金減額請求権（買主の）… 277, 278
第三者による弁済 ………………… 221
第三者のためにする契約 …… 187, 189, 266
第三者保護規定 …… 1, 309, 310, 311
第三取得者 ………………… 45, 235
胎児 ……………………………… 267
代償請求権 ………………………… 66
代物弁済 ………………… 101, 229, 230
代理 ……………………………… 8
代理人 ………………… 8, 11, 16
代理権濫用 ……………… 13, 15, 16, 21
対話者 …………………………… 320
諾成契約 ………………… 229, 230, 298
諾約者 …………………………… 266
担保権の実行 ……………………… 38
担保責任（請負人の）……………… 327

担保責任（売主の）… *273, 279, 281, 323, 326*

【ち】

地役権 …………………………… *49*
中間利息の控除 ………………… *61*
重畳適用 ………………………… *22*
直接引渡請求権 ………………… *81, 105*
賃貸借 …………………… *50, 208, 302*
賃貸借の存続期間 ……………… *302*
賃貸人たる地位の移転 ………… *213, 305*
賃貸人たる地位の留保 ………… *214*
賃料の減額 ……………………… *307*

【つ】

追完請求権（買主の）………… *68, 275*
追認 ……………………… *15, 17, 23, 27*
通謀 ……………………………… *98*

【て】

停止条件説（時効援用の法的性質に
　関する）……………………… *46*
抵当権 ………………… *20, 21, 51*
手形債権 ………………………… *54*
手付 ……………………………… *322*
電子記録債権 …………………… *53, 319*
転得者 ……… *101, 104, 105, 112, 318*
転付命令 ………………… *107, 179*
填補賠償 ………………………… *71*
転用型の債権者代位権 ………… *86, 87*

【と】

登記義務者
　……… *124, 159, 174, 191, 204, 206, 254, 285*
登記権利者 …… *124, 174, 191, 204, 206, 254*
動機の錯誤 ……………………… *1*
同時履行の抗弁権 ……………… *108*
当然承継（賃貸人たる地位の）……… *213*
到達主義 ………………………… *269*
特定物ドグマ ………… *57, 67, 273*
特別代理人 ……………… *20, 21*

取消し …………………………… *1, 6, 23*

【に】

二重の悪意 ……………… *102, 318*
任意代位 ………………………… *234*

【ね】

根抵当権 ………………… *52, 53, 165*
根保証 …………………………… *165*

【は】

売買 ……………………………… *269*
売買は賃貸借を破る …………… *217*
発信主義 ………………… *269, 321*

【ひ】

引受人 ………… *186, 188, 193, 196*
被告適格（詐害行為取消訴訟の）……… *104*
非債弁済 ………………… *150, 151*
被仕向銀行 ……………… *225, 228*
被代位権利 ……………………… *77, 92*
被担保債権 ……………………… *20, 21*
否認権 …………………… *93, 96, 102*
被保佐人 ………………… *8, 23, 27*
被補助人 ………………… *8, 23, 27*
被保全債権 ……………………… *77, 92*
表示の錯誤 ……………………… *2*
費用償還請求権 ………………… *198*
費用前払請求権 ………………… *198*

【ふ】

不確定効果説（時効援用の法的性質
　に関する）…………………… *46*
不可分債権 ………… *119, 120, 121, 123, 125*
不完全履行 ……………………… *58*
復代理人 ………………………… *11*
不作為債務 ……………………… *59*
不執行合意 ……………………… *79, 95*
附従性 ·· *121, 126, 132, 146, 175, 200, 244, 255*
不真正連帯債務 ………………… *188*

負担部分‥‥‥‥‥‥ 136, 139, 142, 143, 190
物権的効力説‥‥‥‥‥‥‥‥‥‥‥‥‥ 168
物権法定主義‥‥‥‥‥‥‥‥‥‥‥‥‥ 54
物上保証人‥‥‥‥‥‥‥‥‥‥‥‥ 45, 199
物的分割‥‥‥‥‥‥‥‥‥‥‥‥‥‥‥ 114
不動産賃貸の先取特権‥‥‥‥‥‥‥‥ 50
不当利得‥‥‥‥‥‥‥‥‥‥‥‥‥‥‥ 197
不法行為‥‥‥‥‥‥‥‥‥‥‥‥ 240, 242
不法行為による損害賠償請求権‥‥‥ 34, 328

【へ】

併存的債務引受‥‥‥‥‥‥ 186, 188, 191
弁済‥‥‥‥‥‥‥‥‥‥‥‥‥‥‥‥‥ 221
弁済供託‥‥‥‥‥‥‥‥‥‥‥‥‥‥‥ 231
弁済による代位‥‥‥‥‥‥‥‥‥ 234, 235
弁済の提供‥‥‥‥‥‥‥‥‥‥‥ 221, 223
変動利率制（変動制法定利率）
‥‥‥‥‥‥‥‥‥‥ 61, 299, 313, 314
偏頗行為‥‥‥‥‥‥‥‥‥‥‥‥‥‥‥ 97
偏頗的債務消滅行為‥‥‥‥‥‥‥‥‥ 98
偏頗的担保供与‥‥‥‥‥‥‥‥‥‥‥ 98

【ほ】

妨害排除請求権‥‥‥‥‥‥‥‥‥‥‥ 13
包括根保証の禁止‥‥‥‥‥‥‥‥‥‥ 166
法定責任説（瑕疵担保責任の法的性
　質に関する）‥‥‥‥‥ 67, 273, 275, 278
法定訴訟担当‥‥‥‥‥‥‥‥‥‥‥‥ 85
法定代位‥‥‥‥‥‥‥‥‥‥‥‥‥‥‥ 234
法定代理人‥‥‥‥‥‥‥‥ 9, 23, 27, 160
法定追認‥‥‥‥‥‥‥‥‥‥‥‥‥‥‥ 93
法定利率‥‥‥‥‥‥‥‥‥‥ 61, 299, 301
法律行為‥‥‥‥‥‥‥‥‥‥‥‥‥‥‥ 93
保佐開始の審判‥‥‥‥‥‥‥‥‥‥‥ 8
保佐人‥‥‥‥‥‥‥‥‥‥‥‥ 9, 23, 27
保証‥‥‥‥‥‥‥‥‥‥‥‥‥‥‥‥‥ 191
保証契約‥‥‥‥‥‥‥‥‥‥‥‥‥‥‥ 153
保証債務‥‥‥‥‥‥‥‥‥‥‥‥‥‥‥ 145
保証人‥‥ 45, 145, 147, 150, 151, 153, 235, 320
補助人‥‥‥‥‥‥‥‥‥‥‥‥‥‥ 23, 27

保存行為‥‥‥‥‥‥‥‥‥‥‥‥‥ 78, 92
本来型の債権者代位権‥‥‥‥‥‥‥‥ 89

【ま】

回り手形・回り小切手‥‥‥‥‥‥‥‥ 53

【み】

未成年者‥‥‥‥‥‥‥‥‥‥ 8, 23, 27, 160

【む】

無過失責任‥‥‥‥‥‥‥‥‥‥‥‥‥ 278
無権代理行為‥‥‥‥‥‥‥‥‥ 13, 17, 21
無効‥‥‥‥‥‥‥‥‥‥‥‥‥‥‥‥ 1, 23
無資力要件‥‥‥‥‥‥‥‥‥‥ 78, 89, 99
無利息の原則‥‥‥‥‥‥‥‥‥‥‥‥ 298

【め】

免責的債務引受‥‥ 52, 186, 193, 196, 199, 209

【や】

約定利率‥‥‥‥‥‥‥‥‥‥‥‥‥ 299, 301

【ゆ】

有価証券‥‥‥‥‥‥‥‥‥‥‥‥‥‥‥ 50

【よ】

要素の錯誤‥‥‥‥‥‥‥‥‥‥‥‥‥‥ 1
要物契約‥‥‥‥‥‥‥‥‥‥ 229, 288, 298
要約者‥‥‥‥‥‥‥‥‥‥‥‥‥‥‥‥ 266
預貯金口座への振込みによる弁済
‥‥‥‥‥‥‥‥‥‥‥‥ 224, 269, 283

【ら】

濫用的会社分割‥‥‥‥‥‥‥‥‥‥‥ 114

【り】

利益が相反する行為（利益相反行
　為）‥‥‥‥‥‥‥‥‥‥‥‥ 17, 20, 21
履行拒絶権‥‥‥‥‥ 66, 73, 146, 188, 196, 320
履行遅滞‥‥‥‥‥‥‥‥‥‥‥‥ 58, 71, 75

336   事項索引

履行の強制‥‥‥‥‥‥‥‥‥‥‥‥‥‥314
履行不能‥‥‥‥‥‥‥‥‥ 58, 61, 65, 71, 75
履行補助者‥‥‥‥‥‥‥‥‥‥‥‥‥‥ 58

【れ】

連帯債権
　‥‥‥‥120, 126, 129, 130, 132, 133, 134, 319
連帯債務‥‥‥‥‥‥‥‥‥‥‥‥‥138, 188
連帯債務者‥‥‥‥‥‥136, 139, 141, 142, 143

条 文 索 引

【民 法】

(新法)
(注) 非改正条文は便宜上（新法）として
掲載し，＊印を付しています。

第93条 ································ 15, 309
第95条 ······················ 1, 71, 309
＊第97条 ································ 269
第102条 ···································· 8
第105条 ·································· 12
第106条 ·································· 12
第107条 ·························· 13, 15, 21
第108条 ·································· 17
第109条 ·································· 22
第110条 ·································· 22
第112条 ·································· 22
＊第116条 ································ 17
第121条の2 ···························· 26
第124条 ······························ 23, 27
第144条 ·································· 46
第145条 ·································· 45
第147条 ·························· 37, 47, 311
第148条 ·································· 38
第149条 ·································· 38
第150条 ·························· 38, 43, 48
第151条 ···················· 38, 42, 43, 48
第152条 ·································· 38
第153条 ·································· 40
第154条 ·································· 40
第166条 ······························ 30, 312
第167条 ······························ 32, 35
第169条 ·································· 48
第175条 ·································· 54
＊第278条 ································ 303
第284条 ·································· 49
第291条 ·································· 49
第292条 ·································· 50

第316条 ·································· 50
第359条 ·································· 56
第364条 ·································· 51
第370条 ·································· 52
第398条の2 ···························· 53
第398条の3 ···························· 53
第398条の7 ···························· 52
第400条 ······························ 72, 75
第404条 ···················· 61, 300, 313
第410条 ·································· 65
第412条の2 ·················· 65, 270, 276
第413条 ·································· 75
第413条の2 ························ 71, 75
第414条 ·································· 314
第415条 ···················· 57, 65, 71
第417条の2 ···························· 61
第418条 ·································· 69
第419条 ·································· 300
第422条の2 ···························· 65
第423条 ······························ 77, 92
第423条の2 ···························· 80
第423条の3 ···························· 81
第423条の4 ························ 82, 92
第423条の5 ···························· 84
第423条の6 ···························· 85
第423条の7 ···························· 86
第424条 ···················· 51, 93, 315
第424条の2 ···························· 95
第424条の3 ···························· 97
第424条の4 ·························· 101
第424条の5 ······················ 102, 318
第424条の6 ·························· 103
第424条の7 ·························· 104
第424条の9 ·························· 105
第425条 ·································· 107
第425条の2 ························ 109
第426条 ···························· 110, 315

第428条	119, 121	第494条	231
第429条	123	第497条	232
第432条	121, 127, 133, 319	第499条	234
第433条	133, 134	第500条	234
第434条	133	第501条	235
第435条	133	第502条	237
第435条の2	132	第505条	239
第438条	138	第509条	240, 242
第439条	138, 144	第513条	245, 262
第440条	138	第514条	246
第457条	146, 319	第515条	252, 255
第458条の2	162	第518条	246, 255
第458条の3	162	＊第519条	123, 134, 193
第463条	147, 149, 150, 151	第520条の7	50
第465条の2	166	第525条	320
第465条の3	166	第526条	321
第465条の4	166	第536条	65, 73
第465条の6	153, 158	第537条	267
第465条の8	153	第538条	268
第465条の9	153, 158	＊第539条	189
第465条の10	154, 158	第539条の2	208, 210
第466条	168, 170, 171	第541条	62
第466条の2	177	第542条	62, 65, 72, 73
第466条の4	179	第543条	73, 75
第466条の5	168	第550条	292
第466条の6	181	第557条	322
第467条	51, 181, 184, 234	第560条	272
第468条	51, 171, 176	第562条	68, 273, 275
第470条	186	第563条	65, 68, 275, 276
第471条	190	第564条	68, 277
第472条	193, 196, 204	第565条	273, 279
第472条の2	196	第566条	279, 323
第472条の3	197	第567条	67, 74, 75, 283
第472条の4	52, 199, 203, 205	第568条	281
第474条	221	第570条	70
第477条	224	第579条	285, 326
第482条	229	第581条	287
第483条	269, 273	第587条	288
第484条	320	第587条の2	289
第492条	76	第589条	298

第604条	302	第284条	49
第605条	215	第291条	49
第605条の2	208, 213, 306	第292条	50
第605条の3	208, 213, 217	第316条	50
第611条	307	第359条	56
第622条の2	50, 304	第363条	50
第636条	327	第364条	51
＊第649条	198	第365条	50
＊第650条	198	第370条	52
第724条	34, 328	第398条の2	54
第724条の2	35, 328	第398条の3	55
＊第818条	8	第398条の7	52
＊第826条	20	第400条	72
(旧法)		第404条	300
第95条	1	第413条	75
第102条	8	第415条	60
第105条	11	第419条	299
第106条	12	第423条	78
第107条	12	第424条	93, 101
第108条	17	第425条	107
第124条	24	第426条	110
第145条	45	第428条	119
第147条	36	第429条	123
第149条	36	第434条	138
第150条	39	第435条	138
第151条	39	第436条	138, 144
第152条	40	第437条	136, 138, 139, 141
第153条	40	第438条	138
第154条	40	第439条	138
第155条	40	第440条	138
第156条	40	第443条	147
第157条	41	第457条	145
第166条	32	第462条	149
第167条	32	第463条	148, 149, 151
第170条	33	第465条の2	165
第171条	33	第465条の3	165
第172条	33	第466条	169
第173条	33	第468条	175
第174条	33	第474条	221
第174条の2	36	第482条	229

340 条文索引

第483条 ······ 274
第492条 ······ 76
第494条 ······ 231
第497条 ······ 232
第499条 ······ 234
第500条 ······ 234
第501条 ······ 235
第502条 ······ 237
第505条 ······ 239
第509条 ······ 240, 242
第513条 ······ 245, 263
第514条 ······ 246
第515条 ······ 253
第518条 ······ 246
第526条 ······ 269
第534条 ······ 65, 269, 282
第535条 ······ 65, 269, 282
第537条 ······ 266
第538条 ······ 266
第541条 ······ 61
第542条 ······ 61, 72
第543条 ······ 61, 73
第562条 ······ 69
第563条 ······ 69, 277
第564条 ······ 70, 279, 282
第565条 ······ 277, 278
第566条 ······ 282
第567条 ······ 67
第568条 ······ 281
第570条 ······ 67, 275, 278
第579条 ······ 285
第581条 ······ 287
第587条 ······ 289
第589条 ······ 298
第604条 ······ 302
第611条 ······ 307
第647条 ······ 299
第665条 ······ 299
第669条 ······ 299
第701条 ······ 299

第724条 ······ 34

【一般法人法】

第140条 ······ 310

【会社更生法】

第93条 ······ 318
第98条 ······ 317

【会社法】

第23条の2 ······ 316
第51条 ······ 309
第102条 ······ 310
第117条 ······ 313
第119条 ······ 314
第172条 ······ 314
第179条の8 ······ 314
第182条の5 ······ 314
第211条 ······ 310
第470条 ······ 314
第611条 ······ 314
第759条 ······ 116, 317
第761条 ······ 116, 317
第764条 ······ 116, 317
第766条 ······ 116, 317
第778条 ······ 314
第786条 ······ 314
第788条 ······ 314
第789条 ······ 115
第798条 ······ 314
第807条 ······ 314
第809条 ······ 314
第810条 ······ 115
第828条 ······ 115
第834条 ······ 115
第838条 ······ 115
第839条 ······ 115
第849条 ······ 85
第937条 ······ 116

条文索引　　*341*

【割賦販売法】

第35条の3の13 ···················· *311*

【後見登記等に関する法律】

第10条 ······························ *9*

【借地借家法】

第10条 ·························· *215, 326*
第23条 ······························ *159*
第31条 ·························· *215, 326*

【住宅の品質確保の促進等に関する法律】

第2条 ······························ *324*
第94条 ····························· *324*
第95条 ····························· *325*
第97条 ····························· *325*

【消費者契約法】

第4条 ······························ *311*
第8条 ······························ *327*

【商　　法】

第18条の2 ························· *315*
第507条 ···························· *320*
第513条 ···························· *313*
第514条 ···························· *313*
第520条 ···························· *320*
第522条 ···························· *312*
第526条 ···························· *323*
第567条 ···························· *312*

【製造物責任法】

第5条 ······························ *328*

【整備法】

第3条 ············· *312, 313, 315, 320, 323*
第23条 ····························· *314*
第25条 ····························· *326*
第26条 ····························· *326*

第27条 ····························· *311*
第33条 ·························· *317, 319*
第34条 ·························· *317, 319*
第37条 ·························· *317, 319*
第38条 ·························· *317, 319*
第41条 ·························· *317, 318*
第43条 ····························· *326*
第46条 ····················· *309, 313, 316*
第47条 ·························· *310, 317*
第50条 ····························· *310*
第53条 ·························· *310, 319*
第94条 ····························· *311*
第96条 ····························· *328*
第98条 ·························· *311, 327*
第99条 ····························· *311*
第253条 ···························· *326*
第254条 ···························· *326*
第294条 ···························· *329*
第298条 ···························· *321*
第316条 ···························· *322*
第341条 ···························· *324*

【宅地建物取引業法】

第39条 ····························· *322*

【電子記録債権法】

第12条 ····························· *310*
第16条 ····························· *319*
第34条 ····························· *319*

【電子契約法】

第1条〜第3条 ····················· *321*

【特定商取引法】

第9条の3 ························· *311*

【農地法】

第16条 ····························· *326*

【破産法】

第45条 ･････････････････････ 118
第161条 ････････････････････ 96
第168条 ････････････････････ 109
第170条 ････････････････････ 318
第176条 ････････････････････ 317

【非訟事件手続法】

第85条～第91条 ････････ 79

【不正競争防止法】

第15条 ･････････････････････ 329

【不動産登記規則】

第16条 ･････････････････････ 264

【不動産登記法】

第59条 ････････････････ 112, 127
第63条 ･････････････････････ 112
第68条 ･････････････････････ 14
第81条 ･････････････････････ 216
第96条 ･･･････････････････ 286, 326
第121条 ････････････････････ 172

【不動産登記令】

第7条 ･･････････････ 14, 27, 160
第48条 ･････････････････････ 264
別表第26項 ･･･････････････ 14
別表第33項 ･･･････････････ 159
別表第38項 ･･･････････････ 159

【民事再生法】

第134条 ････････････････････ 318
第139条 ････････････････････ 317

【民事執行法】

第171条 ････････････････････ 314
第181条 ････････････････････ 236

【民事訴訟法】

第49条 ･････････････････････ 311
第115条 ･･･････････････ 85, 109, 113
第147条 ････････････････････ 311

【民事保全法】

第20条 ･････････････････････ 79
第65条 ･････････････････････ 108

【利息制限法】

第1条 ･････････････････････ 299
第4条 ･････････････････････ 299

執筆者紹介

東京司法書士会　民法改正対策委員会

木村勇一郎（きむら　ゆういちろう）
　　平成22年10月8日登録
　　千代田支部所属

古藤　嘉麿（ことう　よしまろ）
　　平成16年9月8日登録
　　中野支部所属

坂本　龍治（さかもと　りゅうじ）
　　平成23年6月20日登録
　　城北支部所属

杉山　潤一（すぎやま　じゅんいち）
　　平成24年3月22日登録
　　渋谷支部所属

向田　恭平（むかいだ　きょうへい）
　　平成24年3月22日登録
　　渋谷支部所属

（五十音順）

Q&Aでマスターする民法改正と登記実務
債権関係の重要条文ポイント解説77問

2016年9月16日　初版発行
2020年4月15日　初版第3刷発行

編　　者　　東京司法書士会
　　　　　　民法改正対策委員会

発行者　　和　田　　裕

発行所　　日本加除出版株式会社

本　　社　　郵便番号 171-8516
　　　　　　東京都豊島区南長崎3丁目16番6号
　　　　　　T E L （03）3953-5757（代表）
　　　　　　　　　　（03）3952-5759（編集）
　　　　　　F A X （03）3953-5772
　　　　　　U R L www.kajo.co.jp

営 業 部　　郵便番号 171-8516
　　　　　　東京都豊島区南長崎3丁目16番6号
　　　　　　T E L （03）3953-5642
　　　　　　F A X （03）3953-2061

組版　㈱郁文　／　印刷・製本（POD）　京葉流通倉庫㈱

落丁本・乱丁本は本社でお取替えいたします。
★定価はカバー等に表示してあります。
Ⓒ 東京司法書士会民法改正対策委員会 2016
Printed in Japan
ISBN978-4-8178-4331-9

JCOPY 〈出版者著作権管理機構 委託出版物〉
　本書を無断で複写複製（電子化を含む）することは，著作権法上の例外を除き，禁じられています。複写される場合は，そのつど事前に出版者著作権管理機構（JCOPY）の許諾を得てください。
　また本書を代行業者等の第三者に依頼してスキャンやデジタル化することは，たとえ個人や家庭内での利用であっても一切認められておりません。

〈JCOPY〉 H P：https://www.jcopy.or.jp，e-mail：info@jcopy.or.jp
電話：03-5244-5088，FAX：03-5244-5089

不動産に関わる全ての実務家の必読書！

論点解説 民法（債権法）改正と不動産取引の実務

編集代表 鎌野邦樹

2018年5月刊 A5判 444頁 本体4,300円+税 978-4-8178-4477-4 商品番号：40717 略号：民改不

― 【不動産に関する研究者・実務家20人の知見がこの一冊に！】 ―

第1部 総 論

第1章 改正債権法のポイントと不動産取引（総説）
鎌野邦樹（早稲田大学大学院法務研究科教授）

第2章 債権法改正と不動産取引実務の留意点
小澤英明（小澤英明法律事務所 弁護士）

第3章 債権法改正と不動産登記
藤原勇喜（藤原民事法研究所代表）

第2部 各 論

第1章 公序良俗、意思能力
鎌野邦樹（早稲田大学大学院法務研究科教授）

第2章 意思表示、無効・取消し
三枝健治（早稲田大学法学部教授）

第3章 代 理
橋谷聡一（大阪経済大学経営学部ビジネス法学科准教授）

第4章 条件・期限、消滅時効
松本克美（立命館大学大学院法務研究科教授）

第5章 債権の目的、履行請求権、債務不履行による損害賠償
武川幸嗣（慶應義塾大学法学部教授）

第6章 契約の解除、危険負担、受領遅滞
笠井修（中央大学大学院法務研究科教授）

第7章 債権者代位権・詐害行為取消権
工藤裕巖（明治大学法務研究科教授）

第8章 多数当事者
鳥谷部茂（広島大学名誉教授）

第9章 債権譲渡、債務引受、契約上の地位の移転
白石大（早稲田大学大学院法務研究科教授）

第10章 弁 済
西島良尚（流通経済大学教授 弁護士）

第11章 相殺、更改
大木満（明治学院大学法学部教授）

第12章 契約に関する基本原則、契約の成立、定型約款、第三者のためにする契約
山城一真（早稲田大学法学部准教授）

第13章 売 買
大場浩之（早稲田大学法学部教授）

第14章 賃貸借
高橋寿一（専修大学法学部教授）

第15章 請負、委任
山口斉昭（早稲田大学法学部教授）

第16章 贈与、死因贈与と相続
佐藤久文（潮見坂綜合法律事務所 弁護士）

第17章 消費貸借、寄託等
青木則幸（早稲田大学法学部教授）

第18章 不法行為関連
山口斉昭（早稲田大学法学部教授）

第19章 物権に関する関連規定の改正
花房博文（創価大学法科大学院教授）

日本加除出版

〒171-8516 東京都豊島区南長崎3丁目16番6号
TEL（03）3953-5642 FAX（03）3953-2061（営業部）
www.kajo.co.jp